物語文
編

中学受験
となりにカテキョ

# つきっきり国語

実務教育出版

# この本で勉強するみんなへ

みなさんは、文章を読んで「あ〜あ、何が書いてあるのかよくわからなかったなあ」と思ったことはありませんか。そうなると、問題もよく解《と》けないし、国語はキライ！　やりたくない!!　となりますよね。

私《わたし》は国語の先生ですが、国語があまり得意《とくい》な子どもではありませんでした。小学四年生のテストの時に指示語《しじご》の問題が解《と》けず、だれにも気づかれないようにそっと下を向いて泣《な》いたことがあります。子ども心にも自分の能力《のうりょく》をまざまざと見せつけられたような気がして悲しかったのです。このときの気持ちは、何十数年もたった今でも忘《わす》れられない思い出です。

勉強は、すぐに理解《りかい》して解《と》けなかったり、思うように得点《とくてん》が伸《の》びなかったり、苦しいものでした。でも今は、こうして小学生の頃《ころ》からの夢《ゆめ》だった国語の先生になれました。苦労《くろう》してやったことは、そのぶん身につきます。苦労《くろう》してやったからこそ、身についたことがたくさんあります。でも、勉強は私《わたし》にとって苦行のようなものでしかありませんでした。だからこそ、みんなには楽しく学んでほしいです。この本にはそんな願《ねが》いを込《こ》めました。

そもそも読むのが嫌《きら》いというタイプのみんなにも読んでもらえるように、よい題材《だいざい》を選《えら》びぬきました。

初《はじ》めに出てくるＨＯＰ（ホップ）では、みんなと同じ小学生が登場して先生と楽しく会話をしながら進めていきます。桃太郎《ももたろう》もみんなの理解《りかい》をマンガで手助けしてくれます。次のＳＴＥＰ（ステップ）では、一人でミッションやゴール問題にチャレンジします。

最後《さいご》のＪＵＭＰ（ジャンプ）では、また先生と小学生が登場して一緒《いっしょ》に学べるようになっています。だから「あ〜あ、何が書いてあるのかよくわからなかったなあ」と思っても大丈夫《だいじょうぶ》！　この本に登場する小学生が、みんなのつまずきどころを代わりに言ってくれるからね。ぜひ楽しみながら取り組んでみてね！

金子　香代子

## 保護者の皆様へ

家庭教師を続けて20年近く。指導先でよく言われるのが「国語は勉強の仕方がわからない」というセリフでした。私自身、子どものころは「国語はフィーリングや！」と教えられ、じゃあどうすればいつも解けるようになるのかなあと悩む日々でした。しかし、そんなわけないんですよ。国語には読み方があります。それを知れば飛躍的に解きやすくなります。

みんな、やり方を知らないからできないだけなんです。

どうすればわかりやすく教えられるのか悩む中、金子先生とズームメイトというオンラインの集団授業を始めました。金子先生が読み方、私が解き方を教える。国語だけで約2時間の授業。始めた当初は、需要なんかあるのかなと不安でした。でも、子どもたちは「国語が楽しくなってきた」「点数がとれるようになってきた」と目をキラキラさせて授業を受けてくれる。どんどん伸びていってくれる。これだ、と確信しました。そのまま本にできないかと苦心したのが本書です。

できる限り子どもが一人で取り組むことができるように、『面白く』。ごりごりの難文や理解するのが難しい概念を、きゃはは と笑いながら乗り越えていってほしい。つまらない、難しい。それでは続きません。最後まで取り組んでもらうことを目標に、最後の入試問題まではあえて問題数を減らしてあります。「隙間時間にちょっとでも取り組もう！」「今日は30分だけ、ここだけやろう」そんなふうに使っていただけますと幸いです。子どもに読んでほしい文章を古今東西の入試問題から選出しました。読むだけでも勉強になるので、読み物としても楽しんでいただければ幸いです。みなさまとお子様の笑顔を願って。

青山 麻美

中学受験
となりにカテキョ　つきっきり国語【物語文編】

# もくじ


この本で勉強するみんなへ……2
保護者の皆様へ……3
この本の使い方……6

## 第1章 場面に注目


場面に注目……9

01 場面分け　～場面て何なのよ～……10
02 回想的場面　～いつの話してんのよ～……20
03 幻想的場面　～まぼろし見るのよ～……30
04 登場人物　～あなた誰なのよ～……40
05 登場人物の性格　～どんな人なのよ～……54
06 登場人物の性格（人物像の対比）　～性格が違うのよ～……68

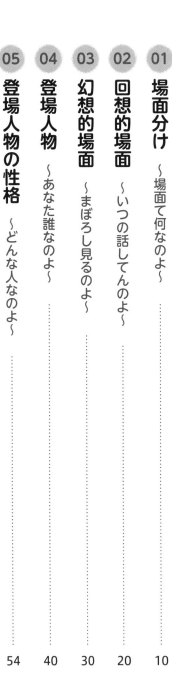

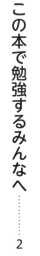

第2章 心に注目 …… 79

01 登場人物の心情 ～何があったのよ～ …… 80
02 心情の変化 ～なんで変わったのよ～ …… 98
03 心情と情景描写 ～なんで雨降ってんのよ～ …… 116
04 比喩 ～似すぎなのよ～ …… 130
05 暗示・象徴 ～そんな気がするのよ～ …… 140
06 主題 ～何が言いたいのよ～ …… 162

第3章 総合演習 …… 181

01 椙山女学園中学校（2016年度） …… 182
02 智辯学園和歌山中学校（2021年度） …… 190
03 淳心学院中学校（2021年度） …… 198
04 西大和学園中学校（2018年度） …… 206

# この本の使い方

中学受験の国語では、物語文の読解問題が必ずと言っていいほど出題されます。物語文を正しく読み、正確に設問に解答するためには、場面や登場人物、心情などの情報を整理しながら読むクセをつけなくてはなりません。この問題集では、物語文の問題をスラスラ解けるようになるためのワザが、段階的に身に付くようになっています。

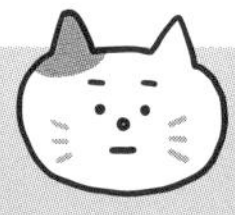

**Hop!** 物語文を正しく読み取り、問題を解くために知っておきたいことを説明します。

単元のテーマを理解しやすいように、先生の説明に合わせてマンガを載せています。

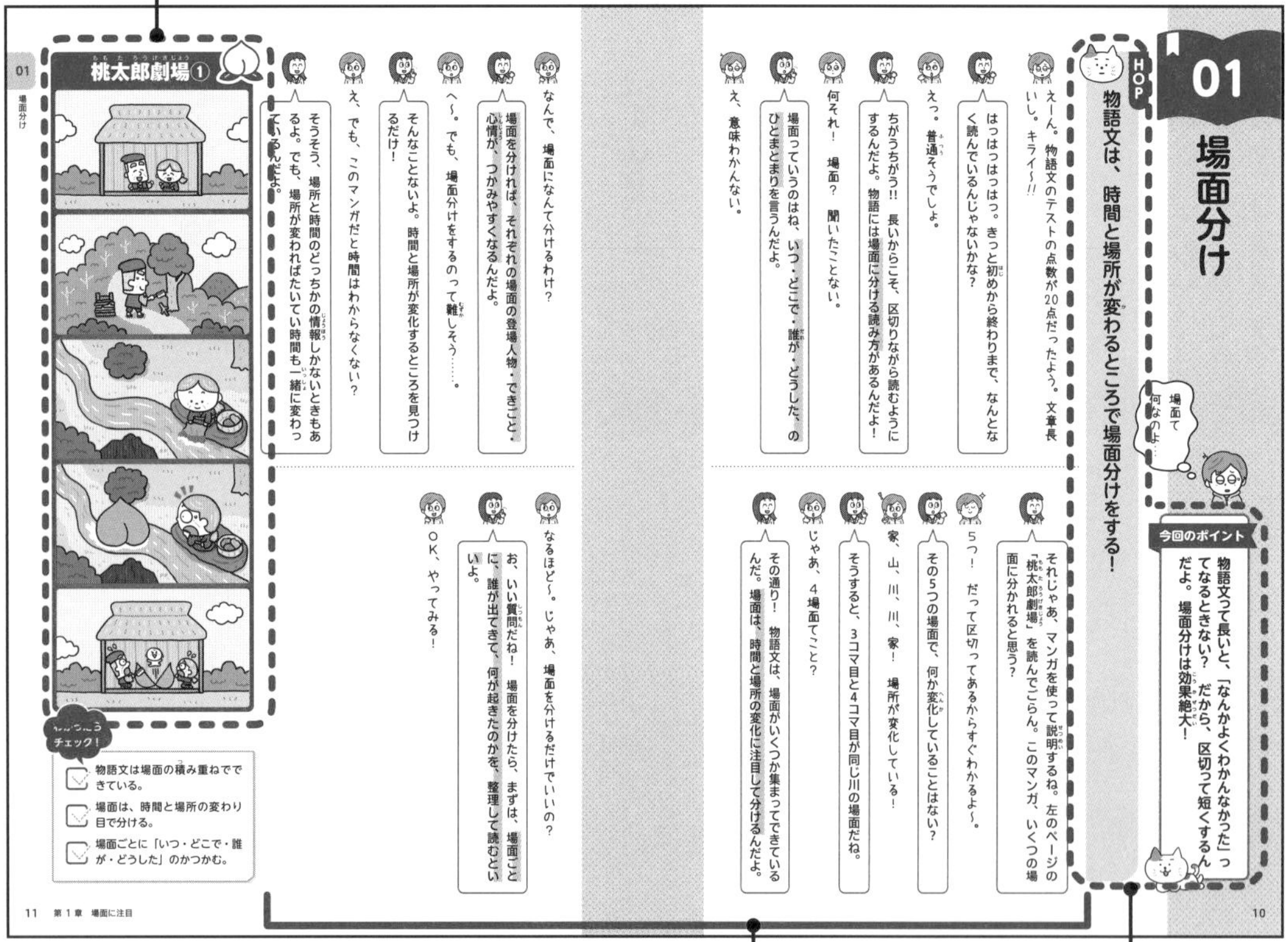
01

場面分け

HOP 物語文は、時間と場所が変《か》わるところで場面分けをする！

えーん。物語文のテストの点数が20点だったよう。文章長いし。キライ～!!

はっはっはっ。きっと初《はじ》めから終わりまで、なんとなく読んでいるんじゃないかな？

えっ。普通《ふつう》そうでしょ。

ちがうちがう!! 長いからこそ、区切りながら読むようにするんだよ。物語には場面に分ける読み方があるんだよ！

何それ！ 場面？ 聞いたことない。

場面っていうのはね、いつ・どこで・誰《だれ》が・どうした、のひとまとまりを言うんだよ。

え、意味わかんない。

場面て何なのよ…

それじゃあ、マンガを使って説明《せつめい》するね。左のページの「桃太郎劇場《ももたろうげきじょう》」を読んでごらん。このマンガ、いくつの場面に分かれると思う？

5つ！ だって区切ってあるからすぐわかるよ～。

その5つの場面で、何か変化《へんか》していることはない？

家、山、川、川、家！ 場所が変化している！

そうすると、3コマ目と4コマ目が同じ川の場面だね。

じゃあ、4場面てこと？

その通り！ 物語文は、場面がいくつか集まってできているんだ。場面は、時間と場所の変化に注目して分けるんだよ。

今回のポイント

物語文って長いと、「なんかよくわかんなかった」ってなるときない？ だから、区切って短くするんだよ。場面分けは効果絶大《こうかぜつだい》！

10

01 場面分け

桃太郎劇場《ももたろうげきじょう》①

なんで、場面になんて分けるわけ？

場面を分ければ、それぞれの場面の登場人物・できごと・心情《しんじょう》が、つかみやすくなるんだよ。

へ～。でも、場面分けをするのって難《むずか》しそう……。

そんなことないよ。時間と場所が変化するところを見つけるだけ！

え、でも、このマンガだと時間はわからなくない？

そうそう、場所と時間のどっちかの情報《じょうほう》しかないときもあるよ。でも、場所が変わればたいてい時間も一緒《いっしょ》に変わっているんだよ。

なるほど～。じゃあ、場面を分けるだけでいいの？

お、いい質問《しつもん》だね！ 場面を分けたら、まずは、場面ごとに、誰が出てきて、何が起きたのかを、整理して読むといいよ。

OK、やってみる！

チェック！

- 物語文は場面の積《つ》み重ねでできている。
- 場面は、時間と場所の変わり目で分ける。
- 場面ごとに「いつ・どこで・誰が・どうした」のかつかむ。

11 第1章 場面に注目

**今回のポイント**

この単元で学ぶことと、問題を解くためのコツをまとめています。

家庭教師の先生と生徒の授業中のリアルなやりとりを再現しています。中学受験の国語では、子どもがつまずきやすいポイントは共通しています。そうしたひっかかりやすいポイントを、子どもの目線に合わせて丁寧に説明しています。この対話を読めば、まるで実際に家庭教師の授業を受けているかのような深い理解を得られるはずです！

## STEP!

HOPで学んだポイントに気を付けながら、物語文を読んでみましょう。題材となる物語文には、かみごたえのある珠玉の文章を選んでいます。最後に、この単元で絶対にマスターして欲しいテーマにちなんだ「ゴールの問題」があるので、取り組んでください。

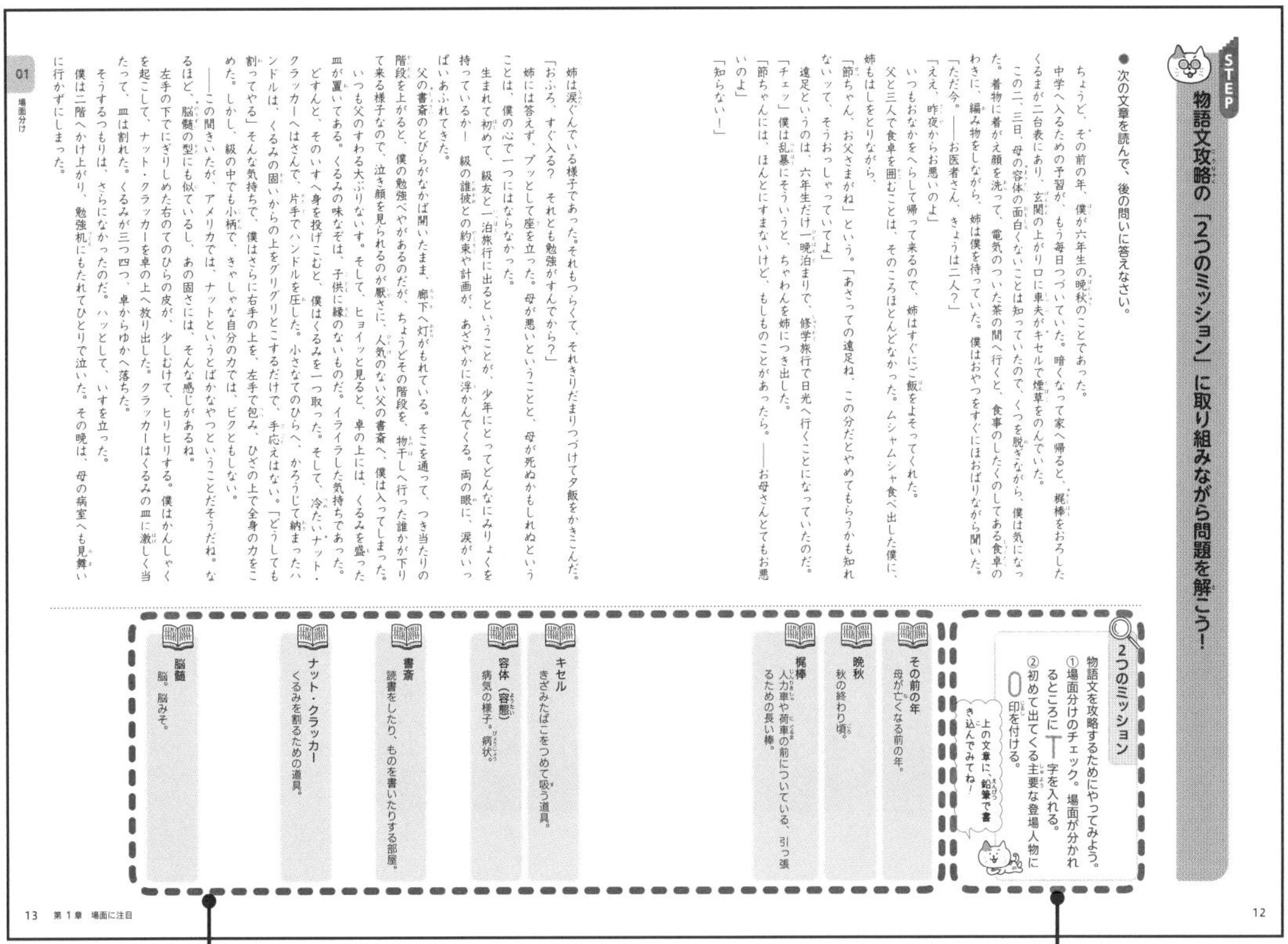

STEP

物語文攻略の「2つのミッション」に取り組みながら問題を解こう！

● 次の文章を読んで、後の問いに答えなさい。

ちょうど、その前の年、僕が六年生の晩秋のことであった。

中学へ入るための予習が、もう毎日つづいていた。暗くなって家へ帰ると、梶棒をおろしたくるまが二台表にあり、玄関の上がり口に車夫がキセルで煙草をのんでいた。

この二、三日、母の容体の面白くないことは知っていたので、くつを脱ぎながら、僕は気になった。着物に着がえ顔を洗って、電気のついた茶の間へ行くと、食事のしたくのしてある食卓のわきに、編み物をしながら、姉は僕を待っていた。僕はおやつをすぐにほおばりながら聞いた。

「ただ今。——お医者さん、きょうは二人？」

「ええ、昨夜からお悪いのよ」

いつもおなかをへらして帰って来るので、姉はすぐにご飯をよそってくれた。

父と三人で食卓を囲むことは、そのころほとんどなかった。ムシャムシャ食べ出した僕に、姉もはしをとりながら、

「節ちゃん、お父さまがね」という。「あさっての遠足ね、この分だとやめてもらうかも知れないッて、そうおっしゃっていてよ」

遠足というのは、六年生だけ一晩泊まりで、修学旅行で日光へ行くことになっていたのだ。

「チェッ」僕は乱暴にそういうと、ちゃわんを姉につき出した。

「節ちゃんには、ほんとにすまないけど、もしものことがあったら。——お母さんとてもお悪いのよ」

「知らない！」

姉は涙ぐんでいる様子であった。それもつらくて、それきりだまりつづけて夕飯をかきこんだ。

「おふろ、すぐ入る？　それとも勉強がすんでから？」

姉には答えず、プッとして座を立った。母が悪いということと、母が死ぬかもしれぬということは、僕の心で一つにはならなかった。

生まれて初めて、級友と一泊旅行に出るということが、少年にとってどんなにみりょくを持っているか！　級の誰彼との約束や計画が、あざやかに浮かんでくる。両の眼に、涙がいっぱいあふれてきた。

父の書斎のとびらがなかば開いたまま、廊下へ灯がもれている。そこを通って、つき当たりの階段を上がると、僕の勉強べやがあるのだが、ちょうどその階段を、物干しへ行った誰かが下りて来る様子なので、泣き顔を見られるのが厭さに、人気のない父の書斎へ、僕は入ってしまった。

いつも父のすわる大ぶりないす。そして、ヒョイッと見ると、卓の上には、くるみを盛った皿が置いてある。くるみの味なぞは、子供に縁のないものだ。イライラした気持ちであった。どすんと、そのいすへ身を投げこむと、僕はくるみを一つ取った。そして、冷たいナット・クラッカーへはさんで、片手でハンドルを圧した。小さなてのひらへ、かろうじて納まったハンドルは、くるみの固いからの上をグリグリとこするだけで、手応えはない。「どうしても割ってやる」そんな気持ちで、僕はさらに右手の上を、左手で包み、ひざの上で全身の力をこめた。しかし、級の中でも小柄で、きゃしゃな自分の力では、ビクともしない。

——この間きいたが、アメリカでは、ナットというとばかなやつということだそうだね。なるほど、脳髄の型にも似ているし、あの固さには、そんな感じがあるね。

左手の下でにぎりしめた右のてのひらの皮が、少しむけて、ヒリヒリする。僕はかんしゃくを起こして、ナット・クラッカーを卓の上へ放り出した。クラッカーはくるみの皿に激しく当たって、皿は割れた。くるみが三つ四つ、卓からゆかへ落ちた。

そうするつもりは、さらになかったのだ。ハッとして、いすを立った。

僕は二階へかけ上がり、勉強机にもたれてひとりで泣いた。その晩は、母の病室へも見舞いに行かずにしまった。

**2つのミッション**

物語文を攻略するためにやってみよう。
①場面分けのチェック。場面が分かれるところに ┬ 字を入れる。
②初めて出てくる主要な登場人物に ◯ 印を付ける。

上の文章に、鉛筆で書き込んでみてね！

**その前の年** 母が亡くなる前の年。
**晩秋** 秋の終わり頃。
**梶棒** 人力車や荷車の前についている、引っ張るための長い棒。
**キセル** きざみたばこをつめて吸う道具。
**容体（容態）** 病気の様子。病状。
**書斎** 読書をしたり、ものを書いたりする部屋。
**ナット・クラッカー** くるみを割るための道具。
**脳髄** 脳。脳みそ。

01 場面分け

12

13 第1章 場面に注目

①場面はどこで分かれる？
②登場人物はだれ？
③登場人物の気持ちが読み取れる表現はどこ？
の3つに気を付けながら読むことが大切です。そのために、STEPの物語文に直接、自分で①～③の印を書き込んでいきましょう。この本ではこれを、「3つのミッション」と呼んでいます。（第1章では「2つのミッション」になります。）

難しい語句の意味はここで説明しています。

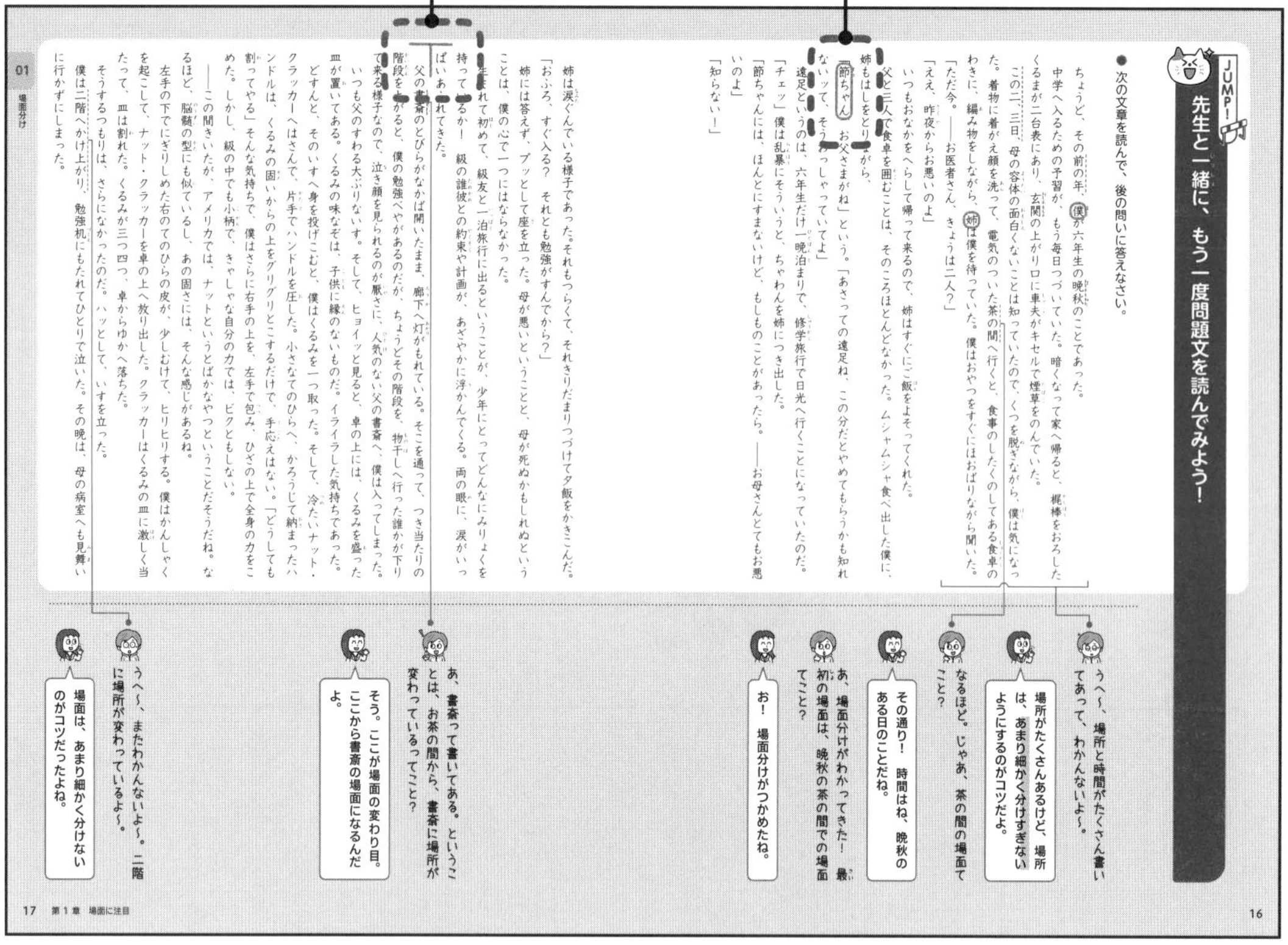
JUMP!
先生と一緒に、もう一度問題文を読んでみよう!

● 次の文章を読んで、後の問いに答えなさい。

ちょうど、その前の年、僕が六年生の晩秋のことであった。

中学へ入るための予習が、もう毎日つづいていた。暗くなって家へ帰ると、梶棒をおろしたくるまが二台表にあり、玄関の上がり口に車夫がキセルで煙草をのんでいた。

この二、三日、母の容体の面白くないことは知っていたので、くつを脱ぎながら、僕は気になった。着物に着がえ顔を洗って、電気のついた茶の間へ行くと、食事のしたくのしてある食卓のわきに、編み物をしながら、姉は僕を待っていた。僕はおやつをすぐにほおばりながら聞いた。

「ただ今。——お医者さん、きょうは二人?」

「ええ、昨夜からお悪いのよ」

いつもおなかをへらして帰って来るので、姉はすぐにご飯をよそってくれた。

父と三人で食卓を囲むことは、そのころほとんどなかった。ムシャムシャ食べ出した僕に、姉もはしをとりながら、

「節ちゃん お父さまがね」という。「あさっての遠足ね、この分だとやめてもらうかも知れないッて、そうおっしゃっていてよ」

遠足というのは、六年生だけ一晩泊まりで、修学旅行で日光へ行くことになっていたのだ。

「チェッ」僕は乱暴にそういうと、ちゃわんを姉につき出した。

「節ちゃんには、ほんとにすまないけど、もしものことがあったら。——お母さんとてもお悪いのよ」

「知らない!」

姉は涙ぐんでいる様子であった。それもつらくて、それきりだまりつづけて夕飯をかきこんだ。

「おふろ、すぐ入る? それとも勉強がすんでから?」

姉には答えず、プッとして座を立った。母が悪いということと、母が死ぬかもしれぬということは、僕の心で一つにはならなかった。

生まれて初めて、級友と一泊旅行に出るということが、少年にとってどんなにみりょくを持っているか! 級の誰彼との約束や計画が、あざやかに浮かんでくる。両の眼に、涙がいっぱいあふれてきた。

父の書斎のとびらがなかば開いたまま、廊下へ灯がもれている。そこを通って、つき当たりの階段を上がると、僕の勉強べやがあるのだが、ちょうどその階段を、物干しへ行った誰かが下りて来る様子なので、泣き顔を見られるのが厭さに、人気のない父の書斎へ、僕は入ってしまった。

いつも父のすわる大ぶりないす。そして、ヒョイッと見ると、卓の上には、くるみを盛った皿が置いてある。くるみの味なぞは、子供に縁のないものだ。イライラした気持ちであった。どすんと、そのいすへ身を投げこむと、僕はくるみを一つ取った。そして、冷たいナット・クラッカーへはさんで、片手でハンドルを圧した。小さなてのひらへ、かろうじて納まったハンドルは、くるみの固いからの上をグリグリとこするだけで、手応えはない。「どうしても割ってやる」そんな気持ちで、僕はさらに右手の上を、左手で包み、ひざの上で全身の力をこめた。しかし、級の中でも小柄で、きゃしゃな自分の力では、ビクともしない。

——この間きいたが、アメリカでは、ナットというとばかなやつということだそうだね。なるほど、脳髄の型にも似ているし、あの固さには、そんな感じがあるね。

左手の下でにぎりしめた右のてのひらの皮が、少しむけて、ヒリヒリする。僕はかんしゃくを起こして、ナット・クラッカーを卓の上へ放り出した。クラッカーはくるみの皿に激しく当たって、皿は割れた。くるみが三つ四つ、卓からゆかへ落ちた。

そうするつもりは、さらになかったのだ。ハッとして、いすを立った。

僕は二階へかけ上がり、勉強机にもたれてひとりで泣いた。その晩は、母の病室へも見舞いに行かずにしまった。

うへ〜、場所と時間がたくさん書いてあって、わかんないよ〜。

場所がたくさんあるけど、場所は、あまり細かく分けすぎないようにするのがコツだよ。

なるほど。じゃあ、茶の間の場面てこと?

その通り! 時間は、晩秋のある日のことだね。

あ、場面分けがわかってきた! 最初の場面は、晩秋の茶の間での場面てこと?

お! 場面分けがつかめたね。

あ、書斎って書いてある。ということは、お茶の間から、書斎に場所が変わっているってこと?

そう。ここが場面の変わり目。ここから書斎の場面になるんだよ。

うへ〜、またわかんないよ〜。二階に場所が変わっているよ〜。

場面は、あまり細かく分けすぎないのがコツだったよね。

01 場面分け

16

17 第1章 場面に注目

「3つのミッション」の記入例が書き込まれています。STEPで書き込んだ自分の印の位置とどう違うのか、確認してみましょう。

JUMP

先生と生徒と一緒に、もう一度物語文を読み直します。下段の対話文を読めば、実際に物語文の問題を解く時に、どのように注意を払いながら読めばよいのかのコツが、自然と身に付きます!

# 「ことばカード」が付録でついてくるよ!

入試レベルの物語文の問題を解くうえで

必ず覚えておいて欲しい、

「心情を表すことば」「性格を表すことば」を

カードにしました。

繰り返し読んで覚えてね!

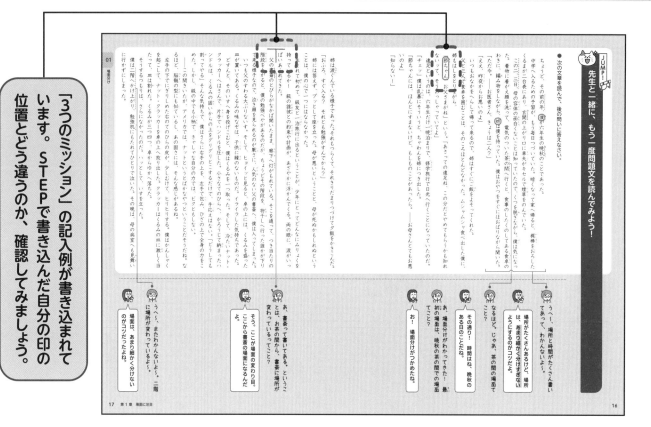

第1章

# 場面に注目

01 **場面分け** ～場面て何なのよ～

02 **回想的場面** ～いつの話してんのよ～

03 **幻想的場面** ～まぼろし見るのよ～

04 **登場人物** ～あなた誰なのよ～

05 **登場人物の性格** ～どんな人なのよ～

06 **登場人物の性格（人物像の対比）** ～性格が違うのよ～

# 01 場面分け

## HOP 物語文は、時間と場所が変《か》わるところで場面分けをする！

**今回のポイント**

物語文って長いと、「なんかよくわかんなかった」ってなるときない？ だから、区切って短くするんだよ。場面分けは効果絶大《こうかぜつだい》！

えーん。物語文のテストの点数が20点だったよう。文章長いし。キライ～!!

はっはっはっはっ。きっと初《はじ》めから終わりまで、なんとなく読んでいるんじゃないかな？

えっ。普通《ふつう》そうでしょ。

ちがうちがう!! 長いからこそ、区切りながら読むようにするんだよ。物語には場面に分ける読み方があるんだよ！

何それ！ 場面？ 聞いたことない。

場面っていうのはね、いつ・どこで・誰《だれ》が・どうした、のひとまとまりを言うんだよ。

え、意味わかんない。

それじゃあ、マンガを使って説明《せつめい》するね。左のページの「桃《もも》太《た》郎《ろう》劇場《げきじょう》」を読んでごらん。このマンガ、いくつの場面に分かれると思う？

5つ！ だって区切ってあるからすぐわかるよ～。

その5つの場面で、何か変化《へんか》していることはない？

家、山、川、川、家！ 場所が変化している！

そうすると、3コマ目と4コマ目が同じ川の場面だね。

じゃあ、4場面てこと？

その通り！ 物語文は、場面がいくつか集まってできているんだ。場面は、時間と場所の変化に注目して分けるんだよ。

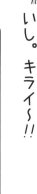

なんで、場面になんて分けるわけ？

場面を分ければ、それぞれの場面の登場人物・できごと・心情《しんじょう》が、つかみやすくなるんだよ。

へ〜。でも、場面分けをするのって難《むずか》しそう……。

そんなことないよ。時間と場所が変化するところを見つけるだけ！

え、でも、このマンガだと時間はわからなくない？

そうそう、場所と時間のどっちかの情報《じょうほう》しかないときもあるよ。でも、場所が変わればたいてい時間も一緒《いっしょ》に変わっているんだよ。

なるほど〜。じゃあ、場面を分けるだけでいいの？

お、いい質問《しつもん》だね！　場面を分けたら、まずは、場面ごとに、誰が出てきて、何が起きたのかを、整理して読むといいよ。

ＯＫ、やってみる！

## 桃太郎劇場《ももたろうげきじょう》①

**わかったらチェック！**

- 物語文は場面の積《つ》み重ねでできている。
- 場面は、時間と場所の変わり目で分ける。
- 場面ごとに「いつ・どこで・誰が・どうした」のかつかむ。

STEP

# 物語文攻略《こうりゃく》の「2つのミッション」に取り組みながら問題を解《と》こう!

## 2つのミッション

物語文を攻略するためにやってみよう。
①場面分けのチェック。場面が分かれるところに T 字を入れる。
②初めて出てくる主要《しゅよう》な登場人物に ○ 印《じるし》を付ける。

上の文章に、鉛筆《えんぴつ》で書き込《こ》んでみてね!

● 次の文章を読んで、後の問いに答えなさい。

ちょうど、*その前の年、僕《ぼく》が六年生の*晩秋《ばんしゅう》のことであった。

中学へ入るための予習が、もう毎日つづいていた。暗くなって家へ帰ると、*梶棒《かじぼう》をおろしたくるまが二台表にあり、玄関《げんかん》の上がり口に車夫《しゃふ》が*キセルで煙草《たばこ》をのんでいた。

この二、三日、母の*容体《ようだい》の面白《おもしろ》くないことは知っていたので、くつを脱《ぬ》ぎながら、僕は気になった。着物に着がえ顔を洗《あら》って、電気のついた茶の間へ行くと、食事のしたくのしてある食卓《しょくたく》のわきに、編《あ》み物をしながら、姉は僕を待っていた。僕はおやつをすぐにほおばりながら聞いた。

「ただ今。――お医者さん、きょうは二人?」

「ええ、昨夜《さくや》からお悪いのよ」

いつもおなかをへらして帰って来るので、姉はすぐにご飯《はん》をよそってくれた。

父と三人で食卓を囲《かこ》むことは、そのころほとんどなかった。ムシャムシャ食べ出した僕に、姉もはしをとりながら、

「節《せつ》ちゃん、お父さまがね」という。「あさっての遠足ね、この分だとやめてもらうかも知れないッて、そうおっしゃっていてよ」

遠足というのは、六年生だけ一晩《ひとばん》泊《と》まりで、修学《しゅうがく》旅行で日光へ行くことになっていたのだ。

「チェッ」僕は乱暴《らんぼう》にそういうと、ちゃわんを姉につき出した。

「節ちゃんには、ほんとにすまないけど、もしものことがあったら。――お母さんとてもお悪いのよ」

「知らない!」

**その前の年**
母が亡《な》くなる前の年。

**晩秋**
秋の終わり頃《ごろ》。

**梶棒**
人力車《じんりきしゃ》や荷車《にぐるま》の前についている、引っ張るための長い棒。

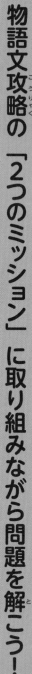

姉は涙《なみだ》ぐんでいる様子であった。それもつらくて、それきりだまりつづけて夕飯をかきこんだ。

「おふろ、すぐ入る？　それとも勉強がすんでから？」

姉には答えず、プッとして座《ざ》を立った。母が悪いということと、母が死ぬかもしれぬということは、僕の心で一つにはならなかった。

生まれて初《はじ》めて、級友と一泊《いっぱく》旅行に出るということが、少年にとってどんなにみりょくを持っているか！　級の誰彼《だれかれ》との約束《やくそく》や計画が、あざやかに浮《う》かんでくる。両の眼《め》に、涙がいっぱいあふれてきた。

父の*書斎《しょさい》のとびらがなかば開いたまま、廊下《ろうか》へ灯《あかり》がもれている。そこを通って、つき当たりの階段《かいだん》を上がると、僕の勉強べやがあるのだが、ちょうどその階段を、物干《ものほ》しへ行った誰かが下りて来る様子なので、泣き顔を見られるのが厭《いや》さに、人気《ひとけ》のない父の書斎へ、僕は入ってしまった。

いつも父のすわる大ぶりないす。そして、ヒョイッと見ると、卓の上には、くるみを盛《も》った皿が置《お》いてある。くるみの味なぞは、子供《こども》に縁《えん》のないものだ。イライラした気持ちであった。

どすんと、そのいすへ身を投げこむと、僕はくるみを一つ取った。そして、冷《つめ》たい*ナット・クラッカーへはさんで、片手《かたて》でハンドルを圧《お》した。小さなてのひらへ、かろうじて納《おさ》まったハンドルは、くるみの固《かた》いからの上をグリグリとこするだけで、手応《てごた》えはない。「どうしても割《わ》ってやる」そんな気持ちで、僕はさらに右手の上を、左手で包《つつ》み、ひざの上で全身の力をこめた。しかし、級の中でも小柄《こがら》で、きゃしゃな自分の力では、ビクともしない。

――この間きいたが、アメリカでは、ナットというとばかなやつということだそうだね。なるほど、*脳髄《のうずい》の型《かた》にも似《に》ているし、あの固さには、そんな感じがあるね。

左手の下でにぎりしめた右のてのひらの皮が、少しむけて、ヒリヒリする。僕はかんしゃくを起こして、ナット・クラッカーを卓の上へ放り出した。クラッカーはくるみの皿に激《はげ》しく当たって、皿は割れた。くるみが三つ四つ、卓からゆかへ落ちた。

そうするつもりは、さらになかったのだ。ハッとして、いすを立った。

僕は二階へかけ上がり、勉強机《づくえ》にもたれてひとりで泣いた。その晩は、母の病室へも見舞《みま》いに行かずにしまった。

**キセル**
きざみたばこをつめて吸《す》う道具。

**容体（容態《ようたい》）**
病気の様子。病状《びょうじょう》。

**書斎**
読書をしたり、ものを書いたりする部屋。

**ナット・クラッカー**
くるみを割るための道具。

**脳髄**
脳。脳みそ。

しかし、幸いなことに、母の病気は翌日《よくじつ》から*小康《しょうこう》を得《え》て、僕《ぼく》は日光へ遠足に行くことができた。

ふすまをはらった宿屋の大広間に、ズラリとふとんをひきつらねたその夜は、実ににぎやかだった。果《は》てしなくはしゃぐ、子供《こども》たちの上の電燈《でんとう》は、八時ごろに消されたが、それでも、なかなかさわぎはしずまらなかった。

いつまでも僕は寝《ね》つかれず、東京の家のことが思われてならなかった。やすらかな友だちの寝息《ねいき》が耳につき、覆《おお》いをした母のへやの電燈《でんとう》が、まざまざと眼《め》に浮《う》かんできたりした。僕は、ひそかに自分の性質《せいしつ》を反省《はんせい》した。この反省は、僕の生涯《しょうがい》の最初《さいしょ》のものであった。

（永井龍男《ながいたつお》「胡桃割《くるみわ》り」）

## ゴールの問題

本文を3つの場面に分け、場面2と場面3のそれぞれ初《はじ》めの5字を抜《ぬ》き出しなさい（句読点《くとうてん》や符号《ふごう》をふくみます）。

場面2 ▼ □□□□□

場面3 ▼ □□□□□

（オリジナル問題）

**小康を得る**
病気が少しよくなること。

# JUMP! 先生と一緒《いっしょ》に、もう一度問題文を読んでみよう！

● 次の文章を読んで、後の問いに答えなさい。

ちょうど、その前の年、僕《ぼく》が六年生の晩秋《ばんしゅう》のことであった。

中学へ入るための予習が、もう毎日つづいていた。暗くなって家へ帰ると、梶棒《かじぼう》をおろしたくるまが二台表にあり、玄関《げんかん》の上がり口に車夫《しゃふ》がキセルで煙草《たばこ》をのんでいた。

この二、三日、母の容体《ようだい》の面白《おもしろ》くないことは知っていたので、くつを脱《ぬ》ぎながら、僕《ぼく》は気になった。着物に着がえ顔を洗《あら》って、電気のついた茶の間へ行くと、食事のしたくのしてある食卓《しょくたく》のわきに、編《あ》み物をしながら、姉は僕を待っていた。僕はおやつをすぐにほおばりながら聞いた。

「ただ今。――お医者さん、きょうは二人？」

「ええ、昨夜《さくや》からお悪いのよ」

いつもおなかをへらして帰って来るので、姉はすぐにご飯《はん》をよそってくれた。

父と三人で食卓を囲《かこ》むことは、そのころほとんどなかった。ムシャムシャ食べ出した僕に、姉もはしをとりながら、

「節《せつ》ちゃん、お父さまがね」という。「あさっての遠足ね、この分だとやめてもらうかも知れないッて、そうおっしゃっていてよ」

遠足というのは、六年生だけ一晩泊《ひとばんと》まりで、修学旅行《しゅうがくりょこう》で日光へ行くことになっていたのだ。

「チェッ」僕は乱暴《らんぼう》にそういうと、ちゃわんを姉につき出した。

「節ちゃんには、ほんとにすまないけど、もしものことがあったら。――お母さんとてもお悪いのよ」

「知らない！」

うへ～、場所と時間がたくさん書いてあって、わかんないよ～。

場所がたくさんあるけど、場所は、あまり細かく分けすぎないようにするのがコツだよ。

なるほど。じゃあ、茶の間の場面てこと？

その通り！ 時間はね、晩秋のある日のことだね。

あ、場面分けがわかってきた！ 最《さい》初《しょ》の場面は、晩秋の茶の間での場面てこと？

お！ 場面分けがつかめたね。

姉は涙《なみだ》ぐんでいる様子であった。それもつらくて、それきりだまりつづけて夕飯をかきこんだ。

「おふろ、すぐ入る？　それとも勉強がすんでから？」

姉には答えず、プッとして座《ざ》を立った。母が悪いということと、母が死ぬかもしれぬということは、僕の心で一つにはならなかった。

生まれて初《はじ》めて、級友と一泊《いっぱく》旅行に出るということが、少年にとってどんなにみりょくを持っているか！　級の誰彼《だれかれ》との約束《やくそく》や計画が、あざやかに浮《う》かんでくる。両の眼《め》に、涙がいっぱいあふれてきた。

父の書斎《しょさい》のとびらがなかば開いたまま、廊下《ろうか》へ灯《あかり》がもれている。そこを通って、つき当たりの階段《かいだん》を上がると、僕の勉強べやがあるのだが、ちょうどその階段を、物干《ものほ》しへ行った誰かが下りて来る様子なので、泣《な》き顔を見られるのが厭《いや》さに、人気《ひとけ》のない父の書斎へ、僕は入ってしまった。

いつも父のすわる大ぶりないす。そして、ヒョイッと見ると、卓の上には、くるみを盛《も》った皿が置《お》いてある。くるみの味なぞは、子供《こども》に縁《えん》のないものだ。イライラした気持ちであった。

どすんと、そのいすへ身を投げこむと、僕はくるみを一つ取った。そして、冷《つめ》たいナット・クラッカーへはさんで、片手《かたて》でハンドルを圧《お》した。小さなてのひらへ、かろうじて納《おさ》まったハンドルは、くるみの固《かた》いからの上をグリグリとこするだけで、手応《てごた》えはない。「どうしても割《わ》ってやる」そんな気持ちで、僕はさらに右手の上を、左手で包《つつ》み、ひざの上で全身の力をこめた。しかし、級の中でも小柄《こがら》で、きゃしゃな自分の力では、ビクともしない。

――この間きいたが、アメリカでは、ナットというとばかなやつということだそうだね。なるほど、脳髄《のうずい》の型《かた》にも似《に》ているし、あの固さには、そんな感じがあるね。

左手の下でにぎりしめた右のてのひらの皮が、少しむけて、ヒリヒリする。僕はかんしゃくを起こして、ナット・クラッカーを卓の上へ放り出した。クラッカーはくるみの皿に激《はげ》しく当たって、皿は割《わ》れた。くるみが三つ四つ、卓からゆかへ落ちた。

そうするつもりは、さらになかったのだ。ハッとして、いすを立った。

僕は二階へかけ上がり、勉強机《づくえ》にもたれてひとりで泣いた。その晩は、母の病室へも見舞《みま》いに行かずにしまった。

あ、書斎って書いてある。ということは、お茶の間から、書斎に場所が変わっているってこと？

そう。ここが場面の変わり目。ここから書斎の場面になるんだよ。

うへ～、またわかんないよ～。二階に場所が変わっているよ～。

場面は、あまり細かく分けないのがコツだったよね。

しかし、幸いなことに、母の病気は翌日《よくじつ》から小康《しょうこう》を得《え》て、僕《ぼく》は日光へ遠足に行くことができた。

ふすまをはらった宿屋の大広間に、ズラリとふとんをひきつらねたその夜は、実ににぎやかだった。果《は》てしなくはしゃぐ、子供たちの上の電燈《でんとう》は、八時ごろに消されたが、それでも、なかなかさわぎはしずまらなかった。

いつまでも僕は寝《ね》つかれず、東京の家のことが思われてならなかった。やすらかな友だちの寝息《ねいき》が耳につき、覆《おお》いをした母のへやの電燈《でんとう》が、まざまざと眼《め》に浮《う》かんできたりした。僕は、ひそかに自分の性質《せいしつ》を反省《はんせい》した。この反省は、僕の生涯《しょうがい》の最初《さいしょ》のものであった。

（永井龍男《ながいたつお》「胡桃割《くるみわ》り」）

## ゴールの問題

物語文を3つの場面に分け、場面2と場面3のそれぞれ初《はじ》めの5字を抜《ぬ》き出しなさい（句読《くとう》点《てん》や符号《ふごう》をふくみます）。

場面2 ▼ 父の書斎の

場面3 ▼ しかし、幸

（オリジナル問題）

あ、そうだった！ じゃあ、日光に遠足に行ったところから、場面が変わるんだね。

その通り！

# 02 回想的場面《かいそうてき》

## Hop! 回想的場面は、現在《げんざい》の状況《じょうきょう》の理由になる！

いつの話
してんのよ

**今回のポイント**

物語を読んでいると、急に「え？ いつの話？ 昔のこと？」って思うことはないかな？ 実はそれ、重要《じゅうよう》な手がかりなんだよ！

今日は何するの〜？

またまた場面！

えっ……前やったじゃん。もう完ぺきだから帰っていい？

あんなの基本《きほん》のキだよ！

まだなんかあるの？

ふっふっふ。これがわかればすごいぞっていう、とっておきがある。

何それ、知りたい！

回想的場面っていうんだけどね。過去《かこ》の場面のことをこう呼《よ》ぶんだよ。

---

あ、やっぱいいわ、難《むずか》しそう。

まあまあそう言わずに！ キミは、物語を読んでいるときに、急に昔の話になったなって思うときない？

あるある。急になんで？ って思ってた。

それ！ 実はちゃんと役割《やくわり》があるんだよ。

ええ〜関係《かんけい》ないと思って読み飛《と》ばしてた！

ダメダメ。例えばね。左ページの「桃太郎劇場《ももたろうげきじょう》」を読んでみて。どこで場面が変わったかわかる？

2コマ目から！ キジと桃太郎の出会いのシーン！

## 桃太郎劇場《ももたろうげきじょう》②

ピンポーン！　そう、キジは死にかけた時に桃太郎に助けてもらって恩《おん》を感じたんだね。

3コマ目まで昔の話だよね。だから、今の桃太郎の一番の味方なんだ。

そう！　回想的場面が現在の状況の理由になっているんだよ。

なるほど。そりゃ読み飛ばしたらダメだわ。ねえ、回想的場面は、時間と場所に注目していたら気付ける？

もちろん！　時間と場所で場面に分けていく中で「過去になったな」と気付いたら回想的場面だよ。

現在で過去をサンドイッチ！

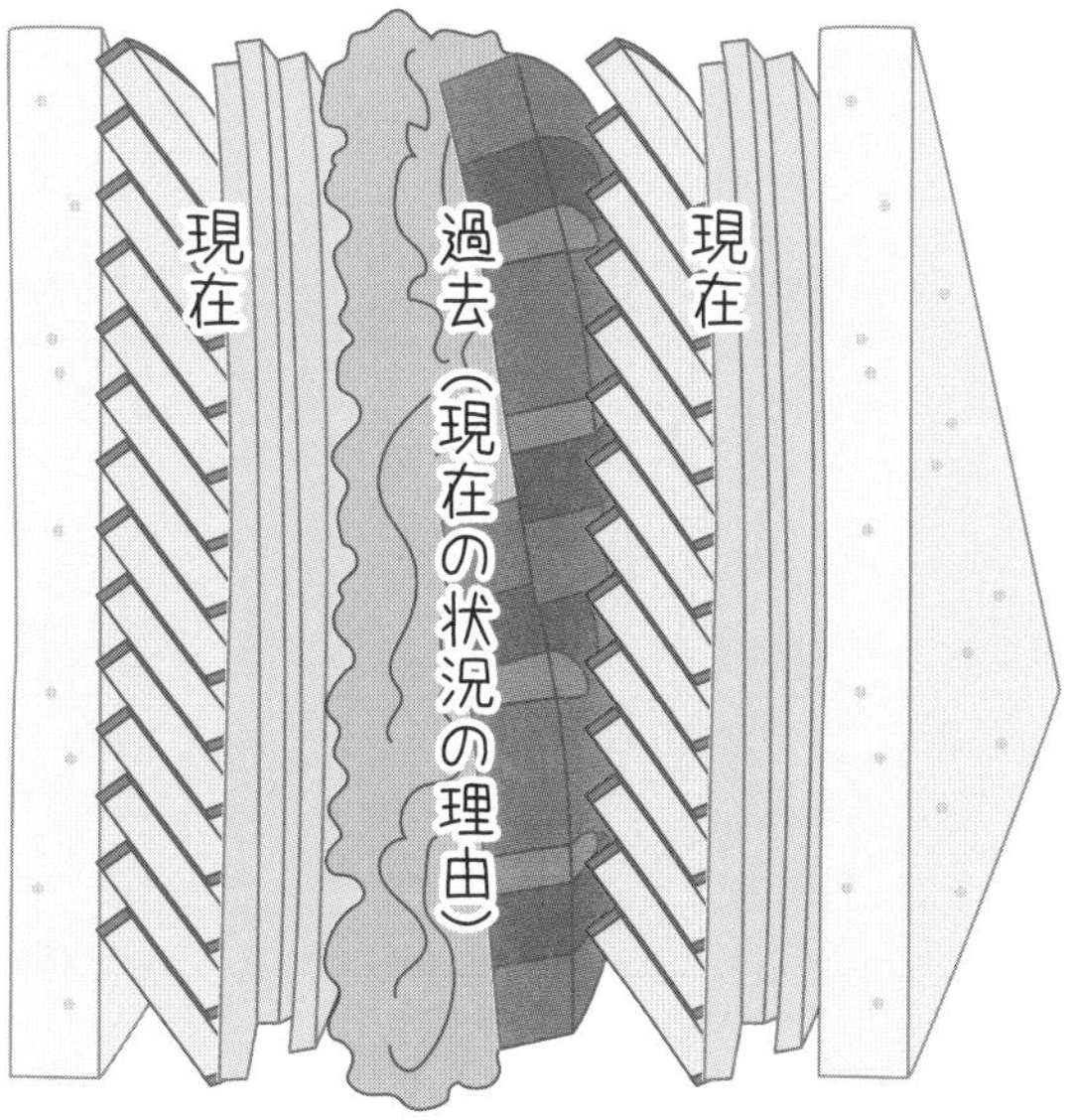


**わかったらチェック！**

- 過去の場面を「回想的場面」という。
- 回想的場面は、現在の状況の理由になる。
- 時間と場所に注目して過去になったと気付こう！

## STEP! 物語文攻略《こうりゃく》の「2つのミッション」に取り組みながら問題を解《と》こう！

● 次の文章を読んで、後の問いに答えなさい。

> 「私《わたし》（栄子《えいこ》）」は戦争《せんそう》中の小学生のときのことを思い出している。

八月十五日の空は本当に青かった。あの青さは忘《わす》れられない。

私は強い日《ひ》射《ざ》しをさけて、麦畑の中の道に止めてあった荷車のしたからその空を見上げていた。膝《ひざ》を折《お》り、背中《せなか》を曲げ、首をねじるようにしてのぞいていた。

その日は朝から大人たちの動きがいつもと違《ちが》っていた。

でも十歳《さい》の私にはその時抱《かか》えていた自分の問題で胸《むね》がいっぱいだった。

どんな風に家に帰ろう。帰ったら家の人になんといおう。そのことばかりがぐるぐると体のなかを重く動いていた。

その日、私は友だちのミッちゃんの家で、お昼ごはんを食べさせてもらっていた。

「さあ、食べようよ」

ミッちゃんは、お茶わんとおはしが入っている箱をあけ、そばのおひつ*にかかっていた布巾《ふきん》をとっていった。なかには真っ白なごはんが入っていた。見たこともないほど真っ白なごはんだった。東京から疎開《そかい》*していた私の家では、毎日毎日、うすい雑炊《ぞうすい》かすいとん*だったから、この白いごはんは、目がくらむほどまぶしい。「いらない」なんてとってもいえなかった。

「いいの……？」

胸がどきどきしてきた。

「おとうたち、みんな、役場に行ったから、大丈夫《だいじょうぶ》だって」

### 2つのミッション

物語文を攻略するためにやってみよう。

① 場面分けのチェック。場面が分かれるところに T 字を入れる。

② 初めて出てくる主要《しゅよう》な登場人物に O 印《じるし》を付ける。

上の文章に、鉛筆《えんぴつ》で書き込んでみてね！

**おひつ** 炊《た》いた米を入れる木のたらい。

**疎開** 戦争《せんそう》中、空襲《くうしゅう》を避《さ》けて田舎《いなか》に移《うつ》り住むこと。

**すいとん** 小麦粉《こむぎこ》で作った団子《だんご》を汁《しる》で煮《に》た食べ物。

ミッちゃんはそういうと、むじゃきにごはんをよそって、私にさしだした。

私の手ときたら、胸のどきどきのわりには、素早《すばや》くお茶わんにのびている。おはしもにぎっている。

「ほら、こっちにつけもの、食べな」

もう止めることなんかできない。こんなおいしいごはん。なんておいしいんだろう。

なにもしゃべらないで食べていた。いつもよりミッちゃんははしゃいでいるみたいだった。

私は*めぐんでもらっているのだ。

この十日ほど前にも、近くの農家で、私はご馳走《ちそう》になっていた。

「ちらしずし、つくったから、くってけ」といって、おばさんは、大きな飯台《はんだい》から、お茶わんによそってくれたのだった。そのごはん粒《つぶ》のつやつやしていたこと！　その時も、断《ことわ》ることなんてできなかった。

その日家に帰っても、私は母にそのことをいうことができなかった。

それから三日して、「あそこの家で、おすしを食べたんだって？」と、母にいわれた。

「うん、食べなさいっていうから……」

「これからはもうやめてちょうだいね。『栄子ちゃんに、メシ、くわせたから』って、何回も何回もいわれちゃったわ。そのたびにお礼をいわされて。食べたいのは無理《むり》もないけどね。しょうがないから今日、*半襟《はんえり》を持ってお礼に行ってきたわ」

こんな風にいわれたのに、私はまたミッちゃんちで食べてしまったのだ。家の人はいなかったから、いいつけたりしないかもしれない。でも、ミッちゃんが、ちょろっと母にいったりしたらどうしよう。あの時の母の顔がうかんで、①私は荷車のしたから出ることができなかったのだ。日本が大変《たいへん》だった日、たった一杯《いっぱい》のごはんのことで、十歳の私の心は心配でいっぱいだった。


（『荷車のしたで』（角野栄子《かどのえいこ》））

**めぐむ**
ほどこしを与《あた》える。（かわいそうに思って金品などを人にあげる）。

**半襟**
襦袢《じゅばん》（着物の下に着る肌着《はだぎ》）のえりの上にかける、かざりのえり。ちょっとしたプレゼントにぴったりだったんだね。

## ゴールの問題

**問題1** 回想的《てき》場面（過去《かこ》）を探し、初めと終わりの5字を抜《ぬ》き出しなさい。句読点《くとうてん》、「　」も1字に数えます。

□□□□□〜□□□□□

**問題2** 傍線部《ぼうせんぶ》①「私《わたし》は荷車のしたから出ることができなかったのだ。」とありますが、なぜですか。次の解答欄《かいとうらん》にあてはまる言葉を35字以内で答えなさい。

栄子《えいこ》は、□□□□□□□□□□□□□□□□□□□□□□□□□□□□□□□□□□□のに、みっちゃんちでまたご飯《はん》をめぐんでもらい、母に知られてしまうことを心配しているから。

（オリジナル問題）

## JUMP 先生と一緒《いっしょ》に、もう一度問題文を読んでみよう!

● 次の文章を読んで、後の問いに答えなさい。

私（栄子）は戦争《せんそう》中の小学生のときのことを思い出している。

八月十五日の空は本当に青かった。あの青さは忘《わす》れられない。

私は強い日射《ひざ》しをさけて、麦畑の中の道に止めてあった荷車のしたからその空を見上げていた。膝《ひざ》を折《お》り、背中《せなか》を曲げ、首をねじるようにしてのぞいていた。

その日は朝から大人たちの動きがいつもと違《ちが》っていた。

でも十歳《さい》の私にはその時抱《かか》えていた自分の問題で胸《むね》がいっぱいだった。

どんな風に家に帰ろう。帰ったら家の人になんといおう。そのことばかりがぐるぐると体のなかを重く動いていた。

その日、私は友だちのミッちゃんの家で、お昼ごはんを食べさせてもらっていた。

「さあ、食べようよ」

ミッちゃんは、お茶わんとおはしが入っている箱をあけ、そばのおひつにかかっていた布巾《ふきん》をとっていった。なかには真っ白なごはんが入っていた。見たこともないほど真っ白なごはんだった。東京から疎開《そかい》していた私の家では、毎日毎日、うすい雑炊《ぞうすい》かすいとんだったから、この白いごはんは、目がくらむほどまぶしい。「いらない」なんてとってもいえなかった。

「いいの……?」

胸がどきどきしてきた。

「おとうたち、みんな、役場に行ったから、大丈夫《だいじょうぶ》だって」

八月十五日って、何があった日か知っている?

家族旅行に行く日だ!

そうだね。お盆《ぼん》休みだもんね。実は八月十五日は日本が第二次世界大戦に負けた終戦《しゅうせん》記念《きねん》日なんだよ。

へー。あ、だから大人たちの様子がいつもと違《ちが》うんだ。

戦時中だから、うすい雑炊しか食べられないんだね。

白いご飯なんか食べられなかったんだよ。

ミッちゃんはそういうと、むじゃきにごはんをよそって、私にさしだした。私の手ときたら、胸のどきどきのわりには、素早《すばや》くお茶わんにのびている。おはしもにぎっている。

「ほら、こっちにつけもの、食べな」

もう止めることなんかできない。こんなおいしいごはん。なんておいしいんだろう。なにもしゃべらないで食べていた。いつもよりミッちゃんははしゃいでいるみたいだった。

私はめぐんでもらっているのだ。

この十日ほど前にも、近くの農家で、私はご馳走《ちそう》になっていた。

「ちらしずし、つくったから、くってけ」といって、おばさんは、大きな飯台《はんだい》から、お茶わんによそってくれたのだった。そのごはん粒《つぶ》のつやつやしていたこと！　その時も、断《ことわ》ることなんてできなかった。

その日家に帰っても、私は母にそのことをいうことができなかった。

それから三日して、「あそこの家で、おすしを食べたんだって？」と、母にいわれた。

「うん、食べなさいっていうから……」

「これからはもうやめてちょうだいね。『栄子ちゃんに、メシ、くわせたから』って、何回も何回もいわれちゃったわ。そのたびにお礼をいわされて。食べたいのは無理《むり》もないけどね。しょうがないから今日、半襟《はんえり》を持ってお礼に行ってきたわ」

こんな風にいわれたのに、私はまたミッちゃんちで食べてしまったのだ。家の人はいなかったから、いいつけたりしないかもしれない。でも、ミッちゃんが、ちょろっと母にいったりしたらどうしよう。あの時の母の顔がうかんで、①私は荷車のしたから出ることができなかったのだ。日本が大変《たいへん》だった日、たった一杯《いっぱい》のごはんのことで、十歳の私の心は心配でいっぱいだった。

（『荷車のしたで』（角野栄子《かどのえいこ》））

あ、急に十日前の話になった！

ってことは？

回想的《てき》場面だ！

そう！　で、どこで現在《げんざい》に戻《もど》ってるかな？

はい、ここ！　ミッちゃんの話が出てきたから、ここから現在に戻る！

その通り！　回想的場面は現在の状況《じょうきょう》の理由になるんだったよね。

そっか。この子、十日前にも農家でご飯もらってるじゃん。それでお母さんに注意されたのにまたよそんちで食べたか……。

だから現在「私」はどうしているかな？

……お母さんにバレて怒《おこ》られるのが心配で、荷車の下に隠《かく》れてる（笑）。

## ゴールの問題

**問題1**　回想的《てき》場面（過去《かこ》）を探し、初めと終わりの5字を抜《ぬ》き出しなさい。句読点《くとうてん》、「　」も1字に数えます。

「この十日ほ～てきたわ」

**問題2**　傍線部《ぼうせんぶ》①「私《わたし》は荷車のしたから出ることができなかったのだ。」とありますが、なぜですか。次の解答欄《かいとうらん》にあてはまる言葉を35字以内で答えなさい。

（解答例《れい》）
栄子《えいこ》は、十日ほど前に農家でご飯をめぐんでもらったことを母に注意されていたのに、みっちゃんちでまたご飯《はん》をめぐんでもらい、母に知られてしまうことを心配しているから。

（オリジナル問題）

回想的場面が、現在《げんざい》の状況《じょうきょう》の理由になっているね。

ああなるほど。だから荷車の下に隠《かく》れているんだ。

そう。ここで「栄子ってバカだな～」で終わるんじゃなく、戦時中で、本当に食べ物もなくひもじい思いをしていたっていう時代背景を読み取ろうね。

戦争の話って、社会でも習うけど、国語の読解にも関係するんだね。

社会の知識が頭に入っていると、読解がしやすくなるんだよ。

03

# 幻想的《げんそうてき》場面

まぼろし見るのよ…

**今回のポイント**

物語を読んでいて、「あれ？ 現実《げんじつ》、それともまぼろし？」ってなるときない？ まぼろしは、幻想的場面。気づいたら、チェックを入れておこう！

HOP

## 幻想的場面は、心情《しんじょう》の変化《へんか》のきっかけになる！

もう場面はばっちりだ～！

じゃあ、場面分けのポイントを言ってごらんよ。

時間と場所が変化するところで分けるんでしょ。

そうだね、大正解《せいかい》～！

やったー、じゃあ今日はもう帰って！

ちょっと待った！ 実は、前回の回想的場面のほかに、幻想的場面というのもあるんだ。

え～、何それ～、まだあるの～？

今回で場面分けについては終わりだから、もうちょっと頑《がん》張《ば》ろう。

---

オッケー。で、幻想的場面て何？

それじゃまた左ページの「桃太郎劇場《ももたろうげきじょう》」を読んでみて。現《げん》実的《じってき》にありえないことはあった？

天使？

そうだね、先生も天使には会ったことはないよ。

じゃあ、現実に起こらないようなことがあったら、幻想的場面てこと？

その通り！ 幻想的場面って非現実《ひげんじつ》的世界のことなんだよ。

ふーん。でも、なんで突然《とつぜん》、非現実的世界の話になるの？

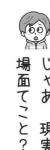

いい気づきだね。天使が現《あらわ》れる前と後で何か変わったことはあるかな？

鬼退治《おにたいじ》に行きたくなかった桃太郎が、行く気になったよ。

天使のお告《つ》げがあったから、鬼退治に行く気になったんだよね。

あ、わかった！ 幻想的場面て、気持ちが変わるきっかけになるんだね！

そうなんだ。カッコよく言うと、心情の変化って言うんだよ。だから、幻想的場面がどこからどこまでかを見抜《みぬ》くことが大事なんだよ。

なるほど。気持ちが変わるところってずばりテストに出そう！

その通り！ テストで狙《ねら》われるところだよ。

やる気になってきた！

## 桃太郎劇場《ももたろうげきじょう》③

ムリ
ムリムリ
このままだと鬼《おに》に人間界が滅《ほろ》ぼされるのよ
ガーン
えっ!?

わかったらチェック！

- 非現実的世界の場面を幻想的場面という。
- 幻想的場面は、心情の変化のきっかけになる。
- どこからどこまでが幻想的場面かチェック！

STEP!

# 物語文攻略《こうりゃく》の「2つのミッション」に取り組みながら問題を解《と》こう!

● 次の文章を読んで、後の問いに答えなさい。

小学一年生の「博士《ひろし》」は、ある日、これから川の始まりを見つける探検《たんけん》に行くという小学五年生のガキ大《だい》将《しょう》グループ「ムルチ」「サル」「ブンちゃん」と出会う。「博士」は、絶対泣《ぜったいな》かないという約束《やくそく》をリーダー格《かく》の「ムルチ」と交わし、彼《かれ》らについて行く。「ムルチ」を先頭に行くが、途中《とちゅう》から道は難所《なんしょ》の連続《れんぞく》となる。

足もとがふらふらして何度も転びそうになった。でも、泣かへん、泣かへんと、口の中で繰《く》り返して、そのせいでなんとかまっすぐ立って、歩き続《つづ》けられた。サルが心配そうに手を差《さ》し延《の》べてくれたけれど、博士はそれも無視《むし》して自分で歩いた。そうしなきゃならない気がしていた。とにかく川が始まるところまで行かなければ。そうすれば、ムルチも今度は帰ることを考えるはずだし、少し暗くなってもみんなと一緒《いっしょ》なら安心なのだ。

視界《しかい》が開けた。

踏《ふ》み固《かた》められて歩きやすそうな山道が、川に寄《よ》り添《そ》っていた。

「なんや、ずっと道を通ってきたら、結局《けっきょく》、ここに出たわけじゃん」

ムルチがぎろりとサルを見た。サルは言葉を呑《の》み込《こ》んだ。

難所は終わり、足下のしっかりした山道が続く。また川が谷を刻《きざ》んだけれど、道は数メートル上にずっと続いていて、わざわざ川に下りることもなく歩き続けた。

赤い光が目の中に飛《と》び込んできた。

それは、もうすぐ沈《しず》む太陽なのだった。

毒々《どくどく》しいまでに赤く染《そ》まった空の下、小さな箱庭みたいに世界が広がっていた。

---

**2つのミッション**

物語文を攻略するためにやってみよう。

① 場面分けのチェック。場面が分かれるところに T 字を入れる。

② 初めて出てくる主要《しゅよう》な登場人物に O 印《じるし》を付ける。

上の文章に、鉛筆《えんぴつ》で書き込んでみてね!

風に揺《ゆ》れる水田と、小さな屋根の群《む》れ。赤黒い血流のような川と、さらに深く沈《しず》んだため池。大きなパン工場の少し先に、屋根瓦《やねがわら》が密集《みっしゅう》した*新興住宅街《しんこうじゅうたくがい》があって、それは稲《いね》の海に浮《う》かぶ島のようだった。博士の家は川沿《ぞ》いだけど、どれなのかは分からなかった。そんなことより、なんて小さなところにぼくは住んでいるんやろかと博士は思い、自分が大きくなったようにも、淋《さび》しいようにも感じた。

みんながしばらく放心したようにその光景《こうけい》を見つめていた。*頑《かたく》なに先を急いでいたムルチさえ、食い入るようなギョロ目で見つめていた。

やがてムルチは*眉間《みけん》に皺《しわ》をよせ、本当に怪獣《かいじゅう》使いの老人《ろうじん》みたいな顔つきになった。またかすかに唇《くちびる》が動いて、声にならない言葉を吐《は》き出した。

ナカヘンデ。ナイタラアカン。

気のせいかもしれない。ムルチの唇がそんなふうに動いたように思えた。見てはいけないものを見てしまった気がして、博士はまた視線《しせん》を風景に戻《もど》した。風がひときわ強く吹《ふ》いた。すると稔《みの》り始めている稲穂《いなほ》の先端《せんたん》が赤い光を宿して、風にあわせて水田の中を行ったり来たりした。さわさわという音が聞こえてきそうだった。

そして、それは突然《とつぜん》やってきた。

ほんの一瞬《いっしゅん》のことだ。住宅街の建物《たてもの》はみんなきっちりした区画で同じ方向に建《た》てられている。その屋根瓦がいっせいに夕陽を反射《はんしゃ》して、鈍《にぶ》い輝《かがや》きを放ったのだ。

あ、とか、うわあ、とか誰《だれ》からともなくうめき声のようなものが漏《も》れた。

それに続いて、博士には聞こえたのだ。聞こえるはずもないのに、本当に聞こえたのだ。笑《わら》い声だった。一人ではなくて、沢山《たくさん》の人の笑い声だった。今、あの家々の中で、タンタンタンと長ネギが刻《きざ》まれ、味噌汁《みそしる》のふんわりした湯気が漂《ただよ》い、お腹《なか》を空かせた子供《こども》たちが食卓《しょくたく》に集まり、早く帰ってきた父さんと母さんが、きょうの出来事を楽しげに話している時のような、さりげないけれど満《み》ち足りた笑《わら》い声だった。それがいくつもの家の中からあの屋根をアンテナにして、一気にここまで送り届《とど》けられたような、そんな感覚《かんかく》だった。

それが続いたのはほんの少しの間だった。博士は息を殺《ころ》して耳を澄《す》ましたし、それでも呼吸《こきゅう》

**新興住宅街**
新しくできた住宅がまちのように集まっていること。

**頑な**
自分の考えや態度《たいど》を強く持ち続ける様子。がんこ。強情《ごうじょう》。

**眉間**
まゆとまゆの間。

が苦しくなることもなかったから、ほんの十秒か二十秒だったにちがいない。

やがて、笑《わら》い声は遠くなって、自分の心臓《しんぞう》の音がかわりに聞こえてきた。力強く脈動《みゃくどう》し、体の中を駆《か》けめぐるものを強く感じた。

*目眩《めまい》がした。

眼下《がんか》を流れる赤黒い川も一緒《いっしょ》に脈打《みゃくう》っていた。

やがて風の音が戻《もど》ってきて、ふいにお腹《なか》がぐうと鳴った。

太陽はもう地平線にかかっており、空はもう夜の色になりかけていた。

ナカヘンデ。ナイタラアカン。

さっき目に焼《や》き付《つ》いたムルチの唇《くちびる》の動きを思い出した。不思議《ふしぎ》だし、それ以上《いじょう》に身に*つまされた。泣《な》いたらあかんのは、ぼくや。ムルチがなんでそんなこと言うんや。泣いたらあかんのは、ぼくや。

博士《ひろし》の中の深いところで、もやもやとした感覚《かんかく》が急に大きくなって喉《のど》を突《つ》き上げた。考える間もなく、*目頭《めがしら》が熱《あつ》くなった。
①泣かへんもん、と思った時にはもう涙《なみだ》がこぼれていた。手で押《お》さえようとして、そんなことしても無駄《むだ》だと分かり、すると、後から後から溢《あふ》れ出した。
泣き声は出さなかった。でも、自然《しぜん》に裏返《うらがえ》ったような声で、えっ、えっと*嗚咽《おえつ》が漏《も》れた。

「どうしたん」とサルが背中《せなか》をさすり、「泣いとんでー」とブンちゃんが大声を出した。ムルチがこっちを見た。さっき遠くを見ていたのと同じギョロ目だった。そら見たことか、というかんじ。

「帰れや」と言う声は意外に穏《おだ》やかだった。

博士はイヤイヤするみたいに首を振《ふ》った。帰れと言われても、これだけの距離《きょり》を一人で歩き通す自信《じしん》がなかった。ムルチたちと一緒じゃなければ帰れるなんて思えなかった。

「今ならまだ陽《ひ》があるで。走ってけばええ。空が明るいうちにつく」

博士はまたも首を振った。もう何も考える力もなく、ただえっえっと声にならない声を立てるだけだ。

**目眩**
目が回ること。

**身につまされる**
人の悲しみや苦しみが、自分のことのように思いやられる。

**目頭が熱くなる**
感動して、目に涙がうかんでくること。

**嗚咽**
涙でのどが詰《つ》まるように泣く。むせび泣き。

「帰れや！」ムルチが大声で叫《さけ》んだ。
*気圧《けお》されて博士は一瞬《いっしゅん》、泣くのをやめた。と同時に、*息を呑《の》んだ。ムルチの目尻《めじり》のあたりがちらりと光った気がしたのだ。
「わしらは最後《さいご》まで行く。今日中に帰れるかわからへん。ハカセは今、帰り」
一転して穏《おだ》やかに言った後で、ムルチは「もう二度と連《つ》れてけえへんからな」と石ころを蹴《け》飛《と》ばした。
博士は弾《はじ》かれたように跳《と》び上がり、その勢《いきお》いで走り始めた。

（川端裕人《かわばたひろと》『今ここにいるぼくらは』）

## ゴールの問題

**問題1** 本文中から幻想的《げんそうてき》場面を探し、初《はじ》めと終わりの5字を抜《ぬ》き出しなさい。句読点《くとうてん》や記号も1字に数えます。

**初め** ▼ □□□□□

**終わり** ▼ □□□□□

**問題2** 傍線①「泣かへんもん、と思った時にはもう涙がこぼれていた」とありますが、なぜですか。原因《げんいん》となったできごとを2つ挙《あ》げて、65字程度《ていど》で答えなさい。

（オリジナル問題）

**気圧される**
勢いにおされて、気持ちのうえで負ける。

**息を呑む**
ひどくおどろく。

# JUMP 先生と一緒《いっしょ》に、もう一度問題文を読んでみよう！

● 次の文章を読んで、後の問いに答えなさい。

小学一年生の博士は、ある日、これから川の始まりを見つける探検《たんけん》に行くという小学五年生のガキ大《たい》将《しょう》グループ ムルチ サル ブンちゃん と出会う。「博士」は、絶対《ぜったい》泣《な》かないという約束《やくそく》をリーダー格《かく》の「ムルチ」と交わし、彼《かれ》らについて行く。「ムルチ」を先頭に行くが、途中《とちゅう》から道は難所《なんしょ》の連続《れんぞく》となる。

足もとがふらふらして何度も転びそうになった。でも、泣かへん、泣かへんと、口の中で繰《く》り返して、そのせいでなんとかまっすぐ立って、歩き続《つづ》けられた。サルが心配そうに手を差《さ》し延《の》べてくれたけれど、博士はそれも無視《むし》して自分で歩いた。そうしなきゃならない気がしていた。とにかく川が始まるところまで行かなければ。そうすれば、ムルチも今度は帰ることを考えるはずだし、少し暗くなってもみんなと一緒なら安心なのだ。

視界《しかい》が開けた。

踏《ふ》み固《かた》められて歩きやすそうな山道が、川に寄《よ》り添《そ》っていた。

「なんや、ずっと道を通ってきたら、結局《けっきょく》、ここに出たわけじゃん」

ムルチがぎろりとサルを見た。サルは言葉を呑《の》み込《こ》んだ。

難所は終わり、足下のしっかりした山道が続く。また川が谷を刻《きざ》んだけれど、道は数メートル上にずっと続いていて、わざわざ川に下りることもなく歩き続けた。

赤い光が目の中に飛《と》び込んできた。

それは、もうすぐ沈《しず》む太陽なのだった。

毒々《どくどく》しいまでに赤く染《そ》まった空の下、小さな箱庭みたいに世界が広がっていた。

前書きの中身に注意！　これまでのあらすじをまとめてくれているよ。わざわざ書いてあるってことは重要《じゅうよう》ということだね。読み飛《と》ばし禁止《きんし》！

登場人物の関係《かんけい》は？

**博士**（小学一年生）…泣かない約束をムルチとして探検について行く。

**ガキ大将グループ**（小学5年生）

ムルチ（リーダー格）

サル

ブンちゃん

最初《さいしょ》の場面では、みんなで山へ探検に行って、夕方になっているね。

そうだね。場面のつかみかたがうまくなったね。

風に揺《ゆ》れる水田と、小さな屋根の群《む》れ。赤黒い血流のような川と、さらに深く沈《しず》んだため池。大きなパン工場の少し先に、屋根瓦《やねがわら》が密集《みっしゅう》した新興住宅街《しんこうじゅうたくがい》があって、それは稲《いね》の海に浮《う》かぶ島のようだった。博士の家は川沿《ぞ》いだけど、どれなのかは分からなかった。そんなことより、なんて小さなところにぼくは住んでいるんやろかと博士は思い、自分が大きくなったようにも、淋《さび》しいようにも感じた。

みんながしばらく放心したようにその光景《こうけい》を見つめていた。頑《かたく》なに先を急いでいたムルチさえ、食い入るようなギョロ目で見つめていた。

やがてムルチは眉間《みけん》に皺《しわ》をよせ、本当に怪獣《かいじゅう》使いの老人《ろうじん》みたいな顔つきになった。またかすかに唇《くちびる》が動いて、声にならない言葉を吐《は》き出した。

ナカヘンデ。ナイタラアカン。

気のせいかもしれない。ムルチの唇がそんなふうに動いたように思えた。

見てはいけないものを見てしまった気がして、博士はまた視線《しせん》を風景に戻《もど》した。

風がひときわ強く吹《ふ》いた。すると稔《みの》り始めている稲穂《いなほ》の先端《せんたん》が赤い光を宿して、風にあわせて水田の中を行ったり来たりした。さわさわという音が聞こえてきそうだった。

そして、それは突然《とつぜん》やってきた。

ほんの一瞬《いっしゅん》のことだ。住宅街の建物《たてもの》はみんなきっちりした区画で同じ方向に建《た》てられている。その屋根瓦がいっせいに夕陽を反射《はんしゃ》して、鈍《にぶ》い輝《かがや》きを放ったのだ。

あ、とか、うわあ、とか誰《だれ》からともなくうめき声のようなものが漏《も》れた。

それに続いて、博士には聞こえたのだ。聞こえるはずもないのに、本当に聞こえたのだ。

笑《わら》い声だった。一人ではなくて、沢山《たくさん》の人の笑い声だった。今、あの家々の中で、タンタンタンと長ネギが刻《きざ》まれ、味噌汁《みそしる》のふんわりした湯気が漂《ただよ》い、お腹《なか》を空かせた子供《こども》たちが食卓《しょくたく》に集まり、早く帰ってきた父さんと母さんが、きょうの出来事を楽しげに話している時のような、さりげないけれど満《み》ち足りた笑い声だった。それがいくつもの家の中からあの屋根をアンテナにして、一気にここまで送り届《とど》けられたような、そんな感覚《かんかく》だった。

それが続いたのはほんの少しの間だった。博士は息を殺《ころ》して耳を澄《す》ましたし、それでも呼吸《こきゅう》

ねえ先生。「見てはいけないもの」ってなあに？　博士は何を見たの？

いい質問《しつもん》だね。ムルチは「ナカヘンデ」って言っているね。ほんとは泣きたいんだね。

ムルチはリーダーだから弱気なところを見せたらダメなのか……。

こういうのをやせ我慢《がまん》って言うんだよ。

あれ？　今、山にいるのに、沢山の人の笑い声が聞こえてきたり、家族の会話の様子が出てきたりしてる。なんで？

よく気づいたね！　そうなんだ、これが幻想的《げんそうてき》場面なんだよ。現実《げんじつ》世界とは違《ちが》うでしょ。

どこから現実に戻るかわかる？

ここから、現実！

その通り！

が苦しくなることもなかったから、ほんの十秒か二十秒だったにちがいない。

やがて、笑《わら》い声は遠くなって、自分の心臓《しんぞう》の音がかわりに聞こえてきた。

力強く脈動《みゃくどう》し、体の中を駆《か》けめぐるものを強く感じた。

目眩《めまい》がした。

眼下《がんか》を流れる赤黒い川も一緒《いっしょ》に脈打《みゃくう》っていた。

やがて風の音が戻《もど》ってきて、ふいにお腹《なか》がぐうと鳴った。

太陽はもう地平線にかかっており、空はもう夜の色になりかけていた。

ナカヘンデ。ナイタラアカン。

さっき目に焼《や》き付《つ》いたムルチの唇《くちびる》の動きを思い出した。不思議《ふしぎ》だし、それ以上《いじょう》に身につまされた。泣《な》いたらあかんのは、ぼくや。ムルチがなんでそんなこと言うんや。泣いたらあかんのは、ぼくや。

博士《ひろし》の中の深いところで、もやもやとした感覚《かんかく》が急に大きくなって喉《のど》を突《つ》き上げた。

考える間もなく、目頭が熱《あつ》くなった。
①泣かへんもん、と思った時にはもう涙《なみだ》がこぼれていた。手で押《お》さえようとして、そんなことしても無駄《むだ》だと分かり、すると、後から後から溢《あふ》れ出した。
泣き声は出さなかった。でも、自然《しぜん》に裏返《うらがえ》ったような声で、えっ、えっと嗚咽《おえつ》が漏《も》れた。

「どうしたん」とサルが背中《せなか》をさすり、「泣いとんでー」とブンちゃんが大声を出した。

ムルチがこっちを見た。さっき遠くを見ていたのと同じギョロ目だった。そら見たことか、というかんじ。

「帰れや」と言う声は意外に穏《おだ》やかだった。

博士はイヤイヤするみたいに首を振《ふ》った。帰れと言われても、これだけの距離《きょり》を一人で歩き通す自信《じしん》がなかった。ムルチたちと一緒じゃなければ帰れるなんて思えなかった。

「今ならまだ陽《ひ》があるで。走ってけばええ。空が明るいうちにつく」

博士はまたも首を振った。もう何も考える力もなく、ただえっえっと声にならない声を立てるだけだ。

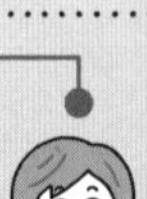
あ！ ついに博士が泣いちゃったよ。

そうだね。幻想的《げんそうてき》場面で家族の温かさに触《ふ》れたから、気持ちがゆるんでしまったんだよ。

そっかー。ということは、幻想的場面は、気持ちが変わるきっかけになるってこと？

その通り！

「帰れや！」ムルチが大声で叫《さけ》んだ。
気圧《けお》されて博士は一瞬《いっしゅん》、泣くのをやめた。と同時に、息を呑《の》んだ。ムルチの目尻《めじり》のあたりがちらりと光った気がしたのだ。
「わしらは最後《さいご》まで行く。今日中に帰れるかわからへん。ハカセは今、帰り」
一転して穏《おだ》やかに言った後で、ムルチは「もう二度と連《つ》れてけえへんからな」と石ころを蹴《け》飛《と》ばした。
博士は弾《はじ》かれたように跳《と》び上がり、その勢《いきお》いで走り始めた。

（川端裕人《かわばたひろと》『今ここにいるぼくらは』）

## ゴールの問題

**問題1** 本文中から幻想的《げんそうてき》場面を探し、初《はじ》めと終わりの5字を抜《ぬ》き出しなさい。句読点《くとうてん》や記号も1字に数えます。

初め ▼ そして、そ

終わり ▼ 覚だった。

**問題2** 傍線①「泣かへんもん、と思った時にはもう涙がこぼれていた」とありますが、なぜですか。原因《げんいん》となったできごとを2つ挙《あ》げて、65字程度《ていど》で答えなさい。

**（解答例《かいとうれい》）**

家族団らんのまぼろしを見たので、**緊張がゆるんだ**うえに、**リーダーのムルチが気弱になっているのを思い出して心細くなった**から。

（オリジナル問題）

目尻にちらりと光るものって、涙？

そうだよ。

ムルチも本当は泣きたいんだね。

でも、ムルチはリーダーだからね。それが、プライドってやつさ。リーダーとして意地もあるし。

プライドかあ。なるほどね〜。

幻想的場面の前では、博士は泣いてはいけないと気を張《は》っていたけど、家族団らんの幻想的場面をきっかけに、博士の気持ちはゆるんでしまったね。こんなふうに、幻想的場面は心《しん》情《じょう》の変化《へんか》のきっかけになるんだよ。
さらに、ムルチが泣きそうな場面も見てしまったね。家族団らんのまぼろしで気弱になったところに、リーダーのムルチの泣きそうな場面を思い出して、心細さに拍車《はくしゃ》がかかったんだね。

# 04 登場人物

あなた
誰《だれ》なのよ

**今回のポイント**

物語を読んでいて、「登場人物多すぎ〜！ 誰が誰だっけ？」ってことない？ 整理整頓《せいとん》するクセをつけよう！

## Hop! 場面に分けたら、登場人物を整理する！

今日も来たね、場面分け先生！

ふっふっふ。今日は、場面の中身についてなんだな。場面を分けたら終わりじゃないんだよ！

げっ。せっかく場面分けに慣《な》れてきたのに!!

次は**場面の中身の整理**をしよう。「桃太郎劇場《ももたろうげきじょう》」を読んでみて！

マンガが5コマあるけどいくつの場面に分かれる？

4つ！ 1回目の「場面分け」の授業でやったじゃん。

じゃあ、今度はその1つ1つの場面に着目していこう。

は？ 場面の何に着目するのさ。

ズバリ、登場人物！

ってことは……第1場面はおじいさんとおばあさんか。

そうそう、そんなふうに、場面ごとに**誰が出てきたのか、登場人物をつかみながら読むことが大事**なんだ。

それなら簡単《かんたん》だよ。第2場面はおじいさんだけで、第3場面はおばあさん。そして第4場面はおじいさんとおばあさんと桃太郎ってことでしょ?!

調子に乗ってきたね。それで合っているよ。

登場人物は任《まか》せて！ へへへ。

でもちょっと待って。桃太郎は登場人物が少ないけど、たくさんの登場人物が出てくるお話もあるよ。

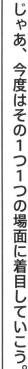

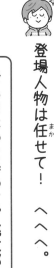

ああ〜、そうなると頭が混乱《こんらん》しそう。

でしょ。だから、登場人物が出てきたら、マルで囲《かこ》みながら読んでいくと整理しやすくなるんだよ。

マルで囲むと、意識《いしき》するもんね！

手を動かすと、頭も動くんだよ。

でも、読むのに精一杯《せいいっぱい》なんだよなー。マル印《じるし》、付けられるかな？　全員にマルするの？

主要《しゅよう》な登場人物だけでいいよ。

主要？

実際《じっさい》に出てきて、動いたりしゃべったりする人だよ。

ん？

会話文の中だけとか、お話の中心にかかわらない人にはマル印を付けなくていいよ。

ラッキー！

わかったらチェック！

- 登場人物が誰も出てこない物語はない。
- 登場人物を整理しながら読む。
- 新しい登場人物が出てきたら、マル印をつける！

STEP

# 物語文読解《どっかい》の「2つのミッション」に取り組みながら問題を解《と》こう！

● 次の文章を読んで、後の問いに答えなさい。

長崎《ながさき》県五島列島のある中学校合唱《がっしょう》部では、課題《かだい》曲と自由曲のふたつを合唱して審査《しんさ》されるNコン《エヌ》（NH《エヌエイチ》K《ケー》全国学校音楽コンクール）出場に向けて活動している。

辻《つじ》エリは風邪《かぜ》を長びかせて欠席《けっせき》がつづいていた。電話で話をすると、勉強の遅《おく》れと合唱部の練習を心配していた。彼女《かのじょ》はすもう取りのような声になっており、歌う側《がわ》ではなく、指揮担当《しきたんとう》でよかったと話をする。彼女がいない間、①部長の仕事は②私《わたし》が引き受けることになった。

ある日の昼休み、私は先生のところを訪《たず》ねて放課《ほうか》後の課題を聞いた。つまり練習の方針《ほうしん》である。その際《さい》、先生がデスクの引き出しを開けたのだが、なかにはファンシーなグッズがたくさんつまっていておどろいた。しかしそのことはどうでもよくて、先生は引き出しから課題曲『手紙』の楽譜のコピーを取り出して私に差《さ》し出したのである。

楽譜《がくふ》のところどころに「ここは霧《きり》の中をあるくように濁《にご》った声を」とか「口の中をひろげて響《ひび》きを逃《に》がせ！」とか「自分のなかで祈《いの》りながら歌え」などと大量《たいりょう》に書きこんであった。辻エリの文字だ。

「部長のお見舞《みま》いに行ってきて、ついでに楽譜をコピーさせてもらったんだ。あいつ、大量《たいりょう》のメモ書きをしてた。これを参考《さんこう》にしながら当面はやっていこう」

さらに、自由曲の作詞《さくし》の件《けん》で話をされる。全員に課した作詞の宿題は、半数以上が未提出《みていしゅつ》だという。

「提出されたなかから、使えそうなフレーズを抜《ぬ》き出してたんだけど……。でも、ちょっとこ

## 2つのミッション

上の物語文を攻略《こうりゃく》するためにやってみよう。

①場面分けのチェック。場面が分かれるところに T 字を入れる。

②初めて出てくる主要《しゅよう》な登場人物に O 印《じるし》を付ける。

上の文章に、鉛筆《えんぴつ》で書き込《こ》んでみてね。

れを見て欲《ほ》しい」

ノートのページをやぶったものを柏木《かしわぎ》先生は見せてくれる。ちいさくて自信《じしん》のなさそうな文字がならんでいた。消しゴムで何度も消されたような跡《あと》もある。男子の文字だろう。その汚《きたな》さから推測した。一読して、私は先生を見る。柏木先生は机《つくえ》に頰杖《ほおづえ》をついて窓《まど》の外に目をむけていた。

「損《そん》した気分です。最初《さいしょ》から③こいつに歌詞《かし》ばたのめばよかった」

「ナズナが骨格《こっかく》をかんがえて、桑原《くわはら》が肉付《にくづ》けしたって感じだな」

私は職員室を出て、桑原サトルをさがしてあるいた。彼《かれ》が仕上げた歌詞を自由曲に採用《さいよう》するのだということを報告《ほうこく》するためだ。しかし教室にも図書室にも彼はいない。外だろうか？　たまに男子がぼんやりしている校庭のソテツのところに行ってみる。すると、男子の集団《しゅうだん》が運動場の端《はし》っこを海の方角にむかってあるいているのが見えた。合唱部の男子部員たちだ。彼らにすこし遅《おく》れて、ひときわ背丈《せたけ》の低《ひく》い桑原サトルの姿《すがた》があった。いつものようにうつむいてあるいている。

もしや、と私はぴんとくる。彼は海辺《うみべ》に連《つ》れて行かれて、いじめられるのではないか。そのような連想をしたのは、彼らのなかでいつも桑原サトルだけが浮《う》いていたからだ。ひとりだけ真面目に練習をしていたから、いけすかないやつだとおもわれたのではないか。事実を確認《かくにん》するため、私はこっそりと後をつけることにする。

うちの中学校は正面に石垣《いしがき》を持ち、裏側《うらがわ》が海に面している。といっても砂浜《すなはま》のような気持ちのいい場所ではなく、ごつごつした岩場の海岸だった。運動場を抜《ぬ》けて、岩場におりる階段《かいだん》へと男子の集団が消える。

私は頭を低《ひく》くして、彼らを見下ろせる場所まで移動《いどう》した。向井《むかい》ケイスケ、三田村《みたむら》リクが、岩場の縁《ふち》に桑原サトルを立たせている。背後《はいご》は海という場所に桑原サトルは追い詰《つ》められたような格好《かっこう》だ。二年生、一年生の男子の集団が桑原サトルを囲《かこ》む。一人対六人の図だ。絶対的《ぜったいてき》ピンチの状況である。

曇《くも》り空の下で、灰色《はいいろ》の海がごうごうと音をたてていた。岩にうちつけられた波が、白い泡《あわ》をちらす。私《わたし》は次第《しだい》にこわくなってくる。今すぐに飛《と》びだして声をかけるべきなんじゃないか。しかし、彼《かれ》らのおもいつめたような表情《ひょうじょう》に、*足がすくんでしまった。ポケットのなかに携帯《けいたい》電話が入っている。岩場の陰《かげ》にひっこんで、私は携帯電話を操作《そうさ》し、柏木《かしわぎ》先生にたすけをもとめようとする。

そのとき、声が聞こえてきた。*統率《とうそつ》のとれた男子の声だ。私は手をとめて耳をすます。

「まーりーあー」

聖母《せいぼ》の名前だ。岩場から顔を出して確認《かくにん》する。

「まーりーあー」

手拍子《てびょうし》でリズムがとられ、様々な音階で聖母の名前はくりかえされる。

自分がおもいちがいをしていたことに気づいた。

辻《つじ》エリに電話をかける。

「もしもし？　なん？」

彼女《かのじょ》の声はすもう取りらしさを弱めてだいぶ普段《ふだん》通りにもどっていた。

「エリ、これ、聞こえる？」

私は岩場から腕《うで》をつきだして、携帯電話を彼らのいる下のほうにむかって差《さ》し出した。

「まーりーあー」

聖母の名前は、海風にのってひろがった。

男子部員の集団《しゅうだん》は発声練習をしていたのだ。桑原《くわはら》サトルが六人と向かい合っていたのは、彼が練習を指導《しどう》していたためである。男子部員のなかでは、彼が一番、真剣《しんけん》に発声練習を受けていた。指導方法に関《かん》してくわしいとおもわれたのだろう。

「どげんね？　聞こえた？」

携帯電話を耳にあてる。

「聞こえた！」

辻エリの返事があった。

「でも、どうして急にやる気ば出したと？」

---

**足がすくむ**
こわかったり、おどろいたりして、動けなくなること。

**統率**
まとめて率《ひき》いること。

「さあね、わからん。男子の考えてることは理解不能《りかいふのう》ばい」

次の日、体調を回復《かいふく》させた辻エリが自転車に乗って登校してきた。白いヘルメットと眼鏡《めがね》が朝日にかがやいていた。教室に入ってきた彼女に、向井《むかい》ケイスケがこれまでのことを謝罪《しゃざい》すると、彼女は「じゃあ許《ゆる》す」と一言だけ返事をした。

放課後、合唱部《がっしょうぶ》のパート別《べつ》練習の指導をするためにCD《シーディー》ラジカセを持って空き教室に入ると、すでに男子は整列しており、いつでも練習がはじめられるようになっていたという。休憩《きゅうけい》時間はあいかわらず馬鹿《ばか》みたいにさわいでいたけれど、オンとオフを使いわけるようになり、練習時間になると*私語《しご》をつつしんだ。昼休みになれば遅《おく》れをとりもどそうと自主的《てき》に海辺《うみべ》へあつまって発声練習をする。私たちに迷惑《めいわく》がかからないよう、N《エヌ》コンまで練習をつづけるらしい。そうしようと提案したのは向井ケイスケだという噂《うわさ》だった。

男子部員がやる気をみせたことにより、女子部員内部における賛成派《さんせいは》と反対派の分裂《ぶんれつ》もすっかりなくなった。あいかわらず福永《ふくなが》ヨウコや横峰《よこみね》カオルや数名の女子部員は、二年生男子の関谷という美少年に夢中《むちゅう》で、彼が目配《めくば》せをするたびにさわいでいるが、男子が練習をさぼらないのであれば問題ない。第二音楽室に男子がいることに、以前は*違和《いわ》感があったのだけど、もうその風景に慣れている自分がいた。

全員で自由曲の題名をかんがえて、それを柏木先生がNコンへの参加申込書《さんかもうしこみしょ》に記入する。校長先生の署名をもらい、Nコン長崎《ながさき》県大会を運営《うんえい》するNHK《エヌエイチケー》長崎放送局「音楽コンクール」係あてに*投函《とうかん》した。締《し》め切り直前のことである。

六月に入ると、課題《かだい》曲の練習量《りょう》が減《へ》り、自由曲の練習に時間が費《つい》やされるようになった。自由曲の歌詞《かし》は全員におおむね好評《こうひょう》だった。練習がはじまってからも、みんなの意見を取り入れ、曲や歌詞の細部に修正《しゅうせい》がくわわる。

雨の日の放課《ほうか》後、合唱部の練習が終わって校舎《こうしゃ》を出ると、すっかり雨はやんでいて、雨雲もどこかへ消え去っていた。バス通学者の部員は、校舎前の空き地でバスに乗りこむ。辻エリは白いヘルメットをかぶって自転車に乗り、石垣沿《いしがきぞ》いの道でわかれた。私はひとり、傘《かさ》をぶらさげて、水たまりを避《さ》けながら家路をたどっていた。ふと顔をあげると、ずっと先のほうに向井

**私語をつつしむ**
おしゃべりを止めること。

**違和感**
どことなくちぐはぐで、しっくりとしない感じ。

**投函**
手紙やはがきをポストに入れること。

ケイスケの背中《せなか》がある。走ってちかづいて声をかけた。

「ケイスケ、見直したばい。あんたが男子をまとめてくれたっちゃろ」

「おう、ひとりずつ話ばしに行ったとぞ」

「大変《たいへん》やったろ？」

「そうでもなかったばい。みんな、だれかがそう言ってくれるとばまっとったみたいよ。昼休みに自主練やろうち提案したら、ふたつ返事で了解《りょうかい》された。反対されるっておもっとったけん、*拍子抜《ひょうしぬ》けしたとぞ」

　向井《むかい》ケイスケは、小学生のころ、私《わたし》とおなじくらいの身長だった。しかし、横にならんでみると、いつのまにかぐんと背丈《せたけ》がのびている。私の目線の高さに、制服《せいふく》の半袖《はんそで》からのびた二の腕《うで》があった。女子の腕とはあきらかに異《こと》なる構造《こうぞう》の腕だ。

　海沿いの道のところどころに水たまりがあり、夕陽《ゆうひ》が反射《はんしゃ》してかがやいていた。まるで地面に穴が空いて、そこに光が充満《じゅうまん》しているようにも見える。

「でも、なんでそがん気になったと？」

「見直したか？」

「すこしだけばい」

「ほれたか」

「頭にウジがわいとると？」

　海に影絵《かげえ》のような船が何艘も浮《う》いていた。海岸から*波止場《はとば》がまっすぐにのびており、子どもたちが海に飛びこんであそんでいた。どの子も水着は着用せず、シャツと短パンを身につけて海にもぐる。遊びがおわると、濡《ぬ》れたシャツのまま家にもどってシャワーをあびるのだ。

「もう、部長に迷惑はかけられんけん」

　向井ケイスケが言った。

「エリに風邪《かぜ》をひかせたのがこたえとるらしかね」

「まさかずぶぬれになってもどってくるちおもわんやった。辻エリ、おそろしか奴《やつ》ばい……」

「それだけ、合唱《がっしょう》が好《す》きとよ」

**拍子抜け**
はりあいが抜けること。

**波止場**
港で海につき出させて、荷物を積《つ》み下ろしするための、船を横づけできるようにしたところ。

「わかっとる。今はもう、男子全員、わかっとる」

海辺にとまっていた鳥が飛びたって、空を＊旋回《せんかい》し、高くあがっていく。

（中田栄一《なかたえいいち》「くちびるに歌を」より）

## ゴールの問題

**問1** 傍線①「部長」②「私」③「こいつ」の名前を本文からぬき出して答えなさい。

① □

② □

③ □

（帝塚山《てづかやま》中学校・２０１３年度・改題）

**問2** 本文に名前が出ている登場人物は全部で何人ですか。漢数字で答えなさい。苗字《みょうじ》だけ、名前だけもふくみます。

□ 人

（オリジナル問題）

**旋回**
ぐるぐると輪《わ》をえがいてまわること。

## JUMP! 先生と一緒《いっしょ》に、もう一度問題文を読んでみよう！

● 次の文章を読んで、後の問いに答えなさい。

長崎《ながさき》県五島列島のある中学校合唱《がっしょう》部では、課題《かだい》曲と自由曲のふたつを合唱して審査《しんさ》されるN《エヌ》コン（N《エヌ》H《エイチ》K《ケー》全国学校音楽コンクール）出場に向けて活動している。

辻エリは風邪《かぜ》を長びかせて欠席《けっせき》がつづいていた。電話で話をすると、勉強の遅《おく》れと合唱部の練習を心配していた。彼女《かのじょ》はすもう取りのような声になっており、歌う側《がわ》ではなく、指揮担当《しきたんとう》でよかったと話をする。彼女がいない間、①部長の仕事は②私《わたし》が引き受けることになった。

ある日の昼休み、私は先生のところを訪《たず》ねて放課《ほうか》後の課題を聞いた。つまり練習の方針《ほうしん》である。その際《さい》、先生がデスクの引き出しを開けたのだが、なかにはファンシーなグッズがたくさんつまっていておどろいた。しかしそのことはどうでもよくて、先生は引き出しから課題曲『手紙』の楽譜《がくふ》のコピーを取り出して私に差《さ》し出したのである。

楽譜のところどころに「ここは霧《きり》の中をあるくように濁《にご》った声を」とか「口の中をひろげて響《ひび》きを逃《に》がせ！」とか「自分のなかで祈《いの》りながら歌え」などと大量《たいりょう》に書きこんであった。辻エリの文字だ。

「部長のお見舞《みま》いに行ってきて、ついでに楽譜をコピーさせてもらったんだ。あいつ、大量《たいりょう》のメモ書きをしてた。これを参考《さんこう》にしながら当面はやっていこう」

さらに、自由曲の作詞《さくし》の件《けん》で話をされる。全員に課した作詞の宿題は、半数以上が未提出《みていしゅつ》だという。

「提出されたなかから、使えそうなフレーズを抜《ぬ》き出してたんだけど……。でも、ちょっとこ

部長が出てきた！

部長ってだれのこと？

辻エリのことでしょ！

つかめているね。ここでは2回目に出てきて呼《よ》び方が変《か》わった人は、（　）にしておくね。

れを見て欲《ほ》しい」

ノートのページをやぶったものを柏木《かしわぎ》先生は見せてくれる。ちいさくて自信《じしん》のなさそうな文字がならんでいた。消しゴムで何度も消されたような跡《あと》もある。男子の文字だろう。その汚《きたな》さから推測した。一読して、私は先生を見る。柏木先生は机《つくえ》に頬杖《ほおづえ》をついて窓《まど》の外に目をむけていた。

「損《そん》した気分です。最初《さいしょ》から③こいつに歌詞《かし》ばたのめばよかった」

「ナズナが骨格《こっかく》をかんがえて、桑原《くわはら》が肉付《にくづ》けしたって感じだな」

私は職員室を出て、桑原サトルをさがしてあるいた。彼《かれ》が仕上げた歌詞を自由曲に採用《さいよう》するのだということを報告《ほうこく》するためだ。しかし教室にも図書室にも彼はいない。外だろうか？ たまに男子がぼんやりしている校庭のソテツのところに行ってみる。すると、男子の集団《しゅうだん》が運動場の端《はし》っこを海の方角にむかってあるいているのが見えた。合唱部の男子部員たちだ。彼らにすこし遅《おく》れて、ひときわ背丈《せたけ》の低《ひく》い桑原サトルの姿《すがた》があった。いつものようにうつむいてあるいている。

もしや、と私はぴんとくる。彼は海辺《うみべ》に連《つ》れて行かれて、いじめられるのではないか。そのような連想をしたのは、彼らのなかでいつも桑原サトルだけが浮《う》いていたからだ。ひとりだけ真面目に練習をしていたから、いけすかないやつだとおもわれたのではないか。事実を確認《かくにん》するため、私はこっそりと後をつけることにする。

うちの中学校は正面に石垣《いしがき》を持ち、裏側《うらがわ》が海に面している。といっても砂浜《すなはま》のような気持ちのいい場所ではなく、ごつごつした岩場の海岸だった。運動場を抜《ぬ》けて、岩場におりる階段《かいだん》へと男子の集団が消える。

私は頭を低《ひく》くして、彼らを見下ろせる場所まで移動《いどう》した。向井ケイスケ、三田村リクが、岩場の縁《ふち》に桑原サトルを立たせている。背後《はいご》は海という場所に桑原サトルは追い詰《つ》められたような格好《かっこう》だ。二年生、一年生の男子の集団が桑原サトルを囲《かこ》む。一人対六人の図だ。絶対的《ぜったいてき》ピンチの状況である。

曇《くも》り空の下で、灰色《はいいろ》の海がごうごうと音をたてていた。岩にうちつけられた波が、白い泡《あわ》を

こいつ？

こいつって、誰《だれ》のこと？

字が汚《きた》い人でしょ。

名前はわかる？

桑原！

その通り！

じゃあ、ナズナって誰よ。

先生としゃべっているのは？

あ、「私」だ。

先生は、主人公のことを「ナズナ」って呼《よ》んでいるんだね。

ちらす。私《わたし》は次第《しだい》にこわくなってくる。今すぐに飛《と》びだして声をかけるべきなんじゃないか。しかし、彼《かれ》らのおもいつめたような表情《ひょうじょう》に、足がすくんでしまった。ポケットのなかに携帯《けいたい》電話が入っている。岩場の陰《かげ》にひっこんで、私は携帯電話を操作《そうさ》し、柏木《かしわぎ》先生にたすけをもとめようとする。

そのとき、声が聞こえてきた。統率《とうそつ》のとれた男子の声だ。私は手をとめて耳をすます。

「まーりーあー」

聖母《せいぼ》の名前だ。岩場から顔を出して確認《かくにん》する。

「まーりーあー」

手拍子《てびょうし》でリズムがとられ、様々な音階で聖母の名前はくりかえされる。

自分がおもいちがいをしていたことに気づいた。

辻《つじ》エリに電話をかける。

「もしもし？　なん？」

彼女《かのじょ》の声はすもう取りらしさを弱めてだいぶ普段《ふだん》通りにもどっていた。

「エリ、これ、聞こえる？」

私は岩場から腕《うで》をつきだして、携帯電話を彼らのいる下のほうにむかって差《さ》し出した。

「まーりーあー」

聖母の名前は、海風にのってひろがった。

男子部員の集団《しゅうだん》は発声練習をしていたのだ。桑原《くわはら》サトルが六人と向かい合っていたのは、彼が練習を指導《しどう》していたためである。男子部員のなかでは、彼が一番、真剣《しんけん》に発声練習を受けていた。指導方法に関《かん》してくわしいとおもわれたのだろう。

「どげんね？　聞こえた？」

携帯電話を耳にあてる。

「聞こえた！」

辻エリの返事があった。

「でも、どうして急にやる気ば出したと？」

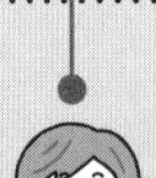
え？「すもう取りらしさ」って？どういうこと？

辻エリは風邪を引いたってことだったでしょ。

力士《りきし》みたいな女の子を想像しちゃったよ。

風邪を引くと声ってどうなる？

声が出づらくなる。

そう、声が出づらい様子を「すもう取り」にたとえているんだよ。

「さあね、わからん。男子の考えてることは理解不能《りかいふのう》ばい」

次の日、体調を回復《かいふく》させた辻エリが自転車に乗って登校してきた。白いヘルメットと眼鏡《めがね》が朝日にかがやいていた。教室に入ってきた彼女に、向井《むかい》ケイスケがこれまでのことを謝罪《しゃざい》すると、彼女は「じゃあ許《ゆる》す」と一言だけ返事をした。

放課後、合唱《がっしょう》部のパート別《べつ》練習の指導をするためにCD《シーディー》ラジカセを持って空き教室に入ると、すでに男子は整列しており、いつでも練習がはじめられるようになっていたという。休憩《きゅうけい》時間はあいかわらず馬鹿《ばか》みたいにさわいでいたけれど、オンとオフを使いわけるようになり、練習時間になると私語《しご》をつつしんだ。昼休みになれば遅《おく》れをとりもどそうと自主的《てき》に海辺《うみべ》へあつまって発声練習をする。私たちに迷惑《めいわく》がかからないよう、N《エヌ》コンまで練習をつづけるらしい。そうしようと提案したのは向井ケイスケだという噂《うわさ》だった。

男子部員がやる気をみせたことにより、女子部員内部における賛成派《さんせいは》と反対派の分裂《ぶんれつ》もすっかりなくなった。あいかわらず福永ヨウコや横峰カオルや数名の女子部員は、二年生男子の関谷という美少年に夢中《むちゅう》で、彼が目配《めくば》せをするたびにさわいでいるが、男子が練習をさぼらないのであれば問題ない。第二音楽室に男子がいることに、以前は違和《いわ》感があったのだけど、もうその風景に慣れている自分がいた。

全員で自由曲の題名をかんがえて、それを柏木先生がNコンへの参加申込書《さんかもうしこみしょ》に記入する。校長先生の署名をもらい、Nコン長崎《ながさき》県大会を運営《うんえい》するNHK《エヌエイチケー》長崎放送局「音楽コンクール」係あてに投函《とうかん》した。締《し》め切り直前のことである。

六月に入ると、課題《かだい》曲の練習量《りょう》が減《へ》り、自由曲の練習に時間が費《つい》やされるようになった。自由曲の歌詞《かし》は全員におおむね好評《こうひょう》だった。練習がはじまってからも、みんなの意見を取り入れ、曲や歌詞の細部に修正《しゅうせい》がくわわる。

雨の日の放課《ほうか》後、合唱部の練習が終わって校舎《こうしゃ》を出ると、すっかり雨はやんでいて、雨雲もどこかへ消え去っていた。バス通学者の部員は、校舎前の空き地でバスに乗りこむ。辻エリは白いヘルメットをかぶって自転車に乗り、石垣沿《いしがきぞ》いの道でわかれた。私はひとり、傘《かさ》をぶらさげて、水たまりを避《さ》けながら家路をたどっていた。ふと顔をあげると、ずっと先のほうに向井

向井ケイスケが男子部員をまとめたんだね。

誰《だれ》が何をしたのか、そうやって整理していくんだよ。

ひえ〜。登場人物が多すぎるよ〜。

ケイスケの背中《せなか》がある。走ってちかづいて声をかけた。

「ケイスケ、見直したばい。あんたが男子をまとめてくれたっちゃろ」

「おう、ひとりずつ話ばしに行ったとぞ」

「大変《たいへん》やったろ？」

「そうでもなかったばい。みんな、だれかがそう言ってくれるとばまっとったみたいよ。昼休みに自主練やろうち提案したら、ふたつ返事で了解《りょうかい》された。反対されるっておもっとったけん、拍子抜《ひょうしぬ》けしたとぞ」

向井《むかい》ケイスケは、小学生のころ、私《わたし》とおなじくらいの身長だった。しかし、横にならんでみると、いつのまにかぐんと背丈《せたけ》がのびている。私の目線の高さに、制服《せいふく》の半袖《はんそで》からのびた二の腕《うで》があった。女子の腕とはあきらかに異《こと》なる構造《こうぞう》の腕だ。

海沿いの道のところどころに水たまりがあり、夕陽《ゆうひ》が反射《はんしゃ》してかがやいていた。まるで地面に穴が空いて、そこに光が充満《じゅうまん》しているようにも見える。

「でも、なんでそがん気になったと？」

「見直したか？」

「すこしだけばい」

「ほれたか」

「頭にウジがわいとると？」

海に影絵《かげえ》のような船が何艘も浮《う》いていた。海岸から波止場《はとば》がまっすぐにのびており、子どもたちが海に飛びこんであそんでいた。どの子も水着は着用せず、シャツと短パンを身につけて海にもぐる。遊びがおわると、濡《ぬ》れたシャツのまま家にもどってシャワーをあびるのだ。

「もう、部長に迷惑はかけられんけん」

向井ケイスケが言った。

「エリに風邪《かぜ》をひかせたのがこたえとるらしかね」

「まさかずぶぬれになってもどってくるちおもわんやった。辻エリ、おそろしか奴《やつ》ばい……」

「それだけ、合唱《がっしょう》が好《す》きとよ」

私と向井ケイスケはおさななじみなんだね。

登場人物どうしの関係がつかめているね！

なんで急に身長のことなんて書いてあるの？

向井ケイスケの背丈が伸びたことで、私はケイスケの成長を感じたんだね。

成長かあ。中学生になると男女の差がはっきり出てくるんだね。

身長差だけじゃなく、内面の成長もよく出るテーマだよ。

いいこと聞いた！

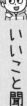

「わかっとる。今はもう、男子全員、わかっとる」

海辺にとまっていた鳥が飛びたって、空を旋回《せんかい》し、高くあがっていく。

（中田栄一《なかたえいいち》「くちびるに歌を」より）

## ゴールの問題

**問1** 傍線①「部長」②「私」③「こいつ」の名前を本文からぬき出して答えなさい。

① 辻エリ

② ナズナ

③ 桑原サトル

（帝塚山《てづかやま》中学校・2013年度・改題）

**問2** 本文に名前が出ている登場人物は全部で何人ですか。漢数字で答えなさい。苗字《みょうじ》だけ、名前だけもふくみます。

九 人

（オリジナル問題）

P.48～49の下段の説明を読んでね。

へっへー。読んだ時に、人物にマル付けといたからカンタンだった！

あ～。混乱《こんらん》してきた。

情報《じょうほう》を整理《せいり》してみよう。・辻《つじ》エリ・私（ナズナ）・柏《かしわ》木《ぎ》先生・桑原《くわはら》サトル・向井ケイスケ・三田村《みたむら》リク・福永《ふくなが》ヨウコ・横峰《よこみね》カオル・関谷《せきや》

もうわかったよ。

# 05 登場人物の性格《せいかく》

どんな人なのよ

**今回のポイント**

物語を読んでいると「どうしてこんなことするの？」っていう登場人物いない？ それって登場人物の性格に関係しているんだよ。性格をつかめば、こっちのもの！

## Hop! 登場人物の性格は、文章全体での言動・ふるまいに注目する！

先生！ テストで「登場人物の性格を選《えら》びなさい」っていう選択肢《せんたくし》の問題、いつも全滅《ぜんめつ》しちゃう。

全滅？

うん。女の子が一生懸命《いっしょうけんめい》話しかけているのに返事もろくにしない主人公だから、「イヤなやつ」っていう選択肢を探《さが》したんだけど、なかった。

あちゃー。答えは「はずかしがり屋」とか「てれ屋」とかだったんじゃない？

そう！ 先生すごい！ エスパーなの？

じゃあ今回は人物の性格を読み取るヒケツを教えようか。

どうやって読み取るの？

---

キミはどんな性格？

明るくて積極的《せっきょくてき》な性格だよ。

じゃあさ、その性格ってころころ変《か》わる？

変わるわけないし。

そうだよね。性格は、ころころ変わらないよね。

え、もしかして物語文の登場人物も一緒《いっしょ》？

その通り！ 登場人物の言動やふるまいの一部分だけを見て、性格を判断《はんだん》しないようにね。それじゃあ、今日も「桃《もも》太郎劇場《たろうげきじょう》」を読んでみて。このマンガからおばあさんの性格をどう読み取る？

## 桃太郎劇場《ももたろうげきじょう》④

スパルタおばあさん。無理やりやってるよ。

それだけかな？ 一部分だけ見たらダメだよ。

あ、それ忘れてた。おじいさんが、「桃太郎思いだ」って言っているけど……。でも、本当かな？

ふふふ。桃太郎の成長《せいちょう》のためにご飯《はん》を食べさせたり、鬼《おに》に負けないように猛特訓《もうとっくん》してあげたり、厳しさは愛情《あいじょう》の裏《うら》返しってやつよ。おばあさんは桃太郎のためにやっているんだよ。

そっかー、お話全体での登場人物の言動、ふるまいから、どんな人物かを判断しないといけないんだね。

---

ということは、おばあさんは？

桃太郎のことを思いやる、愛《あい》にあふれたスパルタおばあさん！

いいね。愛情深さを読み取れたね。

もう完《かん》ぺき！ 文章全体から考えれば間違《まちが》えないね！

**わかったらチェック！**

- 性格は急な変化が起こらない。
- 文章全体での言動・ふるまいから性格をつかむ。
- 性格語が出てきたらチェック！

## STEP! 物語文攻略《こうりゃく》の「2つのミッション」に取り組みながら問題を解《と》こう！

●次の文章を読んで、後の問いに答えなさい。

四月一日が最初《さいしょ》の登校日で、入学式がある日だった。それまでに洋服と靴《くつ》と帽子《ぼうし》を作らなければならなかった。私《わたし》は母に連《つ》れられて、*繁華《はんか》地区にある洋服屋へ制服《せいふく》をあつらえに行った。学校の指定の洋服屋だったが、注文の取り方はひどく大雑把《おおざっぱ》で、身長を計っただけであった。その洋服屋で帽子も売っていたので、帽子も買うことにした。大きな板の台の上に帽子は堆高《うずたか》く積《つ》み上げられてあり、その中から自分の頭に合うのを選《えら》べばよかった。

母は育ち盛《ざか》りだからと言って、指が三本ぐらい余分《よぶん》にはいるひどく大きいのを私の頭の上に載《の》せた。店員がこれではあまり大き過《す》ぎはしないか、せめて指二本ぐらいの余裕《よゆう》のあるのを選ぶべきであると言った。そして指二本でも三年生ぐらいまでは大丈夫《だいじょうぶ》であると付《つ》け加《くわ》えた。母は店員の意見を採用《さいよう》して、指二本はいる帽子を買った。帽子は私の頭の上で、二つの耳を充分《じゅうぶん》にその内部に取り入れて、しかも自由に廻転《かいてん》した。

その日、私はまた靴も買った。母は靴もまた大きいのを選んだ。大きいのさえ買っておけば間違《まちが》いないと言った。

家へ帰ってから、母は新聞紙を折《お》って、帽子の内側《うちがわ》に挟《はさ》み、帽子が私の頭の上で位置《いち》を移動《いどう》しないように工夫《くふう》してくれた。靴もまた同様だった。靴の場合は新聞紙でなく、綿《わた》をまるめたのを爪先《つまさき》の方と踵《かかと》の方に詰《つ》め込んだ。

四月一日の入学式の日、私は*新調の黒の*小倉《こくら》の服を着、帽子をかぶり、靴を履《は》いて登校した。新入生は朝礼の時、老《お》いた体操《たいそう》の教師《きょうし》によって整列する順《じゅん》を決められた。身長の最《もっと》も高いものが最右翼《さいうよく》に置《お》かれ、それからあとは背《せ》の順で次々《つぎつぎ》と並《なら》ばされた。

### 2つのミッション

物語文を攻略するためにやってみよう。

①場面分けのチェック。場面が分かれるところにT字を入れる。

②初めて出てくる登場人物に〇印《じるし》を付ける。

上の文章に、えんぴつで書き込んでみてね！

**繁華地区**
お店がたくさんあって人が多く集まる地《ち》域《いき》。

**新調**
新しく買ったもの。

**小倉**
小倉織《おり》。じょうぶな木綿《もめん》の織物《おりもの》。

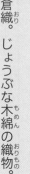

私は初《はじ》め列の中ごろに並んでいたが、体操の教師は私に眼《め》を当てると、

「その帽子はずっと下がって」

と言った。どっと笑《わら》い声が起こった。私ははっきりと帽子と呼《よ》ばれたのが自分であることに気付《きづ》いたので、すぐ自分の位置《いち》を変《か》えた。

「もっと、もっと」

教師は言った。私はさらに後尾《こうび》近くに自分を運んだ。

「もっと、もっと、こら、その帽子はずっと下がる」

笑い声が起こった。私は顔から火が出るような気持ちだった。最後尾から三番目に私の席《せき》は決められた。

私が自分の位置に立っていると、老いた体操の教師は近付いて来て、私の前に立った。そして彼《かれ》は視線《しせん》を私の頭から足許《あしもと》に移《うつ》し、あとはじっと私の足許を見降《お》ろしていたが、

「その靴はこんど買ったのか」

と言った。

「そうです」

「大きな靴を買ったもんだな。――体操ができるかな、それで」

こんどは体操の教師の言葉にはからかいの口調はなかった。

「できます」

私は必死《ひっし》の気持ちで言った。母は*平生《へいぜい》*一銭《いっせん》でも*倹約《けんやく》しようとしていた。父の月給《げっきゅう》も小額《しょうがく》であったに違いなかったが、それに加《くわ》えて、両親は私を育ててくれた祖母《そぼ》が残《のこ》したかなりの額の*借財《しゃくざい》を背負《せお》わされており、その方に毎月いくらかずつ差《さ》し引かれなければならなかった。そうしたことから、母が極端《きょくたん》に生活費《せいかつひ》を切り詰めていることは子供《こども》の私にも判《わか》っていた。母は私の帽子にしても、靴にしても、出来得《う》るならば五年間これで押《お》し通そうと考えていたに違いなかった。そうした母の考えに、私は私なりに気付いていて、出来得るなら、自分もまた母の希望《きぼう》に添《そ》おうと思っていたのである。だから、私は自分の頭に合った帽子とか、自分の足に合った靴というものは、最初《さいしょ》から諦《あきら》めていた。私は冬になったら父の着古した軍人《ぐんじん》の*外套《がいとう》を染《そ》め直して

**平生**
ふだん。日頃《ひごろ》。

**一銭**
昔のお金の単位《たんい》。

**倹約**
むだづかいしないこと。

**借財**
人から金をかりること。

**外套**
コート。

着せられる運命にあることを予感し、既《すで》にそのことに対する心構《こころがま》えを準備《じゅんび》していた。形は作り直すことによって、学生外套《がいとう》に似《に》たものができるであろうと思われたが、問題はその生地《きじ》の重さだった。私《わたし》はそうした不安《ふあん》を母に訴《うった》えたことがあったが、母は上質《じょうしつ》の生地というものはみな重いものだと言った。そう言われると返す言葉はなかった。老教師《ろうきょうし》は私の靴《くつ》をなおもねめつけ*ていたが、

「しかし、体操《たいそう》の時は困《こま》るんじゃないかな、その靴では」

それから多少しみじみした口調で歩いてみなさいと言った。私は命じられた通りに列外へ出て、歩調をとって四、五歩歩いてみせた。

この時もまた笑《わら》い声が私を包《つつ》んだ。

「歩きいいか」

「はい」

「脱《ぬ》げないか」

「ちょうどいいです」

「じゃ、よし」

教師は言った。私は笑い声を浴《あ》びながらも昂然《*こうぜん》としていた。私は曽《かつ》て郷里《きょうり》の小学校をかばったように、この時は母をかばっていたのである。どんなことがあっても、大きな帽子と大きな靴を買ったことを母の越度《おちど》にすまいという気持ちだった。

父の配されている聯隊《*れんたい》が満洲《*まんしゅう》へ渡《わた》ることになり、その発表のあったのは三月中ごろであった。私が帽子と靴を買ってから二、三日してからであった。軍人《ぐんじん》の家はどこも大騒《おおさわ》ぎだった。私の家でも、母が父の渡満《とまん》の支度《したく》のために、毎晩《まいばん》のように遅《おそ》くまで縫物《ぬいもの》をした。幸いこれから夏へ向かう季節《きせつ》なので、すぐ防寒具《ぼうかんぐ》が入用《いりよう》というわけではなかったが、あとから送ることができないというような噂《うわさ》もあり、母は父のために夏物の他に冬物の準備《じゅんび》もしなければならなかった。私は中学へ入学できてよかったと思った。もし落第して来年もう一度入学試験《しけん》を受けるようなことになっていたら、父は落ち着かない気持ちで渡満しなければならなかったのである。

聯隊の渡満で、浜松《はままつ》の町は出征《しゅっせい》同様の混乱《こんらん》に巻《ま》き込《こ》まれた。毎日のように郷里から出て来た

**ねめつける**
にらみつけること。

**昂然**
意気の盛《さか》んなさま。自信《じしん》に満《み》ちてほこらしげなさま。

**聯隊**
軍隊《ぐんたい》の部隊《ぶたい》の種類《しゅるい》の一つ。

**満洲（満州）**
中国東北地方の古い呼《よ》び方。満洲へ行くことを「渡満」という。

家族の者といっしょに町を出歩いている兵隊《へいたい》たちの姿《すがた》が見られ、街《まち》の商店という商店は渡満部隊を送るために旗《はた》や提灯《ちょうちん》を店先に掲《かか》げた。

聯隊の出動は桜《さくら》の花がちょうど満開《まんかい》になった四月初旬《しょじゅん》であった。兵隊たちは聯隊の門を出て駅まで行進し、そこから軍用列車に乗るわけであったが、沿道《えんどう》は見送りの人と旗と幟《のぼり》で埋《う》まった。私はその日新しい中学校の制服制帽《せいふくせいぼう》姿で、母といっしょに父を見送るために早くから駅前の広場の一画《かく》に陣取《じんど》っていた。将校《しょうこう》の家族の見送り場所は駅前の広場に作られてあり、兵隊の家族たちとは違《ちが》って比較的《ひかくてき》らくに父や夫《おっと》に最後《さいご》の別《わか》れの対面ができるようになっていた。しかし、部隊の先頭が駅前の広場へはいって来るころから、四辺《あたり》は見送りの人たちで脹《ふく》れ上がり、広場へ立ち入ることを禁《きん》じられている一般《いっぱん》の人たちもなだれ込《こ》んで来た。

私と母とは人と人との間に挟《はさ》まれたままいつか広場から押《お》し出された。父の姿を探《さが》すことなどは思いも寄《よ》らなかった。私は帽子を抱《かか》えたり頭の上に載《の》せたりしていた。抱えていると、せっかくの新しい帽子は潰《つぶ》されてしまうし、頭の上に載せておくと、いつでも頭の上から転げ落ちそうであった。

「帽子、帽子！」

母は何回も注意した。母の眼《め》にも私の頭の上に載っている大きな帽子は不安定なものに見えているようだった。私たちはいつか駅前の広場から押し出され、人々《ひとびと》の間に挟まったまま大通りを駅とは反対の方向へ向かって流されていた。ゆるやかな速度ではあったが、片時《かたとき》の停止《ていし》もない人の流れの移動《いどう》であった。

私と母とはその人の流れの中心から横へ出ようと努力《どりょく》した。父に別れの挨拶《あいさつ》をすることを諦《あきら》めていたが、せめて道の端《はし》へでも出て、どこか高いところから出動部隊を見送りたかった。

長いことかかって、私と母とは揉《も》み合っている群集《ぐんしゅう》の中から弾《はじ》き出された。道の端へ出たが、そこはそこでまた反対に駅の方へ向かう人の流れが続《つづ》いていた。同じように混雑《こんざつ》はしていたが、この方がまだ多少でもゆとりがあって、母と私はお互《たが》いに言葉を交《か》わすことができた。

「あら、帽子を落としたね」

母は最初《さいしょ》に言った。私は反射的《はんしゃてき》に手を頭の上に持って行った。いつか帽子は失《な》くなっていた。

05

登場人物の性格

私はもう一度いま自分が出て来たばかりの群集の中へはいって行こうとした。帽子《ぼうし》を取り返さないと大変《たいへん》だと思った。そうした私《わたし》の腕《うで》を母は捉《とら》えて、

「落としてしまった以上《いじょう》は、もうだめだよ。海の中へ棄《す》てたようなものよ」

と言った。実際《じっさい》その通りであった。私は自分の帽子を再《ふたた》び自分の手の中へ取り戻《もど》す自信《じしん》はなかった。しかし、靴《くつ》や下駄《げた》の下に踏《ふ》みにじられている帽子のことを思うと、心は痛《いた》んだ。私が帽子のことばかり言うのを聞いて、

「男のくせに、いつまでも落としたもののことばかり言うんじゃないの。あした新しいのを買っておいで。とんだ*物《もの》入《い》りだけど」

母は腹立《はらだ》たしげに言った。

翌日《よくじつ》、私は一人で町に帽子を買いに行った。落とした帽子を買った店だった。店員は私を見ると、私と母のことを覚《おぼ》えていて、

「それだから言わんことじゃない。こんどは頭に合ったのを買いなさい。あんまり大きいのを買うから落っこちてしまうんだ」

そんな遠慮《えんりょ》のないことを言った。私は店員が頭に載《の》せてくれた帽子を持って店を出た。こんどは頭にぴったりしていた。しかし、家への帰途《きと》、余《あま》りぴったりしているので、来年になると、また買い替《か》えなければならぬかといった不安《ふあん》が頭を擡《もた》げて来た。そういう不安に襲《おそ》われると、私の心は落ち着かなくなった。私は途中《とちゅう》から引き返して、もう一度店へ戻って、店員に大きいのに取り替《か》えて貰《もら》うように頼《たの》んだ。私は店員の反対を押《お》しきって、大きい帽子を自分の頭に載せた。

「それじゃ前の落としたのより大きいよ」

店員は言った。指が三つもはいるので、前の落とした帽子より大きいには違《ちが》いなかったが、あいにく前ぐらいの大きさの帽子は売り切れてなくなっていた。さんざん迷《まよ》ったあげく、私はやはりその大きいのを買うことにした。私はこれ一つで五年まで押し通そうと決心した。前の帽子だと三年生ごろに買い替えなければならなかったが、これなら一つで済《す》むと思った。せっかく母に買って貰《もら》った帽子を、自分の不注意から落としてしまった罪《つみ》ほろぼしの気持ちだった。

家へ帰ると、

**物入り**
費用《ひよう》のかかること。

「まあ大きい帽子を買って来たものだね」

母は驚《おどろ》いて言った。そして何回も何回もその帽子を私の頭の上に載せては眺《なが》めていたが、

「もう少し小さい前ぐらいのに替えて貰っておいで」

と言った。

「ないんだ、売れちゃって」

私が言うと、母はでは仕方《しかた》がないといった顔をして、帽子の内部に詰《つ》める新聞紙を折《お》りながら、

「当分かぶらないで、手に持って行くのね」

と言った。

私は翌日《よくじつ》からその帽子を持って登校した。体操《たいそう》の時だけ、私は大きな帽子をかぶった。体操教師《きょうし》は時折《ときおり》私の名を呼《よ》ばないで、帽子、帽子と言った。必《かなら》ずしも悪意からではなく、そういう呼び方が教師としては便利《べんり》であるに違《ちが》いなかったが、私は迷惑《めいわく》だった。私は級友から帽子というニックネームを貰った。大きな帽子は、しかし、案《あん》ずる程《ほど》のことはなく、直《じ》きに私の頭の上に収《おさ》まるようになった。


（井上靖《いのうえやすし》「帽子」より・一部改《かい》）

## ゴールの問題

本文全体から読み取れる母の人物像《じんぶつぞう》の説明《せつめい》として、最《もっと》も適切《てきせつ》なものを選《えら》び、記号で答えなさい。

**ア** 一家の中心的存在《てきそんざい》として、お金の管理《かんり》をすることを第一の目的《もくてき》としている人物。
**イ** 息子《むすこ》に対する愛情《あいじょう》よりも、家族全体が生活することに重きを置《お》いて行動する人物。
**ウ** 家族への思いやりや愛情がしっかりとある一方、情に流されず合理的な判断《はんだん》をする人物。
**エ** 物をおしみ利得《りとく》ばかりを考えるあまり、家族に対する情愛がうすれてしまっている人物。

（早稲田大学高等学院中学部・２０１５年度）

JUMP

## 先生と一緒《いっしょ》に、もう一度問題文を読んでみよう！

● 次の文章を読んで、後の問いに答えなさい。

四月一日が最初《さいしょ》の登校日で、入学式がある日だった。それまでに洋服と靴《くつ》と帽子《ぼうし》を作らなければならなかった。私《わたし》は母に連《つ》れられて、繁華《はんか》地区にある洋服屋へ制服《せいふく》をあつらえに行った。学校の指定の洋服屋だったが、注文の取り方はひどく大雑把《おおざっぱ》で、身長を計っただけであった。その洋服屋で帽子も売っていたので、帽子も買うことにした。大きな板の台の上に帽子は堆高《うずたか》く積《つ》み上げられてあり、その中から自分の頭に合うのを選《えら》べばよかった。

母は育ち盛《ざか》りだからと言って、指が三本ぐらい余分《よぶん》にはいるひどく大きいのを私の頭の上に載《わ》せた。店員がこれではあまり大き過《す》ぎはしないか、せめて指二本ぐらいの余裕《よゆう》のあるのを選ぶべきであると言った。そして指二本でも三年生ぐらいまでは大丈夫《だいじょうぶ》であると付《つ》け加《くわ》えた。母は店員の意見を採用《さいよう》して、指二本はいる帽子を買った。帽子は私の頭の上で、二つの耳を充分《じゅうぶん》にその内部に取り入れて、しかも自由に廻転《かいてん》した。

その日、私はまた靴も買った。母は靴もまた大きいのを選んだ。大きいのさえ買っておけば間違《まちが》いないと言った。

家へ帰ってから、母は新聞紙を折《お》って、帽子の内側《うちがわ》に挟《はさ》み、帽子が私の頭の上で位置《いち》を移動《いどう》しないように工夫《くふう》してくれた。靴もまた同様だった。靴の場合は新聞紙でなく、綿《わた》をまるめたのを爪先《つまさき》の方と踵《かかと》の方に詰《つ》め込《こ》んだ。

四月一日の入学式の日、私は新調の黒の小倉《こくら》の服を着、帽子をかぶり、靴を履《は》いて登校した。新入生は朝礼の時、老《お》いた体操《たいそう》の教師《きょうし》によって整列する順《じゅん》を決められた。身長の最《もっと》も高いものが最右翼《さいうよく》に置《お》かれ、それからあとは背《せ》の順で次々《つぎつぎ》と並《なら》ばされた。

このお母さん、ぴったりなものを選《えら》んでくれないよ。

お母さんは、すぐに成長《せいちょう》することを考えて、大きめなものを選ぶ合理的《ごうりてき》な考えの人だね。

合理的って何？

理屈《りくつ》に合っていて、むだのないことだよ。大きめの帽子に新聞紙を挟んで調整《ちょうせい》するんだね。

いやなお母さんかと思ったけど、工夫《くふう》して使いやすくしてくれてるということか。

お母さんの愛情《あいじょう》だね。

私は初《はじ》め列の中ごろに並んでいたが、体操の教師は私に眼《め》を当てると、

「その帽子はずっと下がって」

と言った。どっと笑《わら》い声が起こった。私ははっきりと帽子と呼《よ》ばれたのが自分であることに気付《きづ》いたので、すぐ自分の位置《いち》を変《か》えた。

「もっと、もっと」

教師は言った。私はさらに後尾《こうび》近くに自分を運んだ。

「もっと、もっと、こら、その帽子はずっと下がる」

笑い声が起こった。私は顔から火が出るような気持ちだった。最後尾から三番目に私の席《せき》は決められた。

私が自分の位置に立っていると、老いた体操の教師は近付いて来て、私の前に立った。そして彼《かれ》は視線《しせん》を私の頭から足許《あしもと》に移《うつ》し、あとはじっと私の足許を見降《お》ろしていたが、

「その靴はこんど買ったのか」

と言った。

「そうです」

「大きな靴を買ったもんだな。——体操ができるかな、それで」

こんどは体操の教師の言葉にはからかいの口調はなかった。

「できます」

私は必死《ひっし》の気持ちで言った。母は平生一銭《へいぜいいっせん》でも倹約《けんやく》しようとしていた。父の月給《げっきゅう》も小額《しょうがく》であったに違いなかったが、それに加《くわ》えて、両親は私を育ててくれた祖母《そぼ》が残《のこ》したかなりの額の借財《しゃくざい》を背負《せお》わされており、その方に毎月いくらかずつ差《さ》し引かれなければならなかった。そうしたことから、母が極端《きょくたん》に生活費《せいかつひ》を切り詰めていることは子供《こども》の私にも判《わか》っていた。母は私の帽子にしても、靴にしても、出来得《う》るならば五年間これで押《お》し通さそうと考えていたに違いなかった。そうした母の考えに、私は私なりに気付いていて、出来得るなら、自分もまた母の希望《きぼう》に添《そ》おうと思っていたのである。だから、私は自分の頭に合った帽子とか、自分の足に合った靴というものは、最初《さいしょ》から諦《あきら》めていた。私は冬になったら父の着古した軍人《ぐんじん》の外套《がいとう》を染《そ》め直して

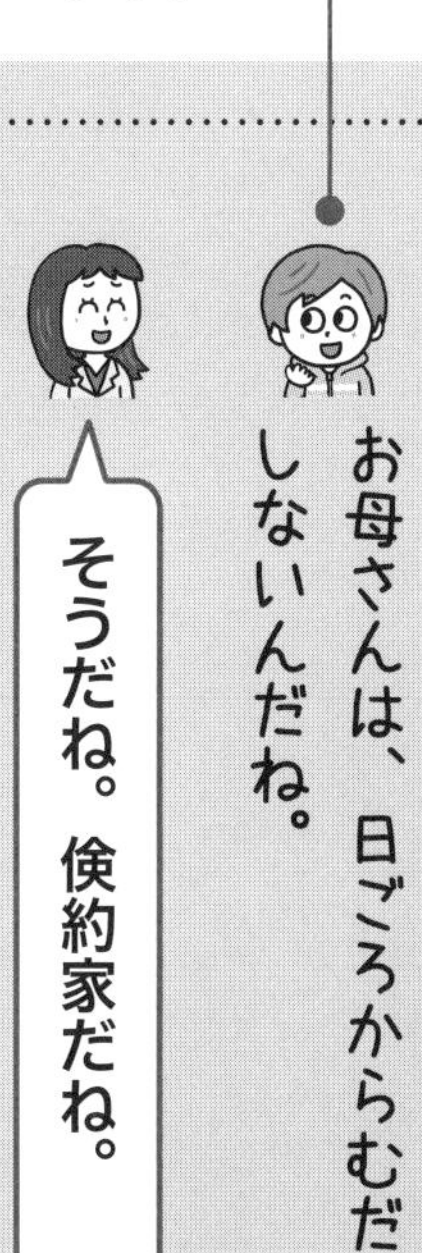
お母さんは、日ごろからむだづかいしないんだね。

着せられる運命にあることを予感し、既《すで》にそのことに対する心構《こころがま》えを準備《じゅんび》していた。形は作り直すことによって、学生外套《がいとう》に似《に》たものができるであろうと思われたが、問題はその生地《きじ》の重さだった。私《わたし》はそうした不安《ふあん》を母に訴《うった》えたことがあったが、母は上質《じょうしつ》の生地というものはみな重いものだと言った。そう言われると返す言葉はなかった。老教師《ろうきょうし》は私の靴《くつ》をなおもねめつけていたが、

「しかし、体操《たいそう》の時は困《こま》るんじゃないかな、その靴では」

それから多少しみじみした口調で歩いてみなさいと言った。私は命じられた通りに列外へ出て、歩調をとって四、五歩歩いてみせた。

この時もまた笑《わら》い声が私を包《つつ》んだ。

「歩きいいか」

「はい」

「脱《ぬ》げないか」

「ちょうどいいです」

「じゃ、よし」

教師は言った。私は笑い声を浴《あ》びながらも昂然《こうぜん》としていた。私は曽《かつ》て郷里《きょうり》の小学校をかばったように、この時は母をかばっていたのである。どんなことがあっても、大きな帽子と大きな靴を買ったことを母の越度《おちど》にすまいという気持ちだった。

父の配されている聯隊《れんたい》が満洲《まんしゅう》へ渡《わた》ることになり、その発表のあったのは三月中ごろであった。私が帽子と靴を買ってから二、三日してからであった。軍人《ぐんじん》の家はどこも大騒《おおさわ》ぎだった。私の家でも、母が父の渡満《とまん》の支度《したく》のために、毎晩《まいばん》のように遅《おそ》くまで縫物《ぬいもの》をした。幸いこれから夏へ向かう季節《きせつ》なので、すぐ防寒具《ぼうかんぐ》が入用《いりよう》というわけではなかったが、あとから送ることができないというような噂《うわさ》もあり、母は父のために夏物の他に冬物の準備《じゅんび》もしなければならなかった。私は中学へ入学できてよかったと思った。もし落第して来年もう一度入学試験《しけん》を受けるようなことになっていたら、父は落ち着かない気持ちで渡満しなければならなかったのである。

聯隊の渡満で、浜松《はままつ》の町は出征《しゅっせい》同様の混乱《こんらん》に巻《ま》き込《こ》まれた。毎日のように郷里から出て来た

お母さん、お父さんのために毎晩遅くまで縫い物をしているってことは、家族思いってことかなあ。

いいところに目をつけたね！

家族の者といっしょに町を出歩いている兵隊《へいたい》たちの姿《すがた》が見られ、街《まち》の商店という商店は渡満部隊を送るために旗《はた》や提灯《ちょうちん》を店先に掲《かか》げた。

聯隊の出動は桜《さくら》の花がちょうど満開《まんかい》になった四月初旬《しょじゅん》であった。兵隊たちは聯隊の門を出て駅まで行進し、そこから軍用列車に乗るわけであったが、沿道《えんどう》は見送りの人と旗と幟《のぼり》で埋《う》まった。私はその日新しい中学校の制服制帽《せいふくせいぼう》姿で、母といっしょに父を見送るために早くから駅前の広場の一画《かく》に陣取《じんど》っていた。将校《しょうこう》の家族の見送り場所は駅前の広場に作られてあり、兵隊の家族たちとは違《ちが》って比較的《ひかくてき》らくに父や夫《おっと》に最後《さいご》の別《わか》れの対面ができるようになっていた。しかし、部隊の先頭が駅前の広場へはいって来るころから、四辺《あたり》は見送りの人たちで脹《ふく》れ上がり、広場へ立ち入ることを禁《きん》じられている一般《いっぱん》の人たちもなだれ込んで来た。

私と母とは人と人との間に挟《はさ》まれたままいつか広場から押《お》し出された。父の姿を探《さが》すことなどは思いも寄《よ》らなかった。私は帽子を抱《かか》えたり頭の上に載《の》せたりしていた。抱えていると、せっかくの新しい帽子は潰《つぶ》されてしまうし、頭の上に載せておくと、いつでも頭の上から転《こ》げ落ちそうであった。

「帽子、帽子！」

母は何回も注意した。母の眼《め》にも私の頭の上に載っている大きな帽子は不安定なものに見えているようだった。私たちはいつか駅前の広場から押し出され、人々《ひとびと》の間に挟まったまま大通りを駅とは反対の方向へ向かって流されていた。ゆるやかな速度ではあったが、片時《かたとき》の停止《ていし》もない人の流れの移動《いどう》であった。

私と母とはその人の流れの中心から横へ出ようと努力《どりょく》した。父に別れの挨拶《あいさつ》をすることは諦《あきら》めていたが、せめて道の端《はし》へでも出て、どこか高いところから出動部隊を見送りたかった。

長いことかかって、私と母とは揉《も》み合っている群集《ぐんしゅう》の中から弾《はじ》き出された。道の端へ出たが、そこはそこでまた反対に駅の方へ向かう人の流れが続《つづ》いていた。同じように混雑《こんざつ》はしていたが、この方がまだ多少でもゆとりがあって、母と私はお互《たが》いに言葉を交《か》わすことができた。

「あら、帽子を落としたね」

母は最初《さいしょ》に言った。私は反射的《はんしゃてき》に手を頭の上に持って行った。いつか帽子は失《な》くなっていた。

うー。お母さん、さっきは家族思いに思えたけど、「私」には帽子をなくさないように注意ばっかり。ドケチにしか見えないよ。

ふふふ。この後どうなるだろうね。

私はもう一度いま自分が出て来たばかりの群集の中へはいって行こうとした。帽子《ぼうし》を取り返さないと大変《たいへん》だと思った。そうした私《わたし》の腕《うで》を母は捉《とら》えて、

「落としてしまった以上《いじょう》は、もうだめだよ。海の中へ棄《す》てたようなものよ」

と言った。実際《じっさい》その通りであった。私は自分の帽子《ぼうし》を再《ふたた》び自分の手の中へ取り戻《もど》す自信《じしん》はなかった。しかし、靴《くつ》や下駄《げた》の下に踏《ふ》みにじられている帽子のことを思うと、心は痛《いた》んだ。私が帽子のことばかり言うのを聞いて、

「男のくせに、いつまでも落としたもののことばかり言うんじゃないの。あした新しいのを買っておいで。とんだ物入《ものい》りだけど」

母は腹立《はらだ》たしげに言った。

翌日《よくじつ》、私は一人で町に帽子を買いに行った。落とした帽子を買った店だった。店員は私を見ると、私と母のことを覚《おぼ》えていて、

「それだから言わんことじゃない。こんどは頭に合ったのを買いなさい。あんまり大きいのを買うから落っこちてしまうんだ」

そんな遠慮《えんりょ》のないことを言った。私は店員が頭に載《の》せてくれた帽子を持って店を出た。こんどは頭にぴったりしていた。しかし、家への帰途《きと》、余《あま》りぴったりしているので、来年になると、また買い替《か》えなければならぬかといった不安《ふあん》が頭を擡《もた》げて来た。そういう不安に襲《おそ》われると、私の心は落ち着かなくなった。私は途中《とちゅう》から引き返して、もう一度店へ戻って、店員に大きいのに取り替《か》えて貰《もら》うように頼《たの》んだ。私は店員の反対を押《お》しきって、大きい帽子を自分の頭に載せた。

「それじゃ前の落としたのより大きいよ」

店員は言った。指が三つもはいるので、前の落とした帽子より大きいには違《ちが》いなかったが、あいにく前ぐらいの大きさの帽子は売り切れてなくなっていた。さんざん迷《まよ》ったあげく、私はやはりその大きいのを買うことにした。私はこれ一つで五年まで押し通そうと決心した。前の帽子だと三年生ごろに買い替えなければならなかったが、これなら一つで済《す》むと思った。せっかく母に買って貰《もら》った帽子を、自分の不注意から落としてしまった罪《つみ》ほろぼしの気持ちだった。

家へ帰ると、

あ〜あ。帽子落としたよ。
お母さんは、腹を立てたけど、新しいものを買っておいでと、冷静《れいせい》に判断もしているね。
だんだん、このお母さんの性格《せいかく》がわかってきた！
この調子でお母さんの性格をつかんでいこう！

「まあ大きい帽子を買って来たものだね」

母は驚《おどろ》いて言った。そして何回も何回もその帽子を私の頭の上に載せては眺《なが》めていたが、

「もう少し小さい前ぐらいのに替えて貰っておいで」

と言った。

「ないんだ、売れちゃって」

私が言うと、母はでは仕方《しかた》がないといった顔をして、帽子の内部に詰《つ》める新聞紙を折《お》りながら、

「当分かぶらないで、手に持って行くのね」

と言った。

私は翌日《よくじつ》からその帽子を持って登校した。体操《たいそう》の時だけ、私は大きな帽子をかぶった。体操教師《きょうし》は時折《ときおり》私の名を呼《よ》ばないで、帽子、帽子と言った。必《かなら》ずしも悪意からではなく、そういう呼《よ》び方が教師としては便利《べんり》であるに違《ちが》いなかったが、私は迷惑《めいわく》だった。私は級友から帽子というニックネームを貰った。大きな帽子は、しかし、案《あん》ずる程《ほど》のことはなく、直《じ》きに私の頭の上に収《おさ》まるようになった。

（井上靖《いのうえやすし》「帽子」より・一部改《かい》）

## ゴールの問題

本文全体から読み取れる母の人物像《じんぶつぞう》の説明《せつめい》として、最《もっと》も適切《てきせつ》なものを選《えら》び、記号で答えなさい。

**ア** 一家の中心的存在《てきそんざい》として、お金の管理《かんり》をすることを第一の目的《もくてき》としている人物。

**イ** 息子《むすこ》に対する愛情《あいじょう》よりも、家族全体が生活することに重きを置《お》いて行動する人物。

**ウ** 家族への思いやりや愛情がしっかりとある一方、情に流されず合理的な判断《はんだん》をする人物。

**エ** 物をおしみ利得《りとく》ばかりを考えるあまり、家族に対する情愛がうすれてしまっている人物。

（早稲田大学高等学院中学部・2015年度）

ウ

お母さんは、また帽子の内側《うちがわ》に新聞紙をつめようとしてくれてるよ。

仕方がないといった顔をしても子ども思いだね。

一部分だけ見て、お母さんはドケチだって思ったらダメだね。

いい気付きだね。文章全体から性格をつかんでいこう。

みんな「ア」だと思ったんじゃない？ でも、「ア」の「お金を管理することを第一の目的としている」というところ。たしかに「母」は倹約家だけど、お金の管理を第一の目的としているとは、文中に書かれていないよね。正解《せいかい》は、「ウ」。

# 06

# 登場人物《じんぶつ》の性格《せいかく》（人物像《じんぶつぞう》の対比《たいひ》）

**今回のポイント**

物語を読んでいて、「登場人物のキャラ立ってるな～」って思うことない？　わざとだよ！　人物像の対比は最難関校《さいなんかんこう》でも頻出《ひんしゅつ》！

## Hop!　誰《だれ》かと誰かを比《くら》べることで、キャラが際立《きわだ》つ！

今日お母さんに怒《おこ》られたから、やる気にならないんだ。

それはかわいそうに。でも、なんで怒《おこ》られたの？

弟はいつもお母さんの言うことを素直《すなお》に聞くのに、あなたはいっつも反抗的《はんこうてき》だって。

ははあ……弟と比べられちゃったか。

そう、なんでわざわざ弟と比べるかなってイライラしちゃう。

比べることで、キミが反抗的《はんこうてき》だってことを強く伝《つた》えたかったんだろうね。

うへえ。

---

ははは、でも、それって物語文でもよく使われるやりかたなんだよ。

誰かと誰かを比べるってこと？

そう。作者はわざと対照的《たいしょうてき》な人物を登場させるんだよ。

なんで？

そうすることで伝えたいメッセージを印象《いんしょう》付けるんだよ。今回も「桃太郎劇場《ももたろうげきじょう》」を読んで考えてみよう。

ははは。サルはへっぴり腰《ごし》で逃《に》げ出していたけど、キジは勇敢《ゆうかん》に立ち向かっていたよ。

そうだね。勇敢なキジしか登場しないよりも、いくじ無《な》しのサルも登場させたほうが、キジの勇敢さが際立つでしょ。

なるほど、サルとキジを比べることで、作者はキジのほうがいけてるって伝えたいんだね。

そう。このように作者のメッセージを読み取っていこう！

作者は読者にイメージが伝わるように、いろんな工夫《くふう》をしているんだね。

だんだん物語文を読み取る目が鋭《するど》くなってきたね。

やったー！　お母さんはほめてくれないけど先生がほめてくれた。

くっくっく。思い通り。簡単にやる気になったな。

あ、先生の作戦か。お母さんは単純で裏表《うらおもて》がないけど、先生は腹黒《はらぐろ》いな！

対比がお上手！

## 桃太郎劇場《ももたろうげきじょう》⑤

**わかったらチェック！**

- 登場人物どうしを比べて、人物像を際立たせる。
- 対比から作者のメッセージを読み取ろう。
- 「サルは～、しかしキジは～。」は性格の対比の記述の型だよ。

## STEP!　物語文攻略《こうりゃく》の「2つのミッション」に取り組みながら問題を解《と》こう！

● 次の文章を読んで、後の問いに答えなさい。

　私《わたし》はピアノが大きらいだった。ピアノというより、ピアノの練習がいやでいやでしかたなかった。月曜の夜のあのあせり。あの感じ。でもどうしても練習をする気になれないもどかしさ。

　私はみどりちゃんのことを考える。みどりちゃんと私は、同じピアノ教室に通っていて、その教室で春に発表会があった。市内の同じ系列《けいれつ》のピアノ教室の生徒《せいと》が集まって、地元の文化会館で行われた小さいものだったけど、私は案《あん》の定《じょう》「練習をする」というセンスがまったくなく、いつまでたっても上達《じょうたつ》しなかった。私の弾《ひ》く曲は、十分実力の範囲《はんい》内の曲だったし、時間は十分すぎるほどあった。

　にもかかわらず、いつまでたってもちっとも上達しない私に、先生はあきれかえりながら、最終手段《さいしゅうしゅだん》として「補習《ほしゅう》」という、思いもかけなかったとんでもない隠《かく》し技《わざ》を提示《ていじ》してきた。

　火曜日のレッスン日以外《いがい》に、なんと日曜日まで特別《とくべつ》にレッスンするというのだ。もちろん、発表会までの期間限定《げんてい》だし、これは先生の好意《こうい》であって無理《むり》に行かなくてもいいのだけれど、わざわざ先生が自分の時間を割《さ》いてまで教えてくれるというのに、行かないわけにはいかなかった。お母さんは先生に、申し訳《わけ》ない、はずかしい、感謝《かんしゃ》します、と深々《ふかぶか》と頭を下げた。

　でも、私は腹立《はらだ》たしかった。せっかくの休みにレッスンに行くなんて、まったくばかげている。本番になればどうにかなるし、今までの経験《けいけん》からすると、きっと私は三日くらい前から猛《もう》練習をして、なんとか弾けるようになれるはずなのだ。

　それにこの補習は私のためじゃない。本番で先生が恥《はじ》をかかないための補習レッスンだとし

---

### 2つのミッション

物語文を攻略するためにやってみよう。

① 場面分けのチェック。場面が分かれるところに T 字を入れる。

② 初めて出てくる主要《しゅよう》な登場人物に ○ 印《じるし》を付ける。

上の文章に、鉛筆《えんぴつ》で書き込んでみてね！

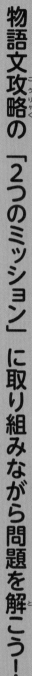

か思えなかった。

　私はしぶしぶとレッスンに行き、うんざりしながらみどりちゃんに、そのことを告《つ》げた。みどりちゃんは、同情《どうじょう》とも哀《あわ》れみともつかない変な表情《ひょうじょう》をして、

「大変《たいへん》だね」

とひとことだけ言った。

　けれど、それからしばらくたったある日、みどりちゃんは私に、

「うらやましいよ」

とポツリと言ったのだ。

「えっ、何が」

「ピアノ。レッスン日以外にも、先生から教えてもらえるなんていいなあ……」

　わたしは自分の耳を疑《うたが》った。

「なんで？　なんでなんで。だって無理やりやらされてるんだよ。あまりにも下手だから、しょうがないからやってるんだよ。先生だって本当はイヤイヤなんだよ」

「ううん、ちがうよ。さえちゃんには上手になってもらいたいんだよ。期待してるの、先生は。発表会でうまく弾けるようにって」

「ちがう。絶対《ぜったい》にちがうよ。ねえ、みどりちゃん、ほんとにそんなんじゃないんだよ」

「ううん、お母さんも言ってた。あんたも頼《たの》んで教えてもらいなさいって……」

　そんなんじゃないのに……どうして……。私はこのとき本当に、すごい衝撃《しょうげき》を受けた。

　みどりちゃんは、みどりちゃんの実力より少し上のランクの曲を発表会で弾く。それは、みどりちゃんならできると先生が確信《かくしん》したからで、補習をしないのは、そんな余計《よけい》なことをしなくても、みどりちゃんはきちんと家で練習してきて、完璧《かんぺき》に弾けるのがわかっているから。

　それなのに、なんでなんだろう。うらやましいなんて。人によってこんなに受けとめ方がちがうなんて。それはとても怖《こわ》いことで、私はその日みどりちゃんに言われたことが、頭から離《はな》れなかった。自分がこうだと思っていたことが、ほかの人にとってはまったく別の意味を持つ。怖いと思った。ものすごい恐怖《きょうふ》だった。

みどりちゃんも、今月でレッスンをやめる。私は火曜日のレッスンがなくなり、課題《かだい》を与《あた》えられなくなったことで、これからはもうピアノを弾《ひ》かなくなるだろう。でも、みどりちゃんはレッスンをやめたあとも、ずっとピアノを弾き続《つづ》けることだろう。

発表会当日、私は自信《じしん》のなさのために、少しばかりテンポを速く弾きすぎてしまったけれど、それ以外《いがい》はけっこううまくできた。先生もほっとした様子で、笑顔《えがお》を見せてくれた。

でも、練習では完璧《かんぺき》だったみどりちゃんが、本番で二回もミスってしまったのだ。みどりちゃんはそれでも堂々《どうどう》としていたけど、心の中ではきっと残念《ざんねん》に思っていたと思う。

それとも、私に対して「ほらね、さえちゃんは補習《ほしゅう》をしたから上手に弾けたでしょ。私は教えてもらえなかったからまちがえて当然《とうぜん》なの」と思っていたのかもしれない。そう考えるとうんと悲しかったけど、終わってから「ほっとしたねー」となんのふくみもない晴れ晴れした笑《え》顔《がお》で言われて、私はそんなふうに意地悪く思ってしまった自分を呪《のろ》った。

先生は、おおとり*のみどりちゃんのまさかのミスに顔をしかめていて、私は「本当に大人は余計《よけい》なことをする」と補習のことを思い、「だからこんなことになる」と少し残酷《ざんこく》な気持ちで先生のゆがんだ顔を遠くから眺《なが》めていたのだった。

ピアノを最初《さいしょ》に習いたいと言い出したのは自分だった。先にお姉ちゃんが習っていて、それはとてもたのしそうで気持ちよさそうで、私はお母さんにおねだりして、二年生のときからピアノを習いはじめた。

「さえは、本当に飽《あ》きっぽいわね……」

台所でお姉ちゃんの結婚《けっこん》行進曲を遠くにききながら、お母さんが言った。

「……別にいいじゃん」

何も言いかえせない自分を、私がいちばんよく知っていた。私は本当に飽きっぽいのだ。なんでもすぐに手を出すくせに、あっというまにやめてしまう。そろばんもスイミングも。

ある程度《ていど》できるまでは一生懸命《いっしょうけんめい》やるけれど、なんとなくできるようになると、もうなんだかどうでもよくなってしまうのだ。

（『十二歳《さい》』椰月美智子《やづきみちこ》）

**おおとり**
いくつかある演目《えんもく》のうち、最後を締《し》めくくる人。

## ゴールの問題

この文章には、「私（さえ）」、「みどりちゃん」が登場しますが、それぞれの性格を次から2つずつ選《えら》びなさい。同じ記号を何度使ってもかまいません。

**ア** ずるがしこい　**イ** 飽きっぽい　**ウ** 意地悪　**エ** 真面目《まじめ》　**オ** 粘《ねば》り強い
**カ** 器用《きよう》　**キ** 明るい　**ク** 思いやりがある　**ケ** 強情《ごうじょう》

「私」さえ　[　　　]

みどりちゃん　[　　　]

（オリジナル問題）

## JUMP 先生と一緒《いっしょ》に、もう一度問題文を読んでみよう！

● 次の文章を読んで、後の問いに答えなさい。

私《わたし》はピアノが大きらいだった。ピアノというより、ピアノの練習がいやでいやでしかたなかった。月曜の夜のあのあせり。あの感じ。でもどうしても練習をする気になれないもどかしさ。

私はみどりちゃんのことを考える。みどりちゃんと私は、同じピアノ教室に通っていて、その教室で春に発表会があった。市内の同じ系列《けいれつ》のピアノ教室の生徒《せいと》が集まって、地元の文化会館で行われた小さいものだったけど、私は案《あん》の定《じょう》「練習をする」というセンスがまったくなく、いつまでたっても上達《じょうたつ》しなかった。私の弾《ひ》く曲は、十分実力の範囲《はんい》内の曲だったし、時間は十分すぎるほどあった。

にもかかわらず、いつまでたってもちっとも上達しない私に、先生はあきれかえりながら、最終手段《さいしゅうしゅだん》として「補習《ほしゅう》」という、思いもかけなかったとんでもない隠《かく》し技《わざ》を提示《ていじ》してきた。

火曜日のレッスン日以外《いがい》に、なんと日曜日まで特別《とくべつ》にレッスンするというのだ。もちろん、発表会までの期間限定《げんてい》だし、これは先生の好意《こうい》であって無理《むり》に行かなくてもいいのだけれど、わざわざ先生が自分の時間を割《さ》いてまで教えてくれるというのに、行かないわけにはいかなかった。お母さんは先生に、申し訳《わけ》ない、はずかしい、感謝《かんしゃ》します、と深々《ふかぶか》と頭を下げた。

でも、私は腹立《はらだ》たしかった。せっかくの休みにレッスンに行くなんて、まったくばかげている。本番になればどうにかなるし、今までの経験《けいけん》からすると、きっと私は三日くらい前から猛《もう》練習をして、なんとか弾けるようになれるはずなのだ。

それにこの補習は私のためじゃない。本番で先生が恥《はじ》をかかないための補習レッスンだとし

今日は何に注目するんだった？

人物の性格《せいかく》を比べるんだよね？

そう。まず、主人公をみてみよう。どんな性格かわかるところはあるかな？

主人公の「私」は、ピアノの練習をしないから先生に補習のレッスンまで呼《よ》び出されて……でも、めっちゃ嫌《いや》がっているね。

なんで嫌がっているんだろう。

直前に猛練習すればできるのに、休みの日までやりたくないって（笑）。

それってどんな性格？

か思えなかった。

私はしぶしぶとレッスンに行き、うんざりしながらみどりちゃんに、そのことを告《つ》げた。みどりちゃんは、同情《どうじょう》とも哀《あわ》れみともつかない変な表情《ひょうじょう》をして、

「大変《たいへん》だね」

とひとことだけ言った。

けれど、それからしばらくたったある日、みどりちゃんは私に、

「うらやましいよ」

とポツリと言ったのだ。

「えっ、何が」

「ピアノ。レッスン日以外にも、先生から教えてもらえるなんていいなあ……」

私は自分の耳を疑《うたが》った。

「なんで？　なんでなんで。だって無理やりやらされてるんだよ。あまりにも下手だから、しょうがないからやってるんだよ。先生だって本当はイヤイヤなんだよ」

「ううん、ちがうよ。さえちゃんには上手になってもらいたいんだよ。期待してるの、先生は。発表会でうまく弾けるようにって」

「ちがう。絶対《ぜったい》にちがうよ。ねえ、みどりちゃん、ほんとにそんなんじゃないんだよ」

「ううん、お母さんも言ってた。あんたも頼《たの》んで教えてもらいなさいって……」

そんなんじゃないのに……どうして……。私はこのとき本当に、すごい衝撃《しょうげき》を受けた。

みどりちゃんは、みどりちゃんの実力より少し上のランクの曲を発表会で弾く。それは、みどりちゃんならできると先生が確信《かくしん》したからで、補習をしないのは、そんな余計《よけい》なことをしなくても、みどりちゃんはきちんと家で練習してきて、完璧《かんぺき》に弾けるのがわかっているから。

それなのに、なんでなんだろう。うらやましいなんて。人によってこんなに受けとめ方がちがうなんて。それはとても怖《こわ》いことで、私はその日みどりちゃんに言われたことが、頭から離《はな》れなかった。自分がこうだと思っていたことが、ほかの人にとってはまったく別の意味を持つ。

怖いと思った。ものすごい恐怖《きょうふ》だった。

器用《きよう》とか、不真面目《ふまじめ》とか、要領《ようりょう》いいとか？

そうだね。ほかに性格がわかるところはある？

「先生が恥をかかないためのレッスンだ」って言ってるね。なんかこの子大人っぽいよね。

よく読み取れているね。

「さえちゃん」て「私」のことだよね？　もう　しなくていい？

そうだね、「私＝さえちゃん」ってわかっていればいいよ。

06
登場人物の性格（人物像の対比）

みどりちゃんも、今月でレッスンをやめる。私は火曜日のレッスンがなくなり、課題《かだい》を与《あた》えられなくなったことで、これからはもうピアノを弾《ひ》かなくなるだろう。でも、みどりちゃんはレッスンをやめたあとも、ずっとピアノを弾き続けることだろう。

発表会当日、私は自信《じしん》のなさのために、少しばかりテンポを速く弾きすぎてしまったけれど、それ以外《いがい》はけっこううまくできた。先生もほっとした様子で、笑顔《えがお》を見せてくれた。

でも、練習では完璧《かんぺき》だったみどりちゃんが、本番で二回もミスってしまったのだ。みどりちゃんはそれでも堂々《どうどう》としていたけど、心の中ではきっと残念《ざんねん》に思っていたと思う。

それとも、私に対して「ほらね、さえちゃんは補習《ほしゅう》をしたから上手に弾けたでしょ。私は教えてもらえなかったからまちがえて当然《とうぜん》なの」と思っていたのかもしれない。そう考えるとうんと悲しかったけど、終わってから「ほっとしたねー」となんのふくみもない晴れ晴れした笑《え》顔《がお》で言われて、私はそんなふうに意地悪く思ってしまった自分を呪《のろ》った。

先生は、おおとりのみどりちゃんのまさかのミスに顔をしかめていて、私は「本当に大人は余計《よけい》なことをする」と補習のことを思い、「だからこんなことになる」と少し残酷《ざんこく》な気持ちで先生のゆがんだ顔を遠くから眺《なが》めていたのだった。

ピアノを最初《さいしょ》に習いたいと言い出したのは自分だった。先にお姉ちゃんが習っていて、それはとてもたのしそうで気持ちよさそうで、私はお母さんにおねだりして、二年生のときからピアノを習いはじめた。

「さえは、本当に飽《あ》きっぽいわね……」

台所でお姉ちゃんの結婚《けっこん》行進曲を遠くにききながら、お母さんが言った。

「……別にいいじゃん」

何も言いかえせない自分を、私がいちばんよく知っていた。私は本当に飽きっぽいのだ。なんでもすぐに手を出すくせに、あっというまにやめてしまう。そろばんもスイミングも。

ある程度《ていど》できるまでは一生懸命《いっしょうけんめい》やるけれど、なんとなくできるようになると、もうなんだかどうでもよくなってしまうのだ。

（『十二歳《さい》』椰月美智子《やづきみちこ》）

みどりちゃんについてはどうかな？

みどりちゃんは、「私」と違《ちが》って練習を頑張《がんば》ってるね。なんだかもっと練習したそう。

どんな性格《せいかく》と言えそう？

うーん……真面目！　几帳面《きちょうめん》な感じ！　先生の言うこと素直《すなお》に聞きそう。

一人でコツコツ頑張《がんば》る粘り強さも読み取れそうだよ。

先生、「私」ったら、意地悪なこと考えているんだけど……。

そうだね、じゃあ意地悪な性格って言える？

いや、でも、そのあと自分のことを呪《のろ》っているし、いい人でも一時的に意地悪になるってこともあるんじゃないかな。

## ゴールの問題

この文章には、「私（さえ）」、「みどりちゃん」が登場しますが、それぞれの性格を次から2つずつ選《えら》びなさい。同じ記号を何度使ってもかまいません。

**ア** ずるがしこい　**イ** 飽きっぽい　**ウ** 意地悪　**エ** 真面目《まじめ》　**オ** 粘《ねば》り強い

**カ** 器用《きよう》　**キ** 明るい　**ク** 思いやりがある　**ケ** 強情《ごうじょう》

「私」さえ　イ・カ

みどりちゃん　エ・オ

（オリジナル問題）

性格って一時的なもの？

違うね！

じゃあ「私」は意地悪な性格とは言えないね。性格に急な変化《へんか》なんかないもんね。

さえちゃんとみどりちゃんは対照的な人物だったね。

みどりちゃんはこつこつ練習するけど、さえちゃんは器用にこなしていたね。

そうすることで、人物像がきわだっていたでしょ。

キャラが立ってそういうことなんだね！

# 第2章

# 心に注目


01 登場人物の心情　～何があったのよ～

02 心情の変化　～なんで変わったのよ～

03 心情と情景描写　～なんで雨降ってんのよ～

04 比喩　～似すぎなのよ～

05 暗示・象徴　～そんな気がするのよ～

06 主題　～何が言いたいのよ～

# 01 登場人物の心情《しんじょう》

何があったのよ?

**今回のポイント**

国語のテストのとき、「登場人物の気持ちを答えなさい」っていう問題多くない? 今回はめちゃくちゃ大事なところだよ! 入試《にゅうし》に直結《ちょっけつ》!

## Hop! 登場人物の気持ちは、直前のできごととのつながりを考える!

あー、もうイヤだ。どんなに勉強してもできるようにならないよ!

なんか今日はご機嫌《きげん》ななめだね。

今回のテスト、最悪《さいあく》だった。

ということは、キミは今「テストが思うようにできなかったので悲しい気持ち」ということかな?

「今の『私《わたし》』の気持ちを答えなさい」っていう問題なら大《だい》正解《せいかい》だよ。

心情問題ってやつだね。

それ、今回のテストで誰《だれ》それの気持ちを答えなさいっていうやつ。いっぱい出たよ。

---

正解できた?

……。

沈黙《ちんもく》ってことは……。

×ばっかり。そもそも他人の気持ちなんてわかるわけないし。

みんなそう言うんだけど、実は解《と》き方あるんだけどな〜。

そうなの? もったいつけずに早く教えてよ!

キミは、なんで今日悲しかったんだっけ?

テストの点が悪かったから。

そう、悲しくなった理由がちゃんとあったよね。

あったりまえじゃん。何にもないのに悲しくならないよ。

ということは？

気持ちには理由となるできごとがあるってことだ。

その通り。何かできごとが起きるから、気持ちが動くんだよ。それが様子や行動に表れるんだ。左の「桃太郎劇場《ももたろうげきじょう》」を読んでごらん。

ギャハハハ、桃太郎・キジ・サル泣《な》いてるし。

なんで泣いてるんだろう。どんな気持ちだと思う？

---

おじいさんとおばあさんのケンカを止めるつもりが、ボコボコにされて、情《なさ》けない気持ち。こんなんじゃ、鬼ケ島《おにがしま》に行けないよね。

そうそう、「情けない」と気持ちがズバリ書いてなくても、3コマ目のできごとと4コマ目の様子から、気持ちを読み取ることができるよね。

あ、そっか！　気持ちは、できごとと行動・様子から挟《はさ》み撃《う》ちにして考えればいいんだ。

その通り。できごと→気持ち→行動・様子のつながりを発見することが心情問題を解くポイントだよ。

次のテストで見てろよ、ママ～！

## 桃太郎劇場《ももたろうげきじょう》⑥

**わかったらチェック！**

- 登場人物の気持ちは直前のできごとから考える。
- その後の行動・様子もチェック！
- 登場人物の気持ちを表すのにぴったりな心情語は何か考える。

STEP!

# 物語文攻略《こうりゃく》の「3つのミッション」に取り組みながら問題を解《と》こう!

● 次の文章を読んで、後の問いに答えなさい。

光輝《みつき》は生前に父を亡《な》くし、母と二人で静《しず》かに暮《く》らしていた。小学校の五年生まで友達《ともだち》もいないおとなしい光輝であったが、五年生になり初《はじ》めてできた友人との生活を楽しいと感じていた。そんな時、母の転職《てんしょく》により転校しなければならなくなった。しかし、光輝は絶対《ぜったい》に転校したくなかったため、ほぼ初《しょ》対面である祖父《そふ》の家に一人で引っ越《こ》すことになった。夏休みから祖父の家で過《す》ごすことになった光輝はそこで誕生日《たんじょうび》を迎《むか》えた。光輝の誕生日を祝《いわ》うため母が祖父の家を訪《たず》ねてきた。

しずかな*宵《よい》の口だった。おめでとう、と母さんが言って、ぼくたちはケーキを食べた。ここのうちには、紅茶《こうちゃ》なんて洒落《しゃれ》たものはなかったから、おじいさんが熱《あつ》い日本茶をいれてくれた。粉《こな》茶で、うんと濃《こ》いやつだ。おじいさんは、すぐに売り切れてしまうという小さなケーキを難《むずか》しい顔で食べながら、濃いお茶を何杯《ばい》も飲んだ。

ぼくは、去年までの誕生日をふと思い浮《う》かべた。あのアパートの台所で、やっぱりこうして母さんと向き合って、いちごのショートケーキを食べた。誕生日には、母さんがぼくにたくさんの質問《しつもん》をした。勉強のこと、先生のこと、クラスメイトのこと。母さんは必《かなら》ず半日休みを取って、ちょっとしたごちそうを作ってくれた。そして、デザートに誕生日のショートケーキ。母さんは丁寧《ていねい》に時間をかけて、紅茶をいれてくれた。

「おいしいね」

ぼくはそう言ったけど、すぐに売り切れてしまうという、小さくて四角形の今日のケーキよりも、去年までの大きくて生クリームたっぷりの三角形のショートケーキのほうがおいしいと

---

**3つのミッション**

物語文を攻略するためにやってみよう。

①場面分けのチェック。場面が分かれるところに T 字を入れる。

②初めて出てくる主要《しゅよう》な登場人物に ○ 印《じるし》を付ける。

③特《とく》に心情《しんじょう》が読み取れる言動・ふるまいに 〰 を引く。

上の文章に、鉛筆《えんぴつ》で書き込《こ》んでみてね。

**宵の口**
夜になって、まもない頃《ころ》。

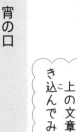

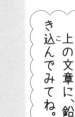

思った。

　空はようやく夜の色になった。命短いセミはまだまだ力いっぱい鳴いている。ぼくはスイカが食べたくなったけど、ケーキのあとにスイカなんてと言われそうだったから、口に出すのはやめた。

「じゃあ、そろそろ行こうかしら」

　母さんがそう言って腰《こし》を上げた。①とたんに空気を抜《ぬ》かれたように、胸《むね》がしぼんだ。まだ帰らないでほしいような、一緒《いっしょ》についていきたいような気持ちになった。ぼくの視線《しせん》に気付《きづ》いたのか、母さんがぼくの肩《かた》にそっと手を置《お》いた。

「また、すぐに来るわ。向こうが片付《かたづ》いたら、光輝もいらっしゃい」

　ぼくは母さんの顔を見た。へんな笑顔《えがお》のもう一枚《まい》向こう側《がわ》に、ちゃんとした母さんの顔があるような気がした。今度会うときは、元の母さんの顔に戻《もど》っていてくれればいいなと願《ねが》った。

「お父さん、この子をどうぞよろしくお願いいたします。お世話をかけます」

　母さんは深々《ふかぶか》と頭を下げた。おじいさんは「あ、ああ」と声にならない声を出した。

「じゃあ、行きます」

　縁側《えんがわ》の置き石には、母さんのサンダルが置いてあって、昼間はそう思わなかったけど、夜の庭にはふつりあいに映《うつ》った。

　母さんはサンダルに足を入れようとしたけど、急に振《ふ》り返って、「やっぱり……」と小さな声で言い、*きびすを返して足早に仏壇《ぶつだん》の部屋に行った。そして、*おもむろに手を合わせ、お線《せん》香《こう》をつけて鈴《りん》を鳴らした。おじいさんのように勢《いきお》いはなかったけど、やさしい音が響《ひび》いた。

　母さんが立ち上がって、おじいさんに軽く*会釈《えしゃく》した。おじいさんは、「あ、ああ」と、なんともいえない声を出した。それから、母さんはさっきよりもあわてた様子で縁側《えんがわ》へ戻り、すばやくサンダルをはいた。

「じゃあね、光輝。お腹《なか》を冷《ひ》やさないようにね。なにかあったらすぐに連絡《れんらく》するのよ」

「うん。母さんも無理《むり》しないで、仕事がんばって」

　ぼくは、バイバイと手を振《ふ》った。

**きびすを返す**
「きびす」はかかとのこと。戻る。引き返す。

**おもむろに**
ゆっくりと。

**会釈**
あいさつ。軽く頭を下げて、おじぎをすること。

「心配せんでもいいから」

おじいさんが母さんの背中《せなか》に声をかけた。母さんは驚《おどろ》いたように振《ふ》り向いて微笑《ほほえ》んだようにも見えた。

「いつでも来なさい」おじいさんの言葉に、今度は振り返らないで、母さんはそのまま木戸をくぐっていった。

母さんが出ていったのを見送ったら、なんだか胸《むね》がすうすうした。やっぱり離《はな》れているのはさみしい。かといって、母さんのところに引っ越《こ》して転校するなんてやっぱり考えられない。

「なあ、スイカ食べたくないか」

おじいさんがいきなり聞いてきた。

「食べたい」

思わず答えた。なんでわかったんだろう、と思いながら。

「なんだか、ああいう甘《あま》いものは合わんな。こう、口の中がさっぱりせん」

そう言っておじいさんは庭に出て、井戸水《いどみず》の水場で冷《ひ》やしているスイカを持ってきた。

「ここで食うか」

「うん」

ぼくは台所から、まな板と包丁《ほうちょう》を取ってきた。おじいさんは慣《な》れた手つきで、まん丸の大きいスイカに包丁を入れた。ぱかっと半分にきれいに割《わ》れた。真っ赤な果肉《かにく》はいかにもおいしそうで、黒い種《たね》までみずみずしい。

「おいしそう」

「いいスイカだ」

おじいさんはスイカをさらに切って八分の一の半月スイカをぼくにくれた。

「こんなに？」

「こんなに食えんか」

「食べられます」

母さんと二人のときは、スーパーで四分の一のスイカを買ってきてそれを何日かかけて食べていた。それでも冷蔵庫《れいぞうこ》の中で、持て余《あま》していた。

ぼくらは、夜の縁側《えんがわ》でスイカを食べた。まだまだ熱気《ねっき》が残《のこ》っていて、スイカの冷《つめ》たさはのどに気持ちよく、汗《あせ》ばんだ身体《からだ》にちょうどよかった。

「うまいな」

「甘くておいしい」

食べ頃《ごろ》で熟《う》れていて、とっても甘かった。

「塩《しお》持ってきてくれんか」

言われるままに塩の小瓶《びん》を渡《わた》すと、おじいさんはそれを勢《いきお》いよくスイカに振《ふ》りかけた。

「やっぱり塩があったほうがうまいな」

じゅるっと音をたてて、あんまりおいしそうにおじいさんが塩かけスイカを食べるものだから、ぼくも真似《まね》してやってみた。なんで果物《くだもの》に塩をかけるのかはさっぱりわからないけど、とりあえずやってみた。

「ん！　おいしい！」

甘みが引き立って口の中はさっぱりという感じで、それになぜかもっと食べたくなる。

ぼくがものほしそうにしていたのか、おじいさんはなにも言わずに、ぼくにさっきと同じ分の半月スイカを渡してくれた。男同士《おとこどうし》という感じがした。おじいさんの真似《まね》をして、さりげなくあぐらをかいて、おじいさんのように、さっと高い位置《いち》から塩を振ってみた。

まるで、いっぱしの大人になった気分だった。

*藍色《あいいろ》の空には、まだ星は見えなかったけど、どこかに月が出ているのか、雲の形がいつのまにか、よく見えた。いつのまにか母さんと離れたさみしさは薄《うす》れていた。

「おばあさんって、いつ、いたんですか」

本当は「おばあさんはいつ死んだんですか」って聞きたかったけど、それじゃあ、あんまりだと思って、そう聞いた。

「もうすぐ、ひとまわりだなあ」

おじいさんは、ぼくの質問《しつもん》のおかしさを追及《ついきゅう》しないで、そう答えた。

**藍色**
濃《こ》い青色。

「ひとまわり？」

「＊干支《えと》が一周《いっしゅう》するということだ。ばあさんが死んでじきに十二年になる」

十二年。ぼくよりも年上だ、と思わずへんな解釈《かいしゃく》をしてしまった。

ばあさん、というのは、おじいさんの奥《おく》さんで、母さんのお母さんということで、ぼくのおばあさんということだ。母さんがさっき、なにを迷《まよ》ったのかは知らないけど、仏壇《ぶつだん》に手を合わせたのはいいことだと思う。

「ぼくもあとで、チンしていいですか」

おじいさんは一瞬《いっしゅん》きょとんとして、それから、

「ああ、頼《たの》む」

と言った。あれがめずらしく手を合わせたから、今日はばあさんも喜《よろこ》んどる、と。

あれ、というのは母さんのことだとわかった。

夏の夜風が肌《はだ》をなでる。

「どれ、わしももうひとつ食べようか」

八分の一のスイカに塩《しお》をかけて、おじいさんは食べた。アブラゼミが一匹《びき》、貝殻《かいがら》をこすり合わせたような声で鳴きはじめた。闇《やみ》の中、雲が流れていくのが見えた。

「ここはどうだ、慣《な》れたか」

ぼくはあんまりにもぼんやりとしすぎていて、おじいさんの言葉が、頬《ほお》をなでる夜風みたいに自然《しぜん》で心地《ここち》よくて一瞬聞き流してしまった。それからはっとわれに返って、

「あ？　ああ、はい！　慣れました」

と、あわてて答えた。

「そうか」

おじいさんはうなずいて、ぼくはぼくで、新たな不安《ふあん》にはたと思いあたり、実際《じっさい》不安になっていた。そして、夜を味方に思いきって聞いてみた。

「もしかして、ぼくがここに来て、おじいさんは迷惑《めいわく》だったですか」

今の今まで考えもしなかったことだ。ぼくはあたりまえに越《こ》してきたけど、おじいさんはぼ

**干支**
昔の暦《こよみ》で年と日をあらわしたもの。人が生まれた年の干支は、十二支《じゅうにし》で言うことが多い。十二支は子《ね》・丑《うし》・寅《とら》・卯《う》・辰《たつ》・巳《み》・午《うま》・未《ひつじ》・申《さる》・酉《とり》・戌《いぬ》・亥《い》。

くが生まれる前から一人で住んでいたのだし、一人のほうが気が楽なのかもしれない。だけど、今日だって水槽《すいそう》をプレゼントしてくれたし、なによりもカレンダーに誕生日《たんじょうび》のしるしがしてあったし、朝いちばんで「おめでとう」と言ってくれたし。だから、べつにそんなに迷惑じゃないと思うけど。でも、万が一。

「なにを言うか。そんなこと思っとらん」

おじいさんは少し怒《おこ》ったように言った。さっきのセミが急に鳴きやんで、突然《とつぜん》しずかになった。なんとなく*きまり悪いような気がして、ぼくはなにか言おうと思ったけど、なにも思いつかなくて黙《だま》っていた。

「お前さんが来てくれて家が活気づいてきた。柱も、*梁《はり》も畳《たたみ》も、廊下《ろうか》も。庭や植木も。みんな喜《よろこ》んどる」

おじいさんがゆっくりとしゃべった。ぼくはほっとした。

「それなら、よかったです」

それからおじいさんは「さみしいか」と、聞いてきた。ぼくは「さみしくないです」と答えた。おじいさんが横にいるから、もうさみしくなかった。

「水槽、ありがとうございました」

「あ、ああ。新品じゃなくてすまんな」

「あの、えっと、おじいさんはなんで、ぼくの誕生日知ってたんですか？」

ぼくが質問《しつもん》すると、おじいさんは「そりゃ知ってるさ」と笑《わら》った。

おじいさんがマッチで煙草《たばこ》に火をつける。シュッという音とともに火薬みたいな、どこか懐《なつ》かしい匂《にお》いがした。おじいさんが鼻から吹《ふ》き出す煙草の煙《けむり》が夜に流れていく。②ぼくは、煙草の匂いを嗅《か》ぎながら、新しい肉親がこうして隣《となり》にいてくれることを、とても頼もしく感じていた。

（椰月《やづき》 美智子《みちこ》『しずかな日々《ひび》』〈講談社文庫《こうだんしゃぶんこ》〉による）

**きまりが悪い**
なんとなくはずかしい。

**梁**
屋根や二階の床《ゆか》の重さを支《ささ》えるために、柱の上に横に渡《わた》した木。

## ゴールの問題

**問1** ――線①「とたんに空気を抜《ぬ》かれたように、胸《むね》がしぼんだ」とありますが、なぜですか。文中の言葉を使って70字程度《ていど》で記述《きじゅつ》しなさい。

（オリジナル問題）

**問2** ――線②「ぼくは～感じていた」とありますが、このときの「ぼく」の気持ちを説明《せつめい》したものとして最《もっと》も適切《てきせつ》なものを次の中から選《えら》び、記号で答えなさい。

**ア** 母が以前《いぜん》とは変《か》わってしまった気がしていやけがさしたが、今の暮《く》らしの充実感《じゅうじつかん》がそれを忘《わす》れさせてくれた。

**イ** おじいさんの不器用《ぶきよう》ではあるが確《たし》かな愛情《あいじょう》を知るほど、かえって母と離《はな》れて募《つの》らすさみしさを感じさせた。

**ウ** 母が自分の仕事を優先《ゆうせん》して「ぼく」のことをかえりみないことに失望《しつぼう》し、かえっておじいさんの優《やさ》しさが身にしみた。

**エ** 母と離れて暮らすさみしさよりも、おじいさんへの信頼感《しんらいかん》が自分の心を満《み》たすようになった。

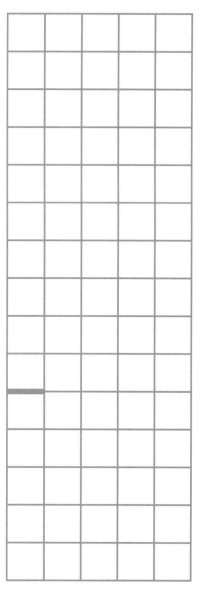

（鎌倉《かまくら》学園中学校・２０１９年度）

## JUMP 先生と一緒《いっしょ》にもう一度問題を読んでみよう。

● 次の文章を読んで、後の問いに答えなさい。

光輝は生前に父を亡《な》くし、母と二人で静《しず》かに暮《く》らしていた。小学校の五年生まで友達《ともだち》もいないおとなしい光輝であったが、五年生になり初《はじ》めてできた友人との生活を楽しいと感じていた。そんな時、母の転職《てんしょく》により転校しなければならなくなった。しかし、光輝は絶対《ぜったい》に転校したくなかったため、ほぼ初対面《しょたいめん》である祖父の家に一人で引っ越《こ》すことになった。夏休みから祖父の家で過《す》ごすことになった光輝はそこで誕生日《たんじょうび》を迎《むか》えた。光輝の誕生日を祝《いわ》うため母が祖父の家を訪《たず》ねてきた。

しずかな宵《よい》の口だった。おめでとう、と母さんが言って、ぼくたちはケーキを食べた。ここのうちには、紅茶《こうちゃ》なんて洒落《しゃれ》たものはなかったから、おじいさんが熱《あつ》い日本茶をいれてくれた。粉《こな》茶で、うんと濃《こ》いやつだ。おじいさんは、すぐに売り切れてしまうという小さなケーキを難《むずか》しい顔で食べながら、濃いお茶を何杯《ばい》も飲んだ。

ぼくは、去年までの誕生日をふと思い浮《う》かべた。あのアパートの台所で、やっぱりこうして母さんと向き合って、いちごのショートケーキを食べた。誕生日には、母さんがぼくにたくさんの質問《しつもん》をした。勉強のこと、先生のこと、クラスメイトのこと。母さんは必《かなら》ず半日休みを取って、ちょっとしたごちそうを作ってくれた。そして、デザートに誕生日のショートケーキ。母さんは丁寧《ていねい》に時間をかけて、紅茶をいれてくれた。

「おいしいね」

ぼくはそう言ったけど、すぐに売り切れてしまうという、小さくて四角形の今日のケーキよりも、去年までの大きくて生クリームたっぷりの三角形のショートケーキのほうがおいしいと

さあ、今回は何を学ぶ回だっけ？
心情《しんじょう》！
その通り！　心情が読み取れそうなところを追っかけていこう。
先生、このちっちゃい字のあらすじみたいなところ、大事なことが書いてありそう。
たとえば？
お父さんが死んじゃったとか、初対面の祖父の家に一人で引っ越すとか。
特別《とくべつ》な事情だね、覚《おぼ》えておこう！

思った。

　空はようやく夜の色になった。命短いセミはまだまだ力いっぱい鳴いている。ぼくはスイカが食べたくなったけど、ケーキのあとにスイカなんてと言われそうだったから、口に出すのはやめた。

「じゃあ、そろそろ行こうかしら」

　母さんがそう言って腰《こし》を上げた。①とたんに空気を抜かれたように、胸《むね》がしぼんだ。まだ帰らないでほしいような、一緒についていきたいような気持ちになった。ぼくの視線《しせん》に気付《きづ》いたのか、母さんがぼくの肩《かた》にそっと手を置《お》いた。

「また、すぐに来るわ。向こうが片付《かたづ》いたら、光輝もいらっしゃい」

　ぼくは母さんの顔を見た。へんな笑顔《えがお》のもう一枚《まい》向こう側《がわ》に、ちゃんとした母さんの顔があるような気がした。今度会うときは、元の母さんの顔に戻っていてくれればいいなと願った。

「お父さん、この子をどうぞよろしくお願いいたします。お世話をかけます」

　母さんは深々《ふかぶか》と頭を下げた。おじいさんは「あ、ああ」と声にならない声を出した。

「じゃあ、行きます」

　縁側《えんがわ》の置き石には、母さんのサンダルが置いてあって、昼間はそう思わなかったけど、夜の庭にはふつりあいに映《うつ》った。

　母さんはサンダルに足を入れようとしたけど、急に振《ふ》り返って、「やっぱり……」と小さな声で言い、きびすを返して足早に仏壇《ぶつだん》の部屋に行った。そして、おもむろに手を合わせ、お線《せん》香《こう》をつけて鈴《りん》を鳴らした。おじいさんのように勢《いきお》いはなかったけど、やさしい音が響《ひび》いた。

　母さんが立ち上がって、おじいさんに軽く会釈《えしゃく》した。おじいさんは、「あ、ああ」と、なんともいえない声を出した。それから、母さんはさっきよりもあわてた様子で縁側《えんがわ》へ戻り、すばやくサンダルをはいた。

「じゃあね、光輝。お腹《なか》を冷《ひ》やさないようにね。なにかあったらすぐに連絡《れんらく》するのよ」

「うん。母さんも無理《むり》しないで、仕事がんばって」

　ぼくは、バイバイと手を振《ふ》った。

**ここ、回想的《てき》場面ってわかった？　過去の場面のことだよ。**

うん、お母さんが一緒にいてたくさん話を聞いてくれたから今年のケーキより去年のケーキのほうがおいしかったんだね。

**回想的場面には現在《げんざい》の状況《じょうきょう》の理由が書いてあるもんね。**

**お母さんと一緒にいたいんだね。**

お母さんが帰ったら、初対面のおじいさんと二人きりだもんね……さみしいよね。

「心配せんでもいいから」

おじいさんが母さんの背中《せなか》に声をかけた。母さんは驚いたように振《ふ》り向いて微笑んだようにも見えた。

「いつでも来なさい」おじいさんの言葉に、今度は振り返らないで、母さんはそのまま木戸をくぐっていった。

母さんが出ていったのを見送ったら、なんだか胸がすうすうした。やっぱり離《はな》れているのはさみしい。かといって、母さんのところに引っ越《こ》して転校するなんてやっぱり考えられない。

「なあ、スイカ食べたくないか」

おじいさんがいきなり聞いてきた。

「食べたい」

思わず答えた。なんでわかったんだろう、と思いながら。

「なんだか、ああいう甘《あま》いものは合わんな。こう、口の中がさっぱりせん」

そう言っておじいさんは庭に出て、井戸水《いどみず》の水場で冷《ひ》やしているスイカを持ってきた。

「ここで食うか」

「うん」

ぼくは台所から、まな板と包丁《ほうちょう》を取ってきた。おじいさんは慣《な》れた手つきで、まん丸の大きいスイカに包丁を入れた。ぱかっと半分にきれいに割《わ》れた。真っ赤な果肉《かにく》はいかにもおいしそうで、黒い種《たね》までみずみずしい。

「おいしそう」

「いいスイカだ」

おじいさんはスイカをさらに切って八分の一の半月スイカをぼくにくれた。

「こんなに？」

「こんなに食えんか」

「食べられます」

母さんと二人のときは、スーパーで四分の一のスイカを買ってきてそれを何日かかけて食べ

**「胸がすうすうした」「さみしい」っていう気持ちが書いてあるね。なんでさみしいのかな。**

**お母さんが帰っちゃったからだね。**

**そうそう、そんなふうに、心情《しんじょう》は、原因となったできごとつなげて考えるんだよ。**

ていた。それでも冷蔵庫《れいぞうこ》の中で、持て余《あま》していた。

ぼくらは、夜の縁側《えんがわ》でスイカを食べた。まだまだ熱気《ねっき》が残《のこ》っていて、スイカの冷《つめ》たさはのどに気持ちよく、汗《あせ》ばんだ身体《からだ》にちょうどよかった。

「うまいな」

「甘くておいしい」

食べ頃《ごろ》で熟《う》れていて、とっても甘かった。

「塩《しお》持ってきてくれんか」

言われるままに塩の小瓶《びん》を渡《わた》すと、おじいさんはそれを勢《いきお》いよくスイカに振りかけた。

「やっぱり塩があったほうがうまいな」

じゅるっと音をたてて、あんまりおいしそうにおじいさんが塩かけスイカを食べるものだから、ぼくも真似《まね》してやってみた。なんで果物《くだもの》に塩をかけるのかはさっぱりわからないけど、とりあえずやってみた。

「ん！　おいしい！」

甘みが引き立って口の中はさっぱりという感じで、それになぜかもっと食べたくなる。

ぼくがものほしそうにしていたのか、おじいさんはなにも言わずに、ぼくにさっきと同じ分の半月スイカを渡してくれた。男同士《おとこどうし》という感じがした。おじいさんの真似《まね》をして、さりげなくあぐらをかいて、おじいさんのように、さっと高い位置《いち》から塩を振ってみた。

まるで、いっぱしの大人になった気分だった。

藍色《あいいろ》の空には、まだ星は見えなかったけど、どこかに月が出ているのか、雲の形がいつのまにか、よく見えた。いつのまにか、母さんと離れたさみしさは薄《うす》れていた。

「おばあさんっていつ、いたんですか」

本当は「おばあさんはいつ死んだんですか」って聞きたかったけど、それじゃあ、あんまりだと思って、そう聞いた。

「もうすぐ、ひとまわりだなあ」

おじいさんは、ぼくの質問《しつもん》のおかしさを追及《ついきゅう》しないで、そう答えた。

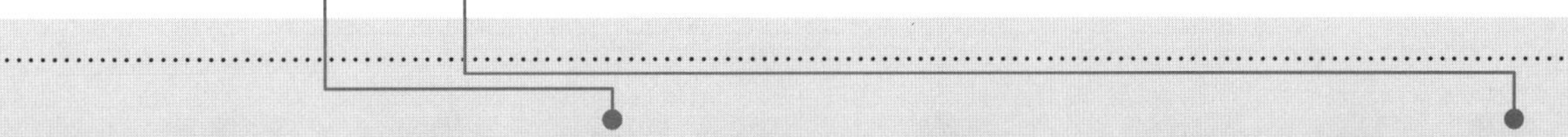

え、なんで急に大人になった気分になるの？

何があったか考えてみて。

おじいちゃんの真似《まね》っこをしてるんだけど。

おじいちゃんのこと、かっこいい大人だなって思ったから、真似したんじゃない？

なるほど……単純《たんじゅん》なやつ。

そうこうしてるうちにさみしさが薄《うす》れてきたみたいだよ。

おじいちゃんとスイカを食べて打ち解《と》けたからさみしくなくなったんだ。

ね？　**気持ちには理由がある**でしょ？

なんとなくわかってきた！

「ひとまわり？」

「干支《えと》が一周《いっしゅう》するということだ。ばあさんが死んでじきに十二年になる」

十二年。ぼくよりも年上だ、と思わずへんな解釈《かいしゃく》をしてしまった。

ばあさん、というのは、おじいさんの奥《おく》さんで、母さんのお母さんということで、ぼくのおばあさんということだ。母さんがさっき、なにを迷《まよ》ったのかは知らないけど、仏壇《ぶつだん》に手を合わせたのはいいことだと思う。

「ぼくもあとで、チンしていいですか」

おじいさんは一瞬《いっしゅん》きょとんとして、それから、

「ああ、頼《たの》む」

と言った。あれがめずらしく手を合わせたから、今日はばあさんも喜んどる、と。

あれ、というのは母さんのことだとわかった。

夏の夜風が肌《はだ》をなでる。

「どれ、わしももうひとつ食べようか」

八分の一のスイカに塩《しお》をかけて、おじいさんは食べた。アブラゼミが一匹《ぴき》、貝殻《かいがら》をこすり合わせたような声で鳴きはじめた。闇《やみ》の中、雲が流れていくのが見えた。

「ここはどうだ、慣《な》れたか」

ぼくはあんまりにもぼんやりとしすぎていて、おじいさんの言葉が、頬《ほお》をなでる夜風みたいに自然《しぜん》で心地よくて一瞬聞き流してしまった。それからはっとわれに返って、

「あ？　ああ、はい！　慣れました」

と、あわてて答えた。

「そうか」

おじいさんはうなずいて、ぼくはぼくで、新たな不安にはたと思いあたり、実際《じっさい》不安になっていた。そして、夜を味方に思いきって聞いてみた。

「もしかして、ぼくがここに来て、おじいさんは迷惑《めいわく》だったですか」

今の今まで考えもしなかったことだ。ぼくはあたりまえに越《こ》してきたけど、おじいさんはぼ

おじいちゃんとうまくやれそうで、緊張《きんちょう》が解《と》けたみたい。

でも、新たな不安が出てきたみたいだよ。

本当だ。今度は自分の存在《そんざい》がおじいちゃんの迷惑なんじゃないかって心配し始めた。

おじいちゃんがずっと一人暮《ぐ》らしだったから、一人のほうが気楽なんじゃないかって心配なんだね。

誕生日のお祝《いわ》いしてもらっているのにね～。

お母さんと離《はな》れたばかりだし、「迷惑じゃない」って言葉にして欲《ほ》しいんだろうね。

あ、ほらおじいちゃんちょっと怒っちゃったじゃん。プレゼントをあげて、スイカも切って歓迎《かんげい》してるのに、迷惑なんじゃないかって言うから。

くが生まれる前から一人で住んでいたのだし、一人のほうが気が楽なのかもしれない。だけど、今日だって水槽《すいそう》をプレゼントしてくれたし、なによりもカレンダーに誕生日《たんじょうび》のしるしがしてあったし、朝いちばんで「おめでとう」と言ってくれたし。だから、べつにそんなに迷惑じゃないと思うけど。でも、万が一。

「なにを言うか。そんなこと思っとらん」

おじいさんは少し怒《おこ》ったように言った。さっきのセミが急に鳴きやんで、突然《とつぜん》しずかになった。なんとなくきまり悪いような気がして、ぼくはなにか言おうと思ったけど、なにも思いつかなくて黙《だま》っていた。

「お前さんが来てくれて家が活気づいてきた。柱も、梁《はり》も畳《たたみ》も、廊下《ろうか》も。庭や植木も。みんな喜《よろこ》んどる」

おじいさんがゆっくりとしゃべった。ぼくはほっとした。

「それなら、よかったです」

それからおじいさんは「さみしいか」と、聞いてきた。ぼくは「さみしくないです」と答えた。おじいさんが横にいるから、もうさみしくなかった。

「水槽、ありがとうございました」

「あ、ああ。新品じゃなくてすまんな」

「あの、えっと、おじいさんはなんで、ぼくの誕生日知ってたんですか？」

ぼくが質問《しつもん》すると、おじいさんは「そりゃ知ってるさ」と笑《わら》った。

おじいさんがマッチで煙草《たばこ》に火をつける。シュッという音とともに火薬みたいな、どこか懐《なつ》かしい匂《にお》いがした。おじいさんが鼻から吹《ふ》き出す煙草の煙《けむり》が夜に流れていく。②ぼくは、煙草の匂いを嗅《か》ぎながら、新しい肉親がこうして隣《となり》にいてくれることを、とても頼もしく感じていた。

（椰月《やづき》　美智子《みちこ》『しずかな日々《ひび》』〈講談社文庫《こうだんしゃぶんこ》〉による）

だから「ぼく」もきまり悪く感じてるね。

この、「家がみんな喜んでる」ってすごくいい言葉だね。おじいちゃんの歓迎の気持ちが伝《つた》わってくる。

そうだね、おじいちゃんの気持ちが伝わったからこそ「ぼく」ももうさみしくなくなったんだね。

素敵《すてき》なおじいちゃん！

## ゴールの問題

**問1** ――線①「とたんに空気を抜《ぬ》かれたように、胸《むね》がしぼんだ」とありますが、なぜですか。文中の言葉を使って70字程度《ていど》で記述《きじゅつ》しなさい。

（解答例《かいとうれい》）

母さんがそろそろ行こうかしらと腰を上げたので、ぼくはまだ帰らないでほしいような、一緒について行きたいようなさみしく心細い気持ちになったから。

①できごと＋「〜ので」
②心情

（オリジナル問題）

**問2** ――線②「ぼくは〜感じていた」とありますが、このときの「ぼく」の気持ちを説明《せつめい》したものとして最《もっと》も適切《てきせつ》なものを次の中から選《えら》び、記号で答えなさい。

**ア** 母が以前《いぜん》とは変《か》わってしまった気がしていやけがさしたが、×今の暮《く》らしの充実感《じゅうじつかん》がそれを忘《わす》れさせてくれた。

**イ** おじいさんの不器用《ぶきよう》ではあるが確《たし》かな愛情《あいじょう》を知るほど、かえって母と離《はな》れて募《つの》らすさみしさを感じさせた。×

**ウ** 母が自分の仕事を優先《ゆうせん》して「ぼく」のことをかえりみないことに失望《しつぼう》し、×かえっておじいさんの優《やさ》しさが身にしみた。

**エ** 母と離れて暮らすさみしさよりも、おじいさんへの信頼感《しんらいかん》が自分の心を満《み》たすようになった。

できごとと心情《しんじょう》をつなげて考えられたかな？　**できごと＋「〜ので」＋心情の形で書くんだよ！**

できごとと心情、どっちも書くんだね。

その通り。

**選択肢《せんたくし》の中に本文中に書いてないことがあったら×をつけよう。**

場面に分けてできごとを整理して、できごとと心情のつながりを読み取っていけば、選択肢の間違《まちが》いにすぐに気付けるね。最初《さいしょ》はお母さんが帰ってさみしかったけど、おじいちゃんと話すことでさみしさがなくなったね。

エ

（鎌倉《かまくら》学園中学校・2019年度）

# 02 心情《しんじょう》の変化《へんか》

## Hop! 登場人物の気持ちは、できごとによって変わる！

なんで変《か》わったのよ

**今回のポイント**

登場人物の気持ちが、途中《とちゅう》で変わることってない？ 気持ちの変化は、難関校《なんかんこう》の大好物《こうぶつ》だよ。

今日は、何しに来たの？

キミ、今日はやる気あんの？

あるわけないじゃん。学校から帰ってきて、すぐに苦手な国語の授業《じゅぎょう》なんだよ？

そうだよね。ゆっくりする暇《ひま》もないよね。でもやる気がなくても頑張《がんば》るキミは、えらいなあ。

そ、えらいんだよ。先生わかってるじゃん。なんか急にやる気出てきたー！

あれ？ 気持ちが変わったね。

先生にほめられたから、やる気出た。

---

ということは、最初《さいしょ》はやる気がなかったのに、先生にほめられたことで気持ちが変わったんだね？

その説明的《せつめいてき》なセリフ……今日のテーマは、気持ちの変化についてなんでしょー!?

カンがいいね。そう。今回のテーマは心情の変化だよ。

気持ちはきっかけとなるできごとがあれば変わるってこと？

その通り。「桃太郎劇場《ももたろうげきじょう》」を見てみようか。

桃太郎は最初《さいしょ》は鬼《おに》におびえていたけど、仲間《なかま》が鬼にやられたことをきっかけに、勇気《ゆうき》を出したんだね。

そうやって、最初の心情→きっかけ→そのあとの心情というように、気持ちの変化を読み取っていくんだよ。

## 桃太郎劇場《ももたろうげきじょう》⑦

気持ちって、ずっと同じだと思っていたよ。

ふふふ。短い文だと変わらないこともあるんだけどね。

ということは、入試《にゅうし》みたいに長い物語文だと「気持ちが変わるかも」って思って読んだほうがいいね。

まだ国語が苦手？

先生と話していると得意《とくい》になった気がする。早く問題を解《と》きたいな！

そんなふうに気持ちはマイナスからプラスに変わることがほとんどだよ。

最初の心情

←

きっかけとなるできごと

←

そのあとの心情

わかったらチェック！

- 物語の途中で心情は変わることがある。
- 変わったきっかけは何かを考える。
- 心情の変化は，マイナスからプラスに転じることがほとんど！

# STEP! 物語文攻略《こうりゃく》の「3つのミッション」に取り組みながら問題を解《と》こう！

● 次の文章を読んで、後の問いに答えなさい。

卜部小春《うらべこはる》（わたし）は、中学二年生になり、学校で話題の美人である長谷川優貴《はせがわゆうき》（長谷川さん）と同じクラスになりました。中学一年の三学期に転入してきたばかりの長谷川さんはなぜかクラスで孤立《こりつ》＊していましたが、興味《きょうみ》を持った「わたし」はそんなことにかまわず、長谷川さんの唯一《ゆいいつ》の友だちとなります。しかし、ちょっとしたすれ違《ちが》いから、「わたし」が長谷川さんと一緒《いっしょ》にいる時間は減《へ》り、長谷川さんを良《よ》く思っていない望月亞梨紗《もちづきありさ》（亞梨紗）や袴田夢美《はかまだゆめ》（ユメちゃん）と一緒にいる時間が増《ふ》えるようになります。本文はそれに続《つづ》く場面です。

ふたたび学校がはじまった。

わたしはこれまでどおり、亞梨紗やユメちゃんといっしょにいる。

長谷川さんがときどきこっちを見ている気がするけど、気づかないふりをした。

でも、体育の準備体操《じゅんびたいそう》のときだけは、そういうわけにはいかない。

先生が合図をするとすぐにほかの子たちは二人組になってしまって、仕方なく長谷川さんのところへ行く。ぎこちなく挨拶《あいさつ》を交《か》わして背中合《せなかあ》わせのストレッチをはじめる。

「手足、長っ」

「ウエスト細っ」

まわりからささやく声がする。わたしはきこえないふりをして準備体操をつづけた。きっとわたしの体型《たいけい》が、長谷川さんのスタイルのよさをよけいに引き立ててる。

べつに彼女《かのじょ》のことが嫌《きら》いになったわけじゃない。

---

**3つのミッション**

物語文を攻略するためにやってみよう。

① 場面分けのチェック。場面が分かれるところに T 字を入れる。

② 初めて出てくる主要《しゅよう》な登場人物に 〇 印《じるし》を付ける。

③ 特《とく》に心情《しんじょう》が読み取れる言動・ふるまいに 〰 を引く。

上の文章に、鉛筆《えんぴつ》で書《か》き込《こ》んでみてね。

**孤立**
ひとりぼっちであること。

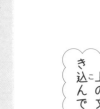

嫌《いや》でたまらないのは、勝手にいろんなものを長谷川さんと比《くら》べて*卑屈《ひくつ》になってしまう、自分自身だ。

長谷川さんとなんか、友だちにならなければよかった。

どうしてほかの女の子たちが長谷川さんと仲《なか》よくならないのか、いまはわかる。

テレビや雑誌《ざっし》に出ている芸能人《げいのうじん》やモデルみたいに、ずっと遠い世界の人でいてくれたら、わたしも純粋《じゅんすい》にあこがれていられたのに。

やっと準備体操がおわって先生の話がはじまった。

前に座《すわ》った長谷川さんのシャツが上にずれ、腰《こし》のあたりの下着がすこしはみ出ている。ショッキングピンクの派手《はで》な下着。体育座《たいいくずわ》りの長谷川さんがひざをかかえると、体操着はさらに上にずりあがる。

これって、教えてあげたほうがいいのかな。のぞいた下着をそばで見ているのも落ちつかなくて、やっぱり教えてあげることにした。

そっと手をのばして体操着の裾《すそ》をくいっと引っぱったとたん。

長谷川さんは、体をびくっとさせてふり向いた。

「なに!?」

とがった声。かたい表情《ひょうじょう》。

「あの、ごめん。ちょっと下着が出てたから」

「ああ、下着……ありがと」

長谷川さんは、はみ出ていた下着をさっと短パンの内側《うちがわ》に入れる。

長谷川さんが近寄《ちかよ》りがたいのは、見た目のせいなんじゃないかと思ってたけど。さっきの彼女はなんだかこわかった。*警戒心《けいかいしん》をみなぎらせたするどい瞳《ひとみ》……。わたしたちが知らないだけで、彼女はほかにも学校では見せていない顔をたくさん持っているのかもしれない。

「長谷川さんがうちのクラスで浮《う》いてるのって、見た目のせいじゃないよね」

授業《じゅぎょう》のあと、更衣室《こういしつ》で古賀《こが》さんと横山さんがしゃべってた。

「わたしもそう思う。だって亜梨紗なんて、美人だけど女子にも人気あるじゃん？」

**卑屈**
自分をダメな人間だと思って、いじけること。

**警戒心**
敵《てき》から自分のことを守ろうとする気持ち。

「あたしも亜梨紗《ありさ》、綺麗《きれい》だから大好《す》きっ」

「こらユメちゃん、汗臭《あせくさ》いからやめてーっ」

ユメちゃんに抱《だ》きつかれたまま、亜梨紗が身をよじる。

「あの人って、表情《ひょうじょう》も話すこともなんか上《うわ》っ面《つら》だけっていうか、本心が読めないんだよね。浮《う》いてるのは性格《せいかく》に原因《げんいん》があるんだって、いいかげん気づけよってかんじ」

更衣室《こういしつ》に、長谷川さんの姿《すがた》はない。

みんなはこのときを待っていたかのように、長谷川さんについて思っていたことをぶちまける。

「小春《こはる》は長谷川さんのこと、どう思う？」

とっさになんて答えていいかわからなくて、首をぶんぶん横に振《ふ》った。

「まあ、そんなところだよね」

まわりの子たちは、*神妙《しんみょう》な顔でうなずいている。


次の体育の時間はあっというまにやってきた。

「じゃあ、今度は馬跳《うまと》び十回ずつ！」

二人組の準備体操《じゅんびたいそう》。長谷川さんはかがみこんだわたしの背中《せなか》に手をついて、先に十回跳びこえる。次はわたしの番。

数日前にあんなことがあったばかりだから、彼女《かのじょ》の体に触《ふ》れるのはただでさえ気を遣《つか》う。それに、背《せ》の高い長谷川さんの上を跳びこえるのはけっこうきつい。

「あの、もうすこしかがんでくれる？」

二回跳んだところで、お願《ねが》いした。

「うん」

長谷川さんは体操着の裾《すそ》をぎゅっと引っぱってから、かがみこむ。

下着がはみ出てないか、気になってるのかな。

もっと姿勢《しせい》を低《ひく》くしてほしいんだけど……。

**神妙**
ふだんと違《ちが》って大人しい様子。

なんとか跳びこえようとして、バランスをくずしてしまった。

わたしは長谷川さんごと砂《すな》の上にころがった。

「大丈夫《だいじょうぶ》!?」

駆《か》け寄《よ》ってきたまわりの子たちに助け起こされる。

「……うん。長谷川さんは？」

「わたしも平気」

長谷川さんは、髪《かみ》や体についた砂をはらいながら言った。よかった。顔に傷《きず》がついてなくて。

「保健室《ほけんしつ》、行ってきなよ。ケガしてる」

誰《だれ》かの声。見ると、長谷川さんの脚《あし》に血がにじんでいる。

「すぐに連《つ》れてく。行こっ、長谷川さん」

わたしは言った。

「このくらいぜんぜん平気。それより、卜部《うらべ》さんも血が出てる」

そういえば、校庭の砂がめりこんだ手のひらやひざが焼《や》けつくように痛《いた》い。

「わたしのことなんか、どうでもいいよ」

連れだって校舎《こうしゃ》へと向かいながら言った。

「よくない」

長谷川さんはちょっと怒《おこ》ったように言った。

「だって、わたしのせいで長谷川さんにケガさせたんだもん。顔も体も、大事な*商売道具なんでしょ？」

長谷川さんは、小さくため息をついて歩きだした。

同い年なのに、すべてを悟《さと》りきってるような顔。刺《とげ》のある言葉なんか、まともに相手にしている暇《ひま》はないって顔をされると、ますますまじめになってくる。

保健室に、先生はいなかった。

「しずかだね」

沈黙《ちんもく》に耐《た》えられなくて話しかけた。

**商売道具**
商売をするために必要《ひつよう》なもの。長谷川さんはモデルをしているので、長谷川さんの顔と身体《からだ》は大事だね。

窓《まど》の外から、ホイッスルの音とみんなの声がきこえてくる。消毒液《しょうどくえき》と薬品のまざったような苦味のあるかおりが、部屋のなかを満《み》たしている。

「卜部《うらべ》さん」

流しの水で傷口《きずぐち》を洗《あら》っていたら、うしろから声がした。

水を止めてふり向くと、長谷川さんは片脚《かたあし》に血をにじませたまま、うつむいて体操着《たいそうぎ》のウエストのあたりをごそごそとなおしている。

「ちょっと、見てほしいものがあるの」

白シャツがまくりあげられ、その下からあざやかなピンク色の布地《ぬのじ》が現《あらわ》れた。布《ぬの》は、筒《つつ》のようにお腹《なか》のまわりに巻《ま》きついている。

この季節《きせつ》に腹巻《はらま》き？

彼女《かのじょ》は両手で腹巻きを一気にずりあげた。

すこしのあいだ、わたしはそれがなんなのか、わからなかった。

そこにあるのは、胴体《どうたい》しかありえないのに。

彼女の胴体は褐色《かっしょく》で、浅《あさ》くえぐれていた。干《ひ》からびた水たまりみたいに乾《かわ》いた肌《はだ》の上を、極《ごく》太《ぶと》のミミズのような傷《きず》が這《は》っている。左胸《ひだりむね》のすぐ下あたりからはじまって、右の脇腹《わきばら》までななめにのびた、一本の長い傷痕《きずあと》。

「それ、どうしたの？」

口からしぼりだした声はかすれていた。

「事故《じこ》に遭《あ》って、手術《しゅじゅつ》した跡《あと》。たぶん一生残《のこ》ると思う」

「痛《いた》くない？」

「ごくたまに違和感《いわかん》はあるけど。何年も前のことだから、もう普段《ふだん》の生活に支障《ししょう》はない。よかったらさわってみる？　意外に感触《かんしょく》いいの。卜部さんにならさわらせてあげる」

おそるおそる手をのばして肌をなでる。ぼっこりと盛《も》りあがった傷痕はツルンとしている。傷の部分は血色のいい桃色《ももいろ》で、そのまわりの肌は砂地《すなち》みたいにざらついている。地面の上にできたくぼみは目にとまらないのに、お腹にできたくぼみからは、どうして目が離《はな》せないんだろう。

胸がドキドキして呼吸《こきゅう》が浅《あさ》くなる。これまでのことを、すべてあやまりたい衝動《しょうどう》にかられる。

「ごめん」

口にしたあとで*失言《しつげん》だったと気がついた。けどもう遅《おそ》い。

「ごめん」

ごめんなんて言って、ごめん。

長谷川さんは、わたしがあやまるたびに首を横に振《ふ》り、悲しそうに笑《わら》った。

その顔は、「きれいだね」って褒《ほ》められたときに似《に》ている。

ついさっきまで長谷川さんに抱《いだ》いていた、どす黒いこんがらがった感情《かんじょう》は、跡形《あとかた》もなく消え去っている。

お腹にこんな傷があるなんて、まったく気づかなかった。

雑誌《ざっし》に載《の》っていた、向かうところ敵《てき》なしってかんじの強気な笑顔《えがお》が胸に刺《さ》さる。

がんばれ。

ストンと、そう思った。

わたしはつくづく単純《たんじゅん》で、つまらない人間だ。

こんなにひどい傷を見て、また長谷川さんと友だちになりたいと思ってるなんて！

だけど……①必死《ひっし》に自分の弱い部分をさらけ出してくれた、彼女の勇気《ゆうき》に応《こた》えてあげたい。


（河合二湖《かわいにこ》『向かい風に髪《かみ》なびかせて』〈講談社《こうだんしゃ》〉より。）

**失言**
言ってはいけないことを、うっかり口にしてしまうこと。

## ゴールの問題

**問1** 古賀《こが》さんと横山さんの長谷川さんに対する心情《しんじょう》としてあてはまらないものを2つ選《えら》びなさい。

**ア** 軽べつ　**イ** 嫉妬《しっと》　**ウ** 羨望《せんぼう》　**エ** 嫌悪《けんお》　**オ** 憎悪《ぞうお》

（オリジナル問題）

**問2** ――線部①〈必死《ひっし》に自分の弱い部分をさらけ出してくれた、彼女《かのじょ》の勇気《ゆうき》に応《こた》えてあげたい〉とありますが、長谷川さんとの関係《かんけい》に対する〈わたし〉の感情《かんじょう》は、何をきっかけにどのように変化《へんか》したのですか。80字以上《いじょう》90字以内《いない》で説明《せつめい》しなさい。

（芝《しば》中学校・2017年度）

JUMP

# 先生と一緒《いっしょ》にもう一度問題を読んでみよう。

● 次の文章を読んで、後の問いに答えなさい。

卜部小春（わたし）は、中学二年生になり、学校で話題の美人である長谷川優貴（長谷川さん）と同じクラスになりました。中学一年の三学期に転入してきたばかりの長谷川さんはなぜかクラスで孤立《こりつ》していましたが、興味《きょうみ》を持った「わたし」はそんなことにかまわず、長谷川さんの唯一《ゆいいつ》の友だちとなります。しかし、ちょっとしたすれ違《ちが》いから、「わたし」が長谷川さんと一緒《いっしょ》にいる時間は減《へ》り、長谷川さんを良《よ》く思っていない望月亞梨紗（亞梨紗）や袴田夢美（ユメちゃん）と一緒にいる時間が増《ふ》えるようになります。本文はそれに続《つづ》く場面です。

ふたたび学校がはじまった。

わたしはこれまでどおり、亞梨紗やユメちゃんといっしょにいる。

長谷川さんがときどきこっちを見ている気がするけど、気づかないふりをした。

でも、体育の準備体操《じゅんびたいそう》のときだけは、そういうわけにはいかない。

先生が合図をするとすぐにほかの子たちは二人組になってしまって、仕方なく長谷川さんのところへ行く。ぎこちなく挨拶《あいさつ》を交《か》わして背中合《せなかあ》わせのストレッチをはじめる。

「手足、長っ」

「ウエスト細っ」

まわりからささやく声がする。わたしはきこえないふりをして準備体操をつづけた。きっとわたしの体型《たいけい》が、長谷川さんのスタイルのよさをよけいに引き立ててる。

べつに彼女《かのじょ》のことが嫌《きら》いになったわけじゃない。

登場人物どうしの関係《かんけい》がごちゃごちゃしてる〜。

そう、だから情報《じょうほう》の整理が大事なんだよ。

えっと……、
卜部小春（わたし）
望月亞梨紗（亞梨紗）
袴田夢美（ユメちゃん）
友だち
⇔
長谷川優貴（長谷川さん・美人・孤《こ》立《りつ》している）。

情報がつかめているね〜。

嫌でたまらないのは、勝手にいろんなものを長谷川さんと比《くら》べて卑屈《ひくつ》になってしまう、自分自身だ。

長谷川さんとなんか、友だちにならなければよかった。

どうしてほかの女の子たちが長谷川さんと仲《なか》よくならないのか、いまはわかる。

テレビや雑誌《ざっし》に出ている芸能人《げいのうじん》やモデルみたいに、ずっと遠い世界の人でいてくれたら、わたしも純粋《じゅんすい》にあこがれていられたのに。

やっと準備体操がおわって先生の話がはじまった。

前に座《すわ》った長谷川さんのシャツが上にずれ、腰《こし》のあたりの下着がすこしはみ出ている。ショッキングピンクの派手《はで》な下着。体育座《たいいくずわ》りの長谷川さんがひざをかかえると、体操着はさらに上にずりあがる。

これって、教えてあげたほうがいいのかな。のぞいた下着をそばで見ているのも落ちつかなくて、やっぱり教えてあげることにした。

そっと手をのばして体操着の裾《すそ》をくいっと引っぱったとたん。

長谷川さんは、体をびくっとさせてふり向いた。

「なに!?」

とがった声。かたい表情《ひょうじょう》。

「あの、ごめん。ちょっと下着が出てたから」

「ああ、下着……ありがと」

長谷川さんは、はみ出ていた下着をさっと短パンの内側《うちがわ》に入れる。

長谷川さんが近寄《ちかよ》りがたいのは、見た目のせいなんじゃないかと思ってたけど。さっきの彼女はなんだかこわかった。警戒心《けいかいしん》をみなぎらせたするどい瞳……。わたしたちが知らないだけで、彼女はほかにも学校では見せていない顔をたくさん持っているのかもしれない。

「長谷川さんがうちのクラスで浮《う》いてるのって、見た目のせいじゃないよね」

授業《じゅぎょう》のあと、更衣室《こういしつ》で古賀《こが》さんと横山さんがしゃべってた。

「わたしもそう思う。だって亜梨紗なんて、美人だけど女子にも人気あるじゃん？」

ああ、なるほどね。「わたし（小春）」は、自分と美人でスタイルのいい長谷川さんを比べて、卑屈《ひくつ》になっているんだ。

そう、「わたし（小春）」は、自分に引け目を感じているんだよ。

そんな自分を、「わたし（小春）」は嫌でたまらなくなっているよ。

「わたし（小春）」は、長谷川さんと友だちにならなければよかったとも思っているね。

なんで長谷川さんは、こんなに警戒しているの？

ここまで読んだだけではわからないけど、長谷川さんには、何か事情がありそうだね。

わくわく！

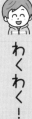

「あたしも亜梨紗《ありさ》、綺麗《きれい》だから大好《す》きっ」

「こらユメちゃん、汗臭《あせくさ》いからやめてーっ」

ユメちゃんに抱《だ》きつかれたまま、亜梨紗が身をよじる。

「あの人って、表情《ひょうじょう》も話すこともなんか上っ面《うわつら》だけっていうか、本心が読めないんだよね。浮《う》いてるのは性格《せいかく》に原因《げんいん》があるんだって、いいかげん気づけよってかんじ」

更衣室《こういしつ》に、長谷川さんの姿《すがた》はない。

みんなはこのときを待っていたかのように、長谷川さんについて思っていたことをぶちまける。

「小春《こはる》は長谷川さんのこと、どう思う？」

とっさになんて答えていいかわからなくて、首をぶんぶん横に振《ふ》った。

「まあ、そんなところだよね」

まわりの子たちは、神妙《しんみょう》な顔でうなずいている。


次の体育の時間はあっというまにやってきた。

「じゃあ、今度は馬跳《うまと》び十回ずつ！」

二人組の準備体操《じゅんびたいそう》。長谷川さんはかがみこんだわたしの背中《せなか》に手をついて、先に十回跳《と》びこえる。次はわたしの番。

数日前にあんなことがあったばかりだから、彼女《かのじょ》の体に触《ふ》れるのはただでさえ気を遣《つか》う。それに、背《せ》の高い長谷川さんの上を跳びこえるのはけっこうきつい。

「あの、もうすこしかがんでくれる？」

二回跳んだところで、お願《ねが》いした。

「うん」

長谷川さんは体操着の裾《すそ》をぎゅっと引っぱってから、かがみこむ。

下着がはみ出てないか、気になってるのかな。

もっと姿勢《しせい》を低《ひく》くしてほしいんだけど……。

うわー。長谷川さん……嫌《きら》われているー。

でも「わたし（小春）」は長谷川さんの悪口には加《くわ》わっていないね。

長谷川さんと自分を比《くら》べて卑屈《ひくつ》になっていたけど、嫌いではないのかな？

なんとか跳びこえようとして、バランスをくずしてしまった。

わたしは長谷川さんごと砂《すな》の上にころがった。

駆《か》け寄《よ》ってきたまわりの子たちに助け起こされる。

「大丈夫《だいじょうぶ》!?」

「……うん。長谷川さんは？」

「わたしも平気」

長谷川さんは、髪《かみ》や体についた砂をはらいながら言った。よかった。顔に傷《きず》がついてなくて。

「保健室《ほけんしつ》、行ってきなよ。ケガしてる」

誰《だれ》かの声。見ると、長谷川さんの脚《あし》に血がにじんでいる。

「すぐに連《つ》れてく。行こっ、長谷川さん」

わたしは言った。

「このくらいぜんぜん平気。それより、卜部《うらべ》さんも血が出てる」

そういえば、校庭の砂がめりこんだ手のひらやひざが焼《や》けつくように痛《いた》い。

「わたしのことなんか、どうでもいいよ」

連《つ》れだって校舎《こうしゃ》へと向かいながら言った。

「よくない」

長谷川さんはちょっと怒《お》ったように言った。

「だって、わたしのせいで長谷川さんにケガさせたんだもん。顔も体も、大事な商売道具なんでしょ？」

長谷川さんは、小さくため息をついて歩きだした。

同い年なのに、すべてを悟《さと》りきってるような顔。刺《とげ》のある言葉なんか、まともに相手にしている暇《ひま》はないって顔をされると、ますますみじめになってくる。

保健室《ほけんしつ》に、先生はいなかった。

「しずかだね」

沈黙《ちんもく》に耐《た》えられなくて話しかけた。

本当に、顔のことばっか。

年頃《としごろ》の女の子は、見た目を気にするんだよ。

自分の中身を見てもらえないなんて、長谷川さんもなんだかかわいそう。

窓《まど》の外から、ホイッスルの音とみんなの声がきこえてくる。消毒液《しょうどくえき》と薬品のまざったような苦味のあるかおりが、部屋のなかを満《み》たしている。

「卜部《うらべ》さん」

流しの水で傷口《きずぐち》を洗《あら》っていたら、うしろから声がした。

水を止めてふり向くと、長谷川さんは片脚《かたあし》に血をにじませたまま、うつむいて体操着《たいそうぎ》のウエストのあたりをごそごそとなおしている。

「ちょっと、見てほしいものがあるの」

白シャツがまくりあげられ、その下からあざやかなピンク色の布地《ぬのじ》が現《あらわ》れた。布《ぬの》は、筒《つつ》のようにお腹《なか》のまわりに巻《ま》きついている。

この季節《きせつ》に腹巻《はらま》き？

彼女《かのじょ》は両手で腹巻きを一気にずりあげた。

すこしのあいだ、わたしはそれがなんなのか、わからなかった。

そこにあるのは、胴体《どうたい》しかありえないのに。

彼女の胴体は褐色《かっしょく》で、浅《あさ》くえぐれていた。干《ひ》からびた水たまりみたいに乾《かわ》いた肌《はだ》の上を、極《ごく》太《ぶと》のミミズのような傷《きず》が這《は》っている。左胸《ひだりむね》のすぐ下あたりからはじまって、右の脇腹《わきばら》までななめにのびた、一本の長い傷痕《きずあと》。

「それ、どうしたの？」

口からしぼりだした声はかすれていた。

「事故《じこ》に遭《あ》って、手術《しゅじゅつ》した跡《あと》。たぶん一生残《のこ》ると思う」

「痛《いた》くない？」

「ごくたまに違和感《いわかん》はあるけど。何年も前のことだから、もう普段《ふだん》の生活に支障《ししょう》はない。よかったらさわってみる？　意外に感触《かんしょく》いいの。卜部さんにならさわらせてあげる」

おそるおそる手をのばして肌をなでる。ぼっこりと盛《も》りあがった傷痕はツルンとしている。傷《きず》の部分は血色のいい桃色《ももいろ》で、そのまわりの肌は砂地《すなち》みたいにざらついている。地面の上にできたくぼみは目にとまらないのに、お腹にできたくぼみからは、どうして目が離《はな》せないんだろ

ああ！　長谷川さんが警戒《けいかい》している理由がここでやっとわかった！

胴体に傷痕があったからなんだだね。

う。

　胸がドキドキして呼吸が浅くなる。これまでのことを、すべてあやまりたい衝動にかられる。

「ごめん」

　口にしたあとで失言《しつげん》だったと気がついた。けどもう遅《おそ》い。

「ごめん」

　ごめんなんて言って、ごめん。

　長谷川さんは、わたしがあやまるたびに首を横に振《ふ》り、悲しそうに笑った。

　その顔は、「きれいだね」って褒《ほ》められたときに似《に》ている。

　ついさっきまで長谷川さんに抱《いだ》いていた、どす黒いこんがらがった感情は、跡形もなく消え去っている。

　お腹にこんな傷があるなんて、まったく気づかなかった。

　雑誌《ざっし》に載《の》っていた、向かうところ敵《てき》なしってかんじの強気な笑顔《えがお》が胸に刺《さ》さる。

　がんばれ。

　ストンと、そう思った。

　わたしはつくづく単純《たんじゅん》で、つまらない人間だ。

　こんなにひどい傷を見て、また長谷川さんと友だちになりたいと思ってるなんて！

　だけど……①必死《ひっし》に自分の弱い部分をさらけ出してくれた、彼女の勇気に応えてあげたい。

（河合二湖《かわいにこ》『向かい風に髪《かみ》なびかせて』〈講談社《こうだんしゃ》〉より。）

あれ？　わたし（小春）の気持ちが変化してきてない？

そうだね。よく気づいたね。

心情が変化してるううう！

そのきっかけは何？

長谷川さんが、傷痕を見せてくれたこと？

わたし（小春）は、周囲《しゅうい》にうらやまれるような長谷川さんにも弱い部分があることを知り、わだかまりが解《と》けて、また友だちになりたい気持ちになっているね。

これが心情の変化ってやつか！

そうなんだよ。できごとによって、心情が変化するんだよ。

## ゴールの問題

**問1** 古賀《こが》さんと横山さんの長谷川さんに対する心情《しんじょう》として、あてはまらないものを2つ選《えら》びなさい。

**ア** 軽べつ　**イ** 嫉妬《しっと》　**ウ** 羨望《せんぼう》　**エ** 嫌悪《けんお》　**オ** 憎悪《ぞうお》

（オリジナル問題）

ア　オ

ア〜オの言葉が難《むず》しいよ。

いい質問だね。意味はこうだよ。
ア　人を軽く見て、ばかにすること。
イ　ねたみうらむ感情。
ウ　うらやましく思うこと。
エ　嫌《きら》って嫌《いや》がること。
オ　ひどく憎《にく》み嫌うこと。

そうすると、軽べつしたり、ひどく憎んだりはしていないから答えがわかったよ！

**問2** ——線部① 〈必死《ひっし》に自分の弱い部分をさらけ出してくれた、彼女《かのじょ》の勇気《ゆうき》に応《こた》えてあげたい〉とありますが、長谷川さんとの関係《かんけい》に対する〈わたし〉の感情《かんじょう》は、何をきっかけにどのように変化《へんか》したのですか。80字以上《いじょう》90字以内《いない》で説明《せつめい》しなさい。

（解答例《かいとうれい》）

「わたし」は長谷川さんと自分を比べて、卑屈になる自分が嫌で、離れたいと思っていたが、長谷川さんが傷痕を見せてくれたことで、わだかまりが解けてまた友だちになりたいと思った。

（芝《しば》中学校・2017年度）

①最初の心情
②気持ちが変わるきっかけ
③そのあとの心情
3つがばっちり入ってる。さすが、先生の解答だね。

①最初の心情
←
②きっかけとなるできごと
←
③そのあとの心情
①～③をつかむには、心情に線を引きながら読んでおくと、心情が変化《へんか》したところで、「あれ？心変化したな」と気付けるよ。

# 03 心情《しんじょう》と情景描写《じょうけいびょうしゃ》

なんで雨降《ふ》ってんのよ

**今回のポイント**

雨が降っていたり、光が差《さ》し込《こ》んでいたりするときない？　これって、なんとなく書かれていると思ったら大間《ま》違《ちが》い。作者は、心情を情景で表すことがあるんだよ。ボケッと読んでちゃいけないのよ。

## Hop! 情景がプラスイメージかマイナスイメージかをつかむと、心情がわかりやすくなる。

心情はできごとと人物の行動・様子に着目するって教わったけど、それでも心情がうまく読み取れないときがあるんだよね。

そうだね、心情ははっきり書かれていないからね。

書いてなかったらわかんなーーーい!!

でも、直前のできごとのほかにも、心情を読み取るヒントはあるんだよ。

え～、ほかにも～？　そういうのを早く教えてよ!!

キミは、登場人物ばかり見ていないかい？

先生、心情は、できごとと人物の行動、様子に着目しろって言ったじゃない！

それは基本《きほん》で、次は応用《おうよう》だ。

むむむ、応用があったのか。

心情ってのはね、「情景」で表されることがあるんだ。

えーそうなの？　情景ってなあに？

それじゃあ「桃太郎劇場《ももたろうげきじょう》」を読んでみよう。初《はじ》めの天気は快晴《かいせい》で、終わりは土砂降《どしゃぶ》りだね。

それが情景ってこと？

そう。情景ってのは、登場人物をとりまく景色《けしき》や様子のことをいうんだよ。実はそれとなく描《えが》かれているように見える風景に、登場人物の気持ちが重ね合わされているの。

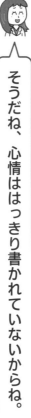

へ〜。情景が、心情を表すってこと？

**そう！ じゃあ、1コマ目と4コマ目の桃太郎の気持ちは、プラスかマイナスどちらかな？**

1コマ目はプラスで、4コマ目はマイナス！

**正解《せいかい》！ そんなふうに情景がプラスかマイナスかを考えると、心情がつかみやすくなるんだよ。**

じゃあさ、1コマ目は自信《じしん》にあふれて晴れ晴れとした気持ちを表してて、4コマ目は鬼《おに》ボスにやられて絶望《ぜつぼう》した気持ちを表してるの？

**そのとおり！ こんなふうに、情景が心情を表すことがあるんだよ。**

今まで読み飛《と》ばしちゃってたー。

**普通《ふつう》、読み飛ばしちゃうよね。**

情景なんて、ただ書いてあるだけかと思ってた。

**実は、そうじゃないってことだよ。天気以外《いがい》にもね、色や明るさも心情を表すんだよ。**

へー。じゃあ、できごとや登場人物の行動、様子と同じくらい、情景描写にも気をつければいいんだ。

## 桃太郎劇場《ももたろうげきじょう》⑧

わかったらチェック！

- 主人公の気持ちは情景に表れる。
- 情景がプラスかマイナスか考える。
- 情景の変化に大注目！ 問題に出るぞ！

STEP!

# 物語文攻略《こうりゃく》の「3つのミッション」に取り組みながら問題を解《と》こう！

● 次の文章を読んで、後の問いに答えなさい。

中学生の川本雄吾《かわもとゆうご》は不《ふ》登校になってしまい、昼間は公園で一日を過《す》ごしていた。そんななか廃品回収《はいひんかいしゅう》*をしている八坂源一《やさかげんいち》という老人《ろうじん》と仲良《なかよ》くなり、雄吾は廃品回収を手伝《てつだ》うようになる。しかしある日老人は脳血栓《のうけっせん》（脳内の血管《けっかん》がつまってしまう病気。体の一部がマヒして動かなくなるなどの障害《しょうがい》を起こすことが多い）で倒《たお》れて病院に入院してしまう。

「なあ、兄ちゃん、おれと賭《か》けをしないか」

雄吾は意味がわからなかった。

「週末《しゅうまつ》まではあと三日ある。おれは死ぬほどがんばってリハビリ*するから、おれが勝ったら兄ちゃんはおれのいうことをきく。負けたら、そうだな、これからもずっとおれの手伝いをさせてやる。これでどうだ」

雄吾はおかしな賭けだと思った。源ジイが勝ったらなにを自分にさせたいのだろう。老人の薄《うす》くなった頭にいった。

「いいけど、賭けの内容《ないよう》はなあに」

源ジイはあっさりという。

「病室から廊下《ろうか》の端《はし》にある便所《べんじょ》まで、おれが自分の足で歩いていく。それができたら、賭けはおれの勝ちだ」

雄吾は息をのんだ*。機能回復訓練《きのうかいふくくんれん》は涙《なみだ》がでるほど苦しく、老人は何度も途中《とちゅう》で挫折《ざせつ》していたのである。車椅子《くるまいす》から立ちあがることもむずかしいのに、二十メートルもある病院の廊下を歩

---

## 3つのミッション

物語文を攻略するためにやってみよう。

①場面分けのチェック。場面が分かれるところに T 字を入れる。

②初めて出てくる主要《しゅよう》な登場人物に O 印《じるし》を付ける。

③特《とく》に心情《しんじょう》が読み取れる言動・ふるまいに 〰 を引く。

上の文章に、鉛筆《えんぴつ》で書《か》き込《こ》んでみてね。

**廃品回収**
いらなくなったものを集めること。

**リハビリ**
リハビリテーションの略。けがや病気で歩けなくなったり、動けなくなったりした体を訓練《くんれん》して、元《もと》に戻すこと。

き切れるはずがない。

「わかった」

雄吾はそういうと、やってきたエレベーターに車椅子を押《お》していった。

老人と雄吾の勝負は金曜日の夕方に決まった。前日までの三日間のリハビリでは、源ジイは手すりにもたれて立っているのが精《せい》いっぱいのようだった。ぶるぶると震《ふる》える左足を見ていると、とても老人には勝ち目があるようには見えなかった。

決戦《けっせん》の金曜日には、老人は身体《からだ》の調子が悪いといってリハビリ訓練を休んでしまっている。雄吾はもう賭けをやるまでもないと思っていた。別に賭けのゆくえなどどうでもよかったのである。どうせまた来週もこの病院にやってくるのだから。

黙って病室の窓《まど》から空を見ていた老人が、よしといったのは夕食が近づいた午後五時のことである。

「さあ、いくぞ」

雄吾が*あっけにとられていると、源ジイは毛布《もうふ》をまくった。

「なにをするの」

老人はいらついたような口調でいう。

「だから賭けだ。車椅子をもってきてくれ。病室をでてから便所までの二十メートルだ。勝負だぞ」

源ジイの目は倒れるまえの力を取りもどしていた。雄吾は*気おされて、ベッドの横に車椅子をつけた。浴衣《ゆかた》のまえをあわせて、老人は椅子におりた。

「ほんとうにやるの」

「ああ。おれがどれだけがんばれるか見てろよ。全部、兄ちゃんのためだからな」

車椅子は病室をでると廊下の端に沿《そ》ってとめられた。この病院の壁《かべ》には両側《りょうがわ》に手すりがついているのだ。老人は右手で手すりをつかむと、ゆっくりと立ちあがった。左腕《ひだりうで》と左足が震えていた。しびれるように冷《つめ》たく痛《いた》むのだと、雄吾はきかされたことがある。

源ジイはゆっくりと左足をひきずりながら、歩き始めた。廊下の先にある窓のなかに夕日が

**息をのむ**
ひどくおどろく。

**あっけにとられる**
意外なことにあきれる様子。

**気おされる**
勢《いきお》いにおされて、気持ちのうえで負けること。

沈《しず》んでいく。病院の白い廊下《ろうか》はさしこむ夕日で床《ゆか》も壁《かべ》も天井《てんじょう》も、赤く照《て》り映《は》えていた。赤い光りは廊下を越《こ》えて、窓《まど》の外まで続《つづ》いている。住宅《じゅうたく》の屋根やマンションの屋上が沈む太陽の光りを浴《あ》びて、ひと筋《すじ》の夕日へ続く道のように見えた。

あたたかな光りのなかを、老人《ろうじん》は歯をくいしばって歩いていた。廃品回収《はいひんかいしゅう》の軽トラックほどのじりじりとした速度だった。雄吾《ゆうご》はいつ源《げん》ジイが腰《こし》を落としてもいいように、車椅子《くるまいす》を押《お》しながらあとを追っている。

半分ほどすすんだところで、老人は立ちどまった。肩《かた》で息をし、額《ひたい》を壁に押しつけて、なんとか倒《たお》れないようにしているようだ。雄吾はいった。

「もう無理《むり》しなくてもいいよ」

「うるさい。最後《さいご》までやらせろ」

壁にもたれた身体を正面にむけるだけでも、*大儀《たいぎ》そうだった。それでもなんとか右足を一歩まえにだした。

「でえじょうぶだぞ、手なんかだすんじゃねえぞ」

老人はまた足をひきずり、夕日の廊下を歩き始めた。最後の十メートルをすすむために、老人は途中《とちゅう》で三回の休みをいれた。最後の休息では右腕《みぎうで》一本だけで手すりにぶらさがる恰好《かっこう》になり、ほとんど腰が砕《くだ》けたようだった。

「なさけねえなあ」

源ジイは自分を笑《わら》ったようだった。ふとももをふるわせながら、そこから腰をゆっくりとあげていく。ようやく立ちあがり壁にもたれると、息を整えていった。

「ちゃんと見てろ。ほんの何メートルか歩くだけで、おれはもうふらふらだ。みっともなくて、だらしないだろ。いつも兄ちゃんがいってた『バカらしい』って、こういうやつだ。だがな、人間、どんなにバカらしくても、やらなきゃならねえこともあるんだ」

老人は手すりを伝《つた》うように、身体をななめにしてじりじりと前進を始めた。夕日は半分ほど東京のぎざぎざの地平線に沈んでいる。目に痛《いた》いほどの赤さだった。手を伸《の》ばせばトイレの扉《とびら》に届《とど》くところまできて、老人は背中越《せなかご》しにいった。

**大儀《たいぎ》そう** 身体《からだ》がだるくて、それをするのが億劫《おっくう》な様子。

「雄吾、約束覚《やくそくおぼ》えてるな」

車椅子を押しながら、はいと雄吾は返事をした。涙《なみだ》で声が揺《ゆ》れないようにするのが精《せい》いっぱいだった。源ジイはいった。

「おれが兄ちゃんにやってもらいたいのは、ただひとつだ。おれの看病《かんびょう》でも廃品回収でもなく、そろそろ中学校にもどってくれ。兄ちゃんの親御《おやご》さんはインテリ*で、なにか理屈《りくつ》があるのかもしれねえが、やっぱり学校は大切だ。兄ちゃんは頭だっていいし、やさしいところもある。きちんと中学にいって勉強しろ。おれみたいになっちゃだめだ。ちゃんと勉強して、おれよりえらくなってくれ。世間を広く見て、おれやうちの息子《むすこ》より、立派《りっぱ》な人間になってくれ」

源ジイはそういって、最後の一歩を足をひきずりながらすすんだ。男子便所《べんじょ》の青い扉に指先がふれると、その場にへたりこんでしまう。雄吾はもうなにをしているのか、自分でもわからなくなっていた。泣《な》きながら、老人を抱《だ》き起こし、車椅子に座《すわ》らせる。

夕日が沈む窓のまえの長いすまで老人を押すと、雄吾は長いすに腰をおろした。ふたりは同じ夕焼《ゆうや》けにむかって座った。源ジイはいう。

「来週から中学にちゃんといくんだぞ。きつかったら、休んでもいいけど、またちゃんと学校にもどるんだ。約束だからな」

雄吾は涙をぬぐっていった。

「でも、そうしたら源ジイはまたひとり切りになる。身体だって不《ふ》自由なのに」

「だいじょうぶだ。こっちはなんとでもなる。雄吾がいってたバカらしさな、あれは大人だってみんな同じように思ってるんだ。でも、そのバカらしさに正面から反対するのも、バカらしい。みんな、どこかで無理して、まわりに調子をあわせてるんだぞ。兄ちゃんもちょっとは大人のふりをしてみな」
①全身にあたる夕日は穏《おだ》やかなあたたかさを残《のこ》してくれた。窓の外に広がるひとつひとつの建《たて》物《もの》に、それぞれの暮《く》らしがあるのが不思議《ふしぎ》だった。雄吾はいう。
「約束だから。学校にはいく。でも、この病院にもちゃんと、顔をだすよ」

「ああ、そいつは助かる。それとな、いい機会《きかい》だから、競馬《けいば》の必勝法《ひっしょうほう》をひとつ教えといてやる」

**インテリ**
インテリゲンチャの略《りゃく》。知識《ちしき》や教養《きょうよう》のある人。

源《げん》ジイは横をむき、金歯をむきだしにして、雄吾《ゆうご》に笑《わら》いかけた。

（石田衣良《いしだいら》「夕日へ続《つづ》く道」より）

## ゴールの問題

**問題1**　源ジイは、なぜ雄吾に賭《か》けを提案《ていあん》したのですか。次のア～オの中から最《もっと》もあてはまるものを1つ選《えら》びなさい。

**ア**　雄吾に自分を見習わせるため。
**イ**　雄吾に廃品回収《はいひんかいしゅう》の手伝《てつだ》いをさせるため。
**ウ**　雄吾を中学校に戻《もど》すため。
**エ**　雄吾をリハビリにつき合わせるため。
**オ**　雄吾がまわりに対し正面から反対できる人になるため。

□

**問題2**　傍線部《ぼうせんぶ》①の雄吾の心情《しんじょう》を70字以内《いない》で答えなさい。

（オリジナル問題）

## JUMP 先生と一緒《いっしょ》にもう一度問題を読んでみよう。

● 次の文章を読んで、後の問いに答えなさい。

中学生の川本雄吾は不登校《ふとうこう》になってしまい、昼間は公園で一日を過《す》ごしていた。そんななか廃品回収《はいひんかいしゅう》をしている八坂源一という老人《ろうじん》と仲良《なかよ》くなり、雄吾は廃品回収を手伝《てつだ》うようになる。しかしある日老人は脳血栓《のうけっせん》（脳内の血管《けっかん》がつまってしまう病気。体の一部がマヒして動かなくなるなどの障害《しょうがい》を起こすことが多い）で倒《たお》れて病院に入院してしまう。

「なあ、兄ちゃん、おれと賭《か》けをしないか」

雄吾は意味がわからなかった。

「週末《しゅうまつ》まではあと三日ある。おれは死ぬほどがんばってリハビリするから、おれが勝ったら兄ちゃんはおれのいうことをきく。負けたら、そうだな、これからもずっとおれの手伝いをさせてやる。これでどうだ」

雄吾はおかしな賭けだと思った。源ジイが勝ったらなにを自分にさせたいのだろう。老人の薄《うす》くなった頭にいった。

「いいけど、賭けの内容《ないよう》はなあに」

源ジイはあっさりという。

「病室から廊下《ろうか》の端《はし》にある便所《べんじょ》まで、おれが自分の足で歩いていく。それができたら、賭けはおれの勝ちだ」

雄吾は息をのんだ。機能回復訓練《きのうかいふくくんれん》は涙《なみだ》がでるほど苦しく、老人は何度も途中《とちゅう》で挫折《ざせつ》していたのである。車椅子《くるまいす》から立ちあがることもむずかしいのに、二十メートルもある病院の廊下を歩

さあ、情報整理《じょうほうせいり》しないと！

お、自分でやる気になってきたね。

ふふ。川本雄吾は不登校なんだって。でも、八坂源一という老人の廃品回収を手伝っている！　なんでやねん。

不登校という特別《とくべつ》な事情や老人との関係《かんけい》がつかめているね。登場人物の特別な事情や関係はお話に関わってくるから大事な情報になるんだよ。

なるほど〜。この老人、脳血栓で入院しちゃっているよ。この先、何が起こるんだろう……。

先を予測《よそく》して読めるようになってきたね。成長《せいちょう》しているね！

き切れるはずがない。

「わかった」

雄吾はそういうと、やってきたエレベーターに車椅子を押《お》していった。

老人と雄吾の勝負は金曜日の夕方に決まった。前日までの三日間のリハビリでは、源ジイは手すりにもたれて立っているのが精《せい》いっぱいのようだった。ぶるぶると震《ふる》える左足を見ていると、とても老人には勝ち目があるようには見えなかった。

決戦《けっせん》の金曜日には、老人は身体《からだ》の調子が悪いといってリハビリ訓練を休んでしまっている。雄吾はもう賭けをやるまでもないと思っていた。別に賭けのゆくえなどどうでもよかったのである。どうせまた来週もこの病院にやってくるのだから。

黙って病室の窓《まど》から空を見ていた老人が、よしといったのは夕食が近づいた午後五時のことである。

「さあ、いくぞ」

雄吾があっけにとられていると、源ジイは毛布《もうふ》をまくった。

「なにをするの」

老人はいらついたような口調でいう。

「だから賭けだ。車椅子をもってきてくれ。病室をでてから便所までの二十メートルだ。勝負だぞ」

源ジイの目は倒れるまえの力を取りもどしていた。雄吾は気おされて、ベッドの横に車椅子をつけた。浴衣《ゆかた》のまえをあわせて、老人は椅子におりた。

「ほんとうにやるの」

「ああ。おれがどれだけがんばれるか見てろよ。全部、兄ちゃんのためだからな」

車椅子は病室をでると廊下の端に沿《そ》ってとめられた。この病院の壁《かべ》には両側《りょうがわ》に手すりがついているのだ。老人は右手で手すりをつかむと、ゆっくりと立ちあがった。左腕《ひだりうで》と左足が震えていた。しびれるように冷《つめ》たく痛《いた》むのだと、雄吾はきかされたことがある。

源ジイはゆっくりと左足をひきずりながら、歩き始めた。廊下の先にある窓のなかに夕日が

源ジイは、勝ったら自分の言うことを雄吾にきかせようとしているよ。

じゃあ、もし源ジイが負けたら？

源ジイは自分の手伝いを雄吾にさせてやるって言ってる。

源ジイは不自由な体なのに、この賭けに勝とうとしているね。

なんでわかるの？

自分が「さあ、いくぞ」って言っているし、目が力を取り戻《もど》しているから。

そっかあ！　源ジイは必死《ひっし》で、雄吾に自分の手伝いから離《はな》れさせようとしてるんだね。

そう。さあ、この賭けがどうなるのか、続《つづ》きを読み取っていこう！

沈《しず》んでいく。病院の白い廊下《ろうか》はさしこむ夕日で床《ゆか》も壁《かべ》も天井《てんじょう》も、赤く照《て》り映《は》えていた。赤い光りは廊下を越《こ》えて、窓《まど》の外まで続《つづ》いている。住宅《じゅうたく》の屋根やマンションの屋上が沈む太陽の光りを浴《あ》びて、ひと筋《すじ》の夕日へ続く道のように見えた。

あたたかな光りのなかを、老人《ろうじん》は歯をくいしばって歩いていた。廃品回収《はいひんかいしゅう》の軽トラックほどのじりじりとした速度だった。雄吾《ゆうご》はいつ源《げん》ジイが腰《こし》を落としてもいいように、車椅子《くるまいす》を押《お》しながらあとを追っている。

半分ほどすすんだところで、老人は立ちどまった。肩《かた》で息をし、額《ひたい》を壁に押しつけて、なんとか倒《たお》れないようにしているようだ。雄吾はいった。

「もう無理《むり》しなくてもいいよ」

「うるさい。最後《さいご》までやらせろ」

壁にもたれた身体を正面にむけるだけでも、大儀《たいぎ》そうだった。それでもなんとか右足を一歩まえにだした。

「でえじょうぶだぞ、手なんかだすんじゃねえぞ」

老人はまた足をひきずり、夕日の廊下を歩き始めた。最後の十メートルをすすむために、老人は途中《とちゅう》で三回の休みをいれた。最後の休息では右腕《みぎうで》一本だけで手すりにぶらさがる恰好《かっこう》になり、ほとんど腰が砕《くだ》けたようだった。

「なさけねえなあ」

源ジイは自分を笑《わら》ったようだった。ふとももをふるわせながら、そこから腰をゆっくりとあげていく。ようやく立ちあがり壁にもたれると、息を整えていった。

「ちゃんと見てろ。ほんの何メートルか歩くだけで、おれはもうふらふらだ。みっともなくて、だらしないだろ。いつも兄ちゃんがいってた『バカらしい』って、こういうやつだ。だがな、人間、どんなにバカらしくても、やらなきゃならねえこともあるんだ」

老人は手すりを伝《つた》うように、身体をななめにしてじりじりと前進を始めた。夕日は半分ほど東京のぎざぎざの地平線に沈んでいる。目に痛《いた》いほどの赤さだった。手を伸《の》ばせばトイレの扉《とびら》に届《とど》くところまできて、老人は背中越《せなかご》しにいった。

あれ？ 夕日が出てきているけど、これって情景《じょうけい》？

いい目のつけ所だね。夕日に注目して読んでいこうか。

源ジイは体が不自由なのに、なんでこんなに頑張《がんば》るのかわかる？

雄吾にバカらしくてもやらなきゃいけないことがあるって伝えたいから？

そうだね、それを自分の体で示《しめ》そうとして、賭けにしたんだね。

学校に戻って立派な人になって欲しいって……。

人間として大事なことを伝えたかったんだね。

「雄吾、約束《やくそく》覚《おぼ》えてるな」

車椅子を押しながら、はいと雄吾は返事をした。涙で声が揺れないようにするのが精《せい》いっぱいだった。源ジイはいった。

「おれが兄ちゃんにやってもらいたいのは、ただひとつだ。おれの看病《かんびょう》でも廃品回収でもなく、そろそろ中学校にもどってくれ。兄ちゃんの親御《おやご》さんはインテリで、なにか理屈《りくつ》があるのかもしれねえが、やっぱり学校は大切だ。兄ちゃんは頭だっていいし、やさしいところもある。きちんと中学にいって勉強しろ。おれみたいになっちゃだめだ。ちゃんと勉強して、おれよりえらくなってくれ。世間を広く見て、おれやうちの息子《むすこ》より、立派《りっぱ》な人間になってくれ」

源ジイはそういって、最後の一歩を足をひきずりながらすすんだ。男子便所《べんじょ》の青い扉に指先がふれると、その場にへたりこんでしまう。雄吾はもうなにをしているのか、自分でもわからなくなっていた。泣きながら、老人を抱《だ》き起こし、車椅子に座《すわ》らせる。

夕日が沈む窓のまえの長いすまで老人を押すと、雄吾は長いすに腰をおろした。ふたりは同じ夕焼《ゆうや》けにむかって座った。源ジイはいう。

「来週から中学にちゃんといくんだぞ。きつかったら、休んでもいいけど、またちゃんと学校にもどるんだ。約束《やくそく》だからな」

雄吾は涙をぬぐっていった。

「でも、そうしたら源ジイはまたひとり切りになる。身体だって不《ふ》自由なのに」

「だいじょうぶだ。こっちはなんとでもなる。雄吾がいってたバカらしさな、あれは大人だってみんな同じように思ってるんだ。でも、そのバカらしさに正面から反対するのも、バカらしい。みんな、どこかで無理して、まわりに調子をあわせてるんだぞ。兄ちゃんもちょっとは大人のふりをしてみな」
①全身にあたる夕日は穏《おだ》やかなあたたかさを残《のこ》してくれた。窓の外に広がるひとつひとつの建《たて》物《もの》に、それぞれの暮《く》らしがあるのが不思議《ふしぎ》だった。雄吾はいう。
「約束だから。学校にはいく。でも、この病院にもちゃんと、顔をだすよ」

「ああ、そいつは助かる。それとな、いい機会《きかい》だから、競馬《けいば》の必勝法《ひっしょうほう》をひとつ教えといてやる」

あ、源ジイが賭けに勝った！　雄吾は泣いてるよ。

**源ジイの必死な姿《すがた》に、雄吾は胸《むね》を打たれたんだね。**

ねえ、また夕日が出てきたね。これって、情景？　雄吾の心情が、情景で表されてるんでしょ。

**ほほう。鋭《するど》いじゃないか。その通りだよ！　その情景はプラス？　それともマイナスのイメージ？**

プラスに決まってんじゃん。「あたたかい」ってプラス以外ないね！

**そんなふうに考えると心情がつかみやすいでしょ。**

たしかに！

源《げん》ジイは横をむき、金歯をむきだしにして、雄吾《ゆうご》に笑いかけた。
（石田衣良《いしだいら》「夕日へ続《つづ》く道」より）

## ゴールの問題

**問題1** 源ジイは、なぜ雄吾に賭《か》けを提案《ていあん》したのですか。次のア〜オの中から最《もっと》もあてはまるものを1つ選《えら》びなさい。

**ア** 雄吾に自分を見習わせるため。
**イ** 雄吾に廃品回収《はいひんかいしゅう》の手伝《てつだ》いをさせるため。
**ウ** 雄吾を中学校に戻《もど》すため。
**エ** 雄吾をリハビリにつき合わせるため。
**オ** 雄吾がまわりに対し正面から反対できる人になるため。

ウ

**問題2** 傍線部《ぼうせん》①の雄吾の心情《しんじょう》を70字以内《いない》で答えなさい。

（解答例《かいとうれい》）
源ジイは足が不自由にもかかわらず、自分を登校させるために必死に歩く姿を見せてくれたので、源ジイの思いを素直に受け入れ感謝する気持ち。

源ジイが体をはってまで、賭けをしたのはなんでだっけ？
雄吾に中学校に戻ってもらうためだよ。
よく読み取れているね。
いきなり傍線部①の情景だけを見て答えを考えてもわからないから、どんなできごとがあって、どんな心情になっているのか、心情と情景を重ねて考えよう。

（オリジナル問題）

# 04 比《ひ》喩《ゆ》

**今回のポイント**

物語を読んでいると、「〜のように」って出てこない？　それが比喩だよ。作者が印象《いんしょう》付けたい部分なんだよ。
つまり、とっても大事ってこと！

## Hop!　比喩に気付いたら、何が何にたとえられているのかを考える！

今日は、何しに来たの？　もう私《わたし》、完《かん》ぺきなんだけど。

え、ほんと？

先生ったら、疑《うたぐ》りぶかいんだから！　まるで昨日《きのう》見たテレビの刑事《けいじ》みたい。

先生の疑り深さを刑事にたとえたね。

あもうわかった！　今日はたとえの話なんでしょ。

正解《せいかい》。たとえのことを他に何と言うか知っている？

比喩！

よく知っているね。比喩は、あるものやことがらを、似た特徴《とくちょう》を持つものにたとえることをいうんだよ。

へー、先生って、何でもよく知っている歩く百科事典《じてん》みたいだねえ。

先生を百科事典にたとえたんだね。上手《じょうず》な比喩！　さらに理解《りかい》を深めるために、「桃太郎劇場《ももたろうげきじょう》」を読んでみよう。

おじいさんとおばあさんがあざらしみたい！

そうそう、おじいさんとおばあさんはアザラシにそっくり。でも、アザラシではないよね。

そっかー、たとえは、たとえに使われたものと似た特徴は持つけど、同じではないんだね。

同じではないけれど、アザラシにたとえたことで、家でゴロゴロしているイメージが強まったでしょ！

たしかに！

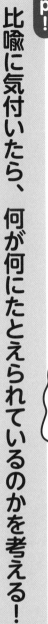

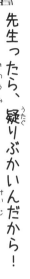

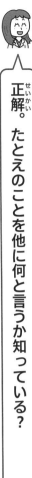

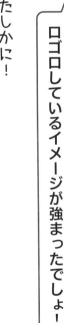

こんなふうに、作者は伝《つた》えたいことを比喩表現《ひょうげん》を使って、印象付けることがあるんだよ。

へー。

比喩表現には種類《しゅるい》があるんだ。直喩《ちょくゆ》といって、「まるで～のような・みたいな」などの形で表すものや、暗喩《あんゆ》といって「まるで～のような・みたいな」などの形を用いないものがあるんだよ。

じゃあ、さっきの「うちには2匹《ひき》アザラシがいる」は、暗喩になるんだね。

その通り！ 作者が比喩表現で何を表したかったかを考えると、筆者の伝えたいことがつかみやすくなるよ。

なるほどね。「桃太郎劇場」の作者は、「おじいさんとおばあさんゴロゴロしすぎ！」って伝えたかったのかな。

ふふふ。作者が伝えたかったことまで読み取れるようになったら、もう物語博士《はかせ》だね。

| | |
|---|---|
| 直喩 | まるで～ような・あたかも～みたいな |
| 暗喩 | 直喩の形式をとらないもの |

## 桃太郎劇場《ももたろうげきじょう》⑨

わかったらチェック！

- たとえのことを比喩という。
- 比喩には直喩と暗喩がある。
- たとえることで作者が何を伝えようとしているのかを考える。

04 比喩

**STEP!**

# 物語文攻略《こうりゃく》の「3つのミッション」に取り組みながら問題を解《と》こう！

● 次《つぎ》の文章を読んで、後の問いに答えなさい。

*作り付けの大きなクローゼットは、順子《じゅんこ》が亡《な》くなってから物置《ものおき》と化している。主に順子と私《わたし》の服が吊《つ》るされているのだが、段《だん》ボール箱もいくつか積《つ》み重ねてある。なんとなく整理する気になれず、なおかつ、何かと物をここに押《お》し込《こ》んだものだから雑然《ざつぜん》としている。

「ねえ、この箱、何が入ってるの？」

「さあ、引っ張《ぱ》り出してみないとわからないなあ。ま、大したものは入っていない。お宝《たから》が出てくるようなことはない。残念《ざんねん》だったな」

私は軽口《かるくち》を叩《たた》きながら、ひとつひとつ段ボール箱をクローゼットから出した。

順子が観《み》に行った映画《えいが》のパンフレットや、私が学生の頃《ころ》集めたロックバンドの＊ＬＰ《エルピー》レコードなどが出てきた。その中でひとつ、やけに軽い箱があった。

「ああ、これは……」蓋《ふた》を開けて私は言葉を呑《の》み込んだ。

「何みつけたの？」美穂《みほ》が横から覗《のぞ》き込む。

「これって、チョコの空き箱？　もしかして、バレンタインの？」

私は小刻《こきざ》みに頷《うなず》いた。

「お母さんは、お父さんへのバレンタインチョコを買ってきても、中身は自分で食べちゃう人だったからなあ」

「それはお父さんが甘《あま》い物が苦手だからでしょう」

その通りだ。甘い物に関心《かんしん》が薄《うす》いせいもあって、会社帰りにどこそこのケーキを買ってきてくれと順子に頼《たの》まれても、よく買い忘《わす》れた。その度に「もう、役に立たないんだから」とお目

---

**3つのミッション**

物語文を攻略するためにやってみよう。

①場面分けのチェック。場面が分かれるところに Ｔ 字を入れる。

②初めて出てくる主要《しゅよう》な登場人物に ○ 印《じるし》を付ける。

③特《とく》に心情《しんじょう》が読み取れる言動・ふるまいに 〰 を引く。

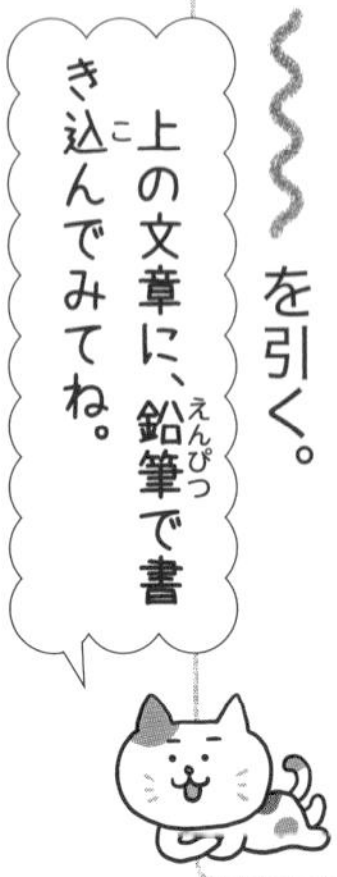


**軽口を叩く**
軽妙《けいみょう》な話しぶり。

**作り付けの大きなクローゼット**
衣類《いるい》などを入れる床《ゆか》に固定《こてい》された収納《しゅうのう》スペース。

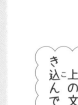

玉を食らったものだ。

「ああ、そういえば、昔は陶器《とうき》に入ったやつが流行《はや》りで……。ほら、あの、ちょっと高級な、ゴ、*ゴディバか」

「ゴディバ？」

「そう。お母さん、あそこのが好《す》きだったなあ」

順子はチョコを日本茶と一緒《いっしょ》に食べるのが好きだった。

「フツー、合わせるなら紅茶《こうちゃ》じゃないか」と私が言うと「いいの、これが好きなんだから。私、日本人だもの」と、嬉《うれ》しそうにチョコを口に運んでいた。

「お母さんらしいっていえば、お母さんらしい。サバサバしているようで、案外《あんがい》、乙女《おとめ》チックなところもあったからね」

私はゆっくりと頷いて笑《わら》った。それにしても順子のやつ、こんなものまで大事に取っておいたなんて……。

「こういった物はどうしたもんかな。やっぱり処分《しょぶん》しなきゃいかんだろう」

「ねえ、これはこのまま仕舞《しま》っておこうよ」

「こんな空箱をか」

「ただの空箱じゃないわよ。お母さんが大事に残してくれたんじゃない。こんな小さな箱だけど、たっくさん、お母さんの想い出が詰まってるんだよ」

「想い出というのは影《かげ》も形もないから美しさを留《とど》めることができるんだ……なーんてな」

私はそういいながら照《て》れ臭《くさ》くなって鼻の頭を掻《か》いた。

「でもな、美穂。この家を売ることになれば邪魔《じゃま》になるだけだしな」

「今すぐってわけじゃないでしょう？」

「そりゃあ、そうだが……」

「だいたい、私が*里帰りする家がなくなるって淋《さび》しいし」

「そうは言ってもなあ、お父さんだって……」

美穂はちょっと考え込むように口元を引き締《し》めた。

**LPレコード**
音声や音楽が録音《ろくおん》されている円盤《えんばん》。

**ゴディバ**
高級チョコレートメーカー。

**里帰り**
結婚《けっこん》して家を出た娘《むすめ》が実家に帰ること。

「ん、どうした？」

「どうしようかな。ああ、でもなあ」

「なんだ、そこまで言ったら気になるだろう」

「ま、いっか。この間、祐介《ゆうすけ》に、お父さんがこの家を売っちゃうかもしれないって話したんだ。それって厭《いや》なんだよねって言ったら、祐介に『じゃあ、将来《しょうらい》、*新百合《しんゆり》に住むか？』って聞かれたのよね。でも、そんなことお父さんに言って、妙《みょう》に期待されても困《こま》るし」

「期待なんかしないさ。だいたい、向こうの両親がうんとは言わないだろう」

「お父さん、今時はね、息子夫婦《むすこふうふ》と暮《く》らすより、娘《むすめ》夫婦と暮らす方がいいっていう親がたくさんいるのよ」

「そうなのかねえ」

「向こうも妹いるし、また、その妹も同居《どうきょ》するのに*満更《まんざら》でもなさそうだし」

「そうなのか」

「いいんじゃない、息子を出して、息子を貰《もら》えば、それで、*トントンだもの」

「トントン……なのか、それって」

私は床《ゆか》の上に座《すわ》り込《こ》んだまま、しばらく黙《だま》った。そして寝室《しんしつ》の隅々《すみずみ》をゆっくりと見渡《みわた》した。順子《じゅんこ》が使っていたベッドもそのまま、サイドチェストの引き出しの眼鏡《めがね》やボールペンもそのまま、思えば順子が使っていた物は何ひとつ処分《しょぶん》していない。いや、寝室《しんしつ》にある物だけじゃない。箸《はし》や茶碗《ちゃわん》、スリッパも、ガレージには順子が乗っていた自転車も置《お》いたままだ。

「なあ、美穂《みほ》」

「ん？」

「お父さん、この家でしばらく暮《く》らしてみるかな。いや、勘違《かんちが》いするなよ、お前たちと同居できるかもしれないって期待してるわけじゃないからな。ただ……。考えてみれば、この家は大きな想い出の箱みたいなもんだからなあ。お母さんの思い出だけじゃなく、お前や健吾《けんご》、家族みんなの想い出もいっぱい詰《つ》まってる」

私はさしずめ、①チョコの箱に残《のこ》された最後《さいご》の一粒《つぶ》のようなものだ。ただ、その一粒が残って

**新百合**
神奈川県《かながわけん》の新百合ケ丘《しんゆりがおか》のこと。ここでは実家がある土地。

**満更でもない**
結構《けっこう》いいと思っているということ。

**トントン**
五分五分。

いれば、箱にも価値《かち》があるというものか。いや、捨《す》てられる運命の空箱を守っているということにもなる。

思わぬことで、順子からバレンタインのプレゼントが届《とど》いたような気分だ。なんとなく靄《もや》のかかっていた心の中が澄《す》んでいくようだった。

「目に見えるもの、見えないもの、この家全体が、お父さんにとっては大事なものだ。さっき、お宝《たから》は出ないって言ったけど、あったな、宝」

「そうだね」

「お父さんは想い出の番人になるか」

「え？」

「いや、なんでもない」

この家は空箱なんかにはしない。そう思うと、強い気持ちが湧《わ》いてきた。


（森　浩美《ひろみ》『家族往来《おうらい》』「空箱の中身」より）

## ゴールの問題

**問題1** 「私」から見て、順子はどのような立場ですか。記号で答えなさい。

**ア** 妻《つま》　**イ** 娘　**ウ** 息子の妻　**エ** 妹

（オリジナル問題）

**問題2** 傍線部《ぼうせん》①「チョコの箱に残された最後の一粒」とはだれのどういう状況《じょうきょう》を表したものか。35字以内《いない》で説明《せつめい》しなさい。

（昭和学院秀英《しゅうえい》中学校・2014年度）

## JUMP 先生と一緒《いっしょ》にもう一度問題を読んでみよう！

● 次《つぎ》の文章《ぶんしょう》を読《よ》んで、後《あと》の問《と》いに答《こた》えなさい。

作り付《つ》けの大きなクローゼットは、順子《じゅんこ》が亡《な》くなってから物置《ものおき》と化している。主に順子と私《わたし》の服が吊《つ》るされているのだが、段《だん》ボール箱もいくつか積《つ》み重ねてある。なんとなく整理する気になれず、なおかつ、何かと物をここに押《お》し込《こ》んだものだから雑然《ざつぜん》としている。

「ねえ、この箱、何が入ってるの？」

「さあ、引っ張《ぱ》り出してみないとわからないなあ。ま、大したものは入っていない。お宝《たから》が出てくるようなことはない。残念《ざんねん》だったな」

私は軽口を叩《たた》きながら、ひとつひとつ段ボール箱をクローゼットから出した。

順子が観《み》に行った映画《えいが》のパンフレットや、私が学生の頃《ころ》集めたロックバンドのLP《エルピー》レコードなどが出てきた。その中でひとつ、やけに軽い箱があった。

「ああ、これは……」蓋《ふた》を開けて私は言葉を呑《の》み込《こ》んだ。

「何みつけたの？」美穂《みほ》が横から覗《のぞ》き込む。

「これって、チョコの空き箱？　もしかして、バレンタインの？」

私は小刻《こきざ》みに頷《うなず》いた。

「お母さんは、お父さんへのバレンタインチョコを買ってきても、中身は自分で食べちゃう人だったからなあ」

「それはお父さんが甘《あま》い物が苦手だからでしょう」

その通りだ。甘い物に関心《かんしん》が薄《うす》いせいもあって、会社帰りにどこそこのケーキを買ってきてくれと順子に頼《たの》まれても、よく買い忘《わす》れた。その度に「もう、役に立たないんだから」とお目

さて、今日も情報《じょうほう》整理から始めよう。

順子《じゅんこ》が亡《な》くなったって書いてあるね。

特殊《とくしゅ》な事情《じじょう》だね。家系図《かけいず》にしてみよう。

私―順子（死）
　└美穂（子）

お母さんが使っていたクローゼットの片付《かたづ》け中みたい。

お宝はないってさ。

ちぇっ。金目《かねめ》のものはないってことか。

でもいろいろ出てきたね。

玉を食らったものだ。

「ああ、そういえば、昔は陶器《とうき》に入ったやつが流行《はや》りで……。ほら、あの、ちょっと高級な、ゴ、ゴディバか」

「ゴディバ？」

「そう。お母さん、あそこのが好《す》きだったなあ」

　順子はチョコを日本茶と一緒《いっしょ》に食べるのが好きだった。

「フツー、合わせるなら紅茶《こうちゃ》じゃないか」と私が言うと「いいの、これが好きなんだから。私、日本人だもの」と、嬉《うれ》しそうにチョコを口に運んでいた。

「お母さんらしいっていえば、お母さんらしい。サバサバしているようで、案外《あんがい》、乙女《おとめ》チックなところもあったからね」

　私はゆっくりと頷《うなず》いて笑った。それにしても順子のやつ、こんなものまで大事に取っておいたなんて……。

「こういった物はどうしたもんかな。やっぱり処分《しょぶん》しなきゃいかんだろう」

「ねえ、これはこのまま仕舞《しま》っておこうよ」

「こんな空箱をか」

「ただの空箱じゃないわよ。お母さんが大事に残《のこ》してくれたんじゃない。こんな小さな箱だけど、たっくさん、お母さんの想い出が詰まってるんだよ」

「想い出というのは影《かげ》も形もないから美しさを留《とど》めることができるんだ……なーんてな」

　私はそういいながら照《て》れ臭くなって鼻の頭を掻《か》いた。

「でもな、美穂。この家を売ることになれば邪魔《じゃま》になるだけだしな」

「今すぐってわけじゃないでしょう？」

「そりゃあ、そうだが……」

「だいたい、私が里帰りする家がなくなるって淋《さみ》しいし」

「そうは言ってもなあ、お父さんだって……」

　美穂《みほ》はちょっと考え込むように口元を引き締《し》めた。

なんか、いらないものばっか。捨てちゃえばいいのに。

なんでとっておいたと思う？

……思い出の品なんだ。

お父さんはお母さんが大好きなんだね。

あれ？　お父さん、家を売っちゃうの？

お母さんや家族との思い出が詰まっている家に一人で住むのは辛《つら》いんだろうね。

「ん、どうした？」

「どうしようかな。ああ、でもなあ」

「なんだ、そこまで言ったら気になるだろう」

「ま、いっか。この間、祐介《ゆうすけ》に、お父さんがこの家を売っちゃうかもしれないって話したんだ。それって厭《いや》なんだよねって言ったら、祐介に『じゃあ、将来《しょうらい》、新百合《しんゆり》に住むか？』って聞かれたのよね。でも、そんなことお父さんに言って、妙《みょう》に期待されても困《こま》るし」

「期待なんかしないさ。だいたい、向こうの両親がうんとは言わないだろう」

「お父さん、今時はね、息子夫婦《むすこふうふ》と暮《く》らすより、娘《むすめ》夫婦と暮らす方がいいっていう親がたくさんいるのよ」

「そうなのかねえ」

「向こうも妹いるし、また、その妹も同居《どうきょ》するのに満更《まんざら》でもなさそうだし」

「そうなのか」

「いいんじゃない、息子を出して、息子を貰《もら》えば、それで、トントンだもの」

「トントン……なのか、それって」

私は床《ゆか》の上に座《すわ》り込んだまま、しばらく黙《だま》った。そして寝室《しんしつ》の隅々《すみずみ》をゆっくりと見渡《みわた》した。

順子《じゅんこ》が使っていたベッドもそのまま、サイドチェストの引き出しの眼鏡《めがね》やボールペンもそのまま、思えば順子が使っていた物は何ひとつ処分《しょぶん》していない。いや、寝室《しんしつ》にある物だけじゃない。箸《はし》や茶碗《ちゃわん》、スリッパも、ガレージには順子が乗っていた自転車も置《お》いたままだ。

「なあ、美穂《みほ》」

「ん？」

「お父さん、この家でしばらく暮《く》らしてみるかな。いや、勘違《かんちが》いするなよ、お前たちと同居できるかもしれないって期待してるわけじゃないからな。ただ……。考えてみれば、この家は大きな想い出の箱みたいなもんだからなあ。お母さんの思い出だけじゃなく、お前や健吾家族みんなの想い出もいっぱい詰《つ》まってる」

私はさしずめ、①チョコの箱に残《のこ》された最後《さいご》の一粒《つぶ》のようなものだ。ただ、その一粒が残って

お父さんと美穂は一緒《いっしょ》に住んでいないってことがわかるね。

美穂は、実家がなくなるのもさみしいけど、お父さんと一緒に住むとも決められないみたい。

ここ、「みたい」って書いてあるよ。

出た！　比喩《ひゆ》だ！

何を何にたとえているのかな。

家を大きな思い出の箱にたとえてる。

ということは捨《す》てられる運命の空箱は？

箱は家のことだから……家が売られるっていうことかな。

そうだね。じゃあ、ここでの「宝」とは？

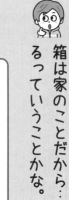

いれば、箱にも価値《かち》があるというものか。いや、捨《す》てられる運命の空箱を守っているということにもなる。

思わぬことで、順子からバレンタインのプレゼントが届《とど》いたような気分だ。なんとなく靄《もや》のかかっていた心の中が澄《す》んでいくようだった。

「目に見えるもの、見えないもの、この家全体が、お父さんにとっては大事なものだ。さっき、お宝《たから》は出ないって言ったけど、あったな、宝」

「そうだね」

「お父さんは想い出の番人になるか」

「え？」

「いや、なんでもない」

この家は空箱なんかにはしない。そう思うと、強い気持ちが湧《わ》いてきた。

（森 浩美《ひろみ》『家族往来《おうらい》』「空箱の中身」より）

## ゴールの問題

**問題1** 「私」から見て、順子はどのような立場ですか。記号で答えなさい。

**ア** 妻《つま》 **イ** 娘 **ウ** 息子の妻 **エ** 妹

ア

（オリジナル問題）

**問題2** 傍線部《ぼうせん》①「チョコの箱に残された最後の一粒」とはだれの①どういう②状況《じょうきょう》を表したものか。35字以内《いない》で説明《せつめい》しなさい。

（解答例《かいとうれい》）

妻に先立たれた私の、二人の子が自立し、家に一人で住んでいる状況。

（昭和学院秀英中学校《しょうわがくいんしゅうえい》・2014年度）

家族の思い出だね。誰《だれ》も住んでいないから空き箱だって思っていたけど、家族の思い出が詰《つ》まっているって気付いたんだ。

だからお父さんは「想い出の番人になる」「空箱なんかにはしない」って言っているね。心情が変化したね。

この家を売らないぞっていうより空箱なんかにしないって比喩にしたほうがお父さんの決意を感じるね。

それが比喩の効果《こうか》だよ。

「家」を「チョコの箱」に、「私」のことを「残された最後の一粒」にたとえているよ。

①と②、2つの要素《ようそ》が答えに入っているか確認《かくにん》してね！

# 05

# 暗示《あんじ》・象徴《しょうちょう》

そんな気がするのよ

**今回のポイント**

物語を読んでいて、急に関係なさそうなものが出てくる時ない？ 作者ははっきり書かずに、連想《れんそう》させているんだよ。「暗示・象徴」って言って、難関校《なんかんこう》が狙《ねら》ってくるヤツ！

## Hop! 暗示・象徴が持つイメージが、プラスかマイナスかを読み取る！

先生からもらった鉛筆《えんぴつ》が折《お》れちゃったんだよね……。だから、なんとなく心配していたんだけど、元気そうで拍子抜《ひょうしぬ》け。

ははは、鉛筆が折れたから先生に何か良《よ》くないことが起こりそうなフキツな予感がしていたってことだね。

そうそう。あ、帰り道で何か起こるのかもね。

嫌《いや》なこと言わないでよ。でも、そういう表現《ひょうげん》って物語でも使われるよね。

へー。

たとえばね、「学校に行く途中《とちゅう》で靴紐《くつひも》が切れた」っていうできごとがあったらどう感じる？

---

なんか悪いこと起きそう。

そうだよね。そんなふうに、未来で起こることをそれとなく表現するんだよ。「暗示」っていう表現技法《ぎほう》だね。「桃太《ももた》郎劇場《ろうげきじょう》」を読んでみて。

ヘビが目の前を通り過《す》ぎるって、「なんかいいことありそう」ってことなの？

ヘビは神様のお使いと言われていて、めでたいものの象徴なんだよ。

それは知らなかった。

ほかにもたくさんあるよ。たとえば、白いハトは？

知ってる、「平和」でしょ？ 学校で習った。

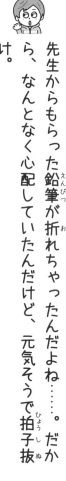

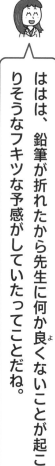

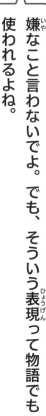

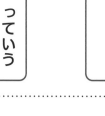

## 桃《もも》太《た》郎《ろう》劇《げき》場《じょう》⑩

わかったら
チェック！

- 急に出てくるものに注目する！
- 物が持つイメージがプラスかマイナスかを考える。
- これからどんなことが起きそうか予想する。

そんなふうに、抽象的《ちゅうしょうてき》なことを具体的《てき》なシンボルを用いて表現《ひょうげん》することを「象徴」って言うんだよ。

うへえ。難《むずか》しいな。

そうなんだよね……暗示にしろ象徴にしろ、目に見えないものを目に見えるように表すから、難しく感じるんだ。

ん？

まだ理解《りかい》できないみたいだね。たとえば、友情《ゆうじょう》を北極星《ほっきょくせい》で表すよ。

あ、わかった。北極星は動かないから、永遠《えいえん》っていうことの暗示・象徴なんだね。

その通りだけど、難しく考えずに、まずはプラスイメージなのかマイナスイメージなのかだけ、つかんでおけばOK《オーケー》さ。

それならなんとか、頑張《がんば》れるかも。とにかく物語に関係なさそうなものが急に出てきたら気を付ける！

# STEP! 物語文攻略《こうりゃく》「3つのミッション」に取り組みながら問題を解《と》こう!

● 次の文章を読んで、後の問いに答えなさい。

「孤児院《こじいん》」（児童養護施設《じどうようごしせつ》）で暮《く》らす高校一年生の「ぼく」と小学四年生の弟は、三年半ぶりに故郷《こきょう》の祖母《そぼ》の家に着いた。「ぼく」は故郷《こきょう》の匂《にお》いに懐《なつ》かしさを感じるが、町を出たときまだ幼《おさな》かった弟は、その匂いを全く覚《おぼ》えていないと言った。

「さあ、*夕餉《ゆうげ》の支度《したく》が出来るまで*縁側《えんがわ》ででも涼《すず》んでいなさい」

祖母に背中《せなか》を軽く叩《たた》かれて、ぼくと弟は縁側へ出た。

縁側に腰《こし》を下《お》ろし、足をぶらぶらさせながらぼくと弟はいろんな音を聞いていた。表を通り過《す》ぎて行く馬の蹄《ひづめ》の音、その馬の曳《ひ》く荷車の鉄輪《かなわ》が小石をきしきしと砕《くだ》く音、道の向《む》こうの川で啼《な》く*河鹿《かじか》の声、軒《のき》に揺《ゆ》れる風鈴《ふうりん》の可憐《かれん》な音色、ときおり通り抜《ぬ》けて行く夕風にさやさやと鳴る松《まつ》の枝《えだ》、台所で祖母の使う包丁《ほうちょう》の音、それから、赤松《あかまつ》の幹《みき》にしがみついてもの悲しく啼くカナカナ。

弟は庭下駄《げた》を突《つ》っかけて赤松《あかまつ》の方へそっと近づいて行く。彼《かれ》は昆虫《こんちゅう》を捕《つかま》えるのが好《す》きなのだ。

（……いまごろ孤児院ではなにをしているだろう）

ぼくは縁側の板の間の上に寝《ね》そべって肘枕《ひじまくら》をついた。

（……六時。お聖堂《みどう》で夕べの祈《いの》りをしているころだな。お祈りは六時二十五分まで、六時半から六時四十五分までが夕食。七時から一時間はハーモニカバンドの練習。八時から四十五分間は公教要理《ようり》。八時四十五分から十五分間は就寝《しゅうしん》のお祈り……）

孤児院の日課《にっか》を*暗誦《あんしょう》しているうちに、ぼくはだんだん落ち着かなくなっていった。しみじみ

## 3つのミッション

上の物語文を攻略するためにやってみよう。

①場面分けのチェック。場面が分かれるところに T 字を入れる。

②初めて出てくる主要《しゅよう》な登場人物に 〇 印《じるし》を付ける。

③特《とく》に心情《しんじょう》が読み取れる言動・ふるまいに 〰 を引く。

上の文章に、鉛筆《えんぴつ》で書《か》き込んでみてね。

**夕餉**
夕ご飯《はん》

**縁側**
屋内から庭に出る通路。

として優《やさ》しい田舎《いなか》のさまざまな音に囲《かこ》まれているのだからのんびりできそうなものなのに、かえっていらいらしてくるのだった。生れたときから檻《おり》の中で育ったライオンかなにかがいきなり外に放たれてかえってうろたえるように、ぼくも時間の檻の中から急に外へ連《つ》れ出され戸《と》惑《まど》っていたのだ。

立ってみたり坐《すわ》ってみたり、表へ出たり裏《うら》へまわったりしながら、夕餉の出来あがるのを待った。

店の網戸《あみど》を引く音がして、それと同時に＊蚊《か》やりの匂いが家中に漂《ただよ》いだした。

「さあ、台所のお膳《ぜん》の前に坐って」

祖母がぼくらに声をかけながら店の方へ歩いて行った。叔父《おじ》にも食事を知らせに行ったのだろう。店と台所はぼくの歩幅《ほはば》にしてたっぷり三十歩は離《はな》れている。しかも店と台所との間には、茶の間に仏間《ぶつま》に座敷《ざしき》に＊納戸《なんど》といくつも部屋があって台所から店を見通すことはできない。だから叔父は食事のときは一旦《いったん》店を閉《し》めなければならなかった。

店を閉めるのに三分や四分はかかりそうだった。ぼくと弟は台所の＊囲炉裏《いろり》の横の板の間に並《なら》べられた＊箱膳《はこぜん》の前に坐って叔父のくるのを待っていた。蚊やりの匂いが強《きつ》くなった。見ると囲炉裏に蚊やりがくべてある。

すぐに祖母が戻《もど》ってきた。

「叔父さんを待たなくてもいいよ」

祖母が茶碗《ちゃわん》に御飯《ごはん》をよそいだした。

「叔父さんは後でたべるっていっているから」

「どうかしたの？」

「どうもしないよ。店をいちいち閉めたり開けたりするのが面倒《めんどう》なんだろうねえ。それにいまはあんまりたべたくないそうだよ」

お菜《さい》は冷《ひや》し汁《じる》だった。凍豆腐《こおりどうふ》や青豆や茄子《なす》などの澄《すま》し汁《じる》を常時《じょうじ》穴倉《あなぐら》に貯蔵《ちょぞう》してある氷で冷した食物で町の名物だった。

「おや、変《へん》な茶碗の持ち方だこと」

**蹄**
牛・馬などの脚《あし》の先にある角質《かくしつ》のつめ。

**河鹿**
カエル。

**暗誦**
そらで覚《おぼ》えたものを、口に出して言うこと。

**蚊やり**
煙《けむり》で蚊を追い払《はら》うために燃《も》やすもの。

**納戸**
衣類《いるい》や道具などをしまっておく部屋。

**囲炉裏**
床を四角にくり抜《ぬ》き、火をおこせるようにしたところ。

**箱膳**
一人分の食器《しょっき》を入れておく箱。食事の際《さい》は、料理《りょうり》を載《の》せる台にする。

しばらく弟の手許《てもと》を見ていた祖母《そぼ》が言った。弟は茶碗《ちゃわん》を左手の親指、人さし指、中指の三本で摘《つま》むように持っていた。もっと詳《くわ》しくいうと、親指の先と中指の先で茶碗を挟《はさ》み、人さし指の先を茶碗の内側《うちがわ》に引っかけて、内と外から茶碗を支《ささ》えているわけである。

「それも孤児院《こじいん》流なんだ」

忙《いそが》しく口を動かしている弟に代ってぼくが説明《せつめい》した。

「孤児院では御飯《ごはん》茶碗もお汁《つゆ》茶碗も、それからお菜《さい》を盛《も》る皿も、とにかく食器《しょっき》はみんな金物なんだ。だから熱《あつ》い御飯やお汁を盛ると、食器も熱くなって持てなくなる。でも、弟のようにすればなんとか持てる。つまり生活の智恵《ちえ》……」

「どうして食器は金物なの？」

「瀬戸物《せともの》はこわれるからだよ」

祖母はしばらく箸《はし》を宙《ちゅう》に止めたまま、なにか考えていた。それから溜息《ためいき》をひとつついて、

「孤児院の先生方もご苦労《くろう》さまだけど、子どもたちも大変《たいへん》だねえ」

と漬物《つけもの》の小茄子《なす》を噛《か》んだ。

「……ごちそうさま」

①弟がお*櫃《ひつ》を横目で睨《にら》みながら小声で箸《はし》を置《お》いた。

「もうおしまい？　お腹《なか》がいっぱいになったの」

弟は黙《だま》ったままである。ぼくは時間の*箍《たが》が外れたので面喰《めんくら》ったが、弟は孤児院の箍を外せないで困《こま》っているようだった。ぼくは弟に手本を示《しめ》すつもりで大声で、おかわりと言い、茶碗を祖母に差《さ》し出した。弟は一度置いた箸をまた取って、小声で、ぼくもと言った。孤児院の飯は*盛切《もりき》りだった。弟はその流儀《りゅうぎ》が祖母のところでも行われていると考えて一膳《ぜん》だけで箸を置いたのにちがいなかった。食事の後に西瓜《すいか》が出た。そのときも弟は孤児院流を使った。どの一切れが最《もっと》も容積《ようせき》のある一切れか、一瞬《いっしゅん》のうちに見較《みくら》べ判断《はんだん》しそれを手で摑《つか》むのがあそこでの*流儀なのだ。

弟の素速《すばや》い手の動きを見ていた祖母が悲しそうな声で言った。

「ばっちゃのところは薬屋さんなんだよ。腹痛《はらいた》の薬は山ほどある。だからお腹の痛くなるほど

**お櫃**
ご飯を入れる丸い木のうつわ。

**箍が外れる**
行動を抑制《よくせい》するものがなくなり制御《せいぎょ》できなくなった様子。

**盛切り**
食べ物をうつわに盛っただけで、おかわりのないこと。

たべてごらん」

弟はその通りにした。そしてお腹が痛くなって仏間《ぶつま》の隣《とな》りの座敷《ざしき》に横になった。祖母は弟に*蚊帳《かや》をかぶせ、吊手《つりて》を四隅《よすみ》の鉤《かぎ》に掛《か》けていった。ぼくは蚊帳をひろげるのを手伝《てつだ》った。蚊帳の、*ナフタリンと線香《せんこう》と蚊やりの混《まじ》ったような匂《にお》いを嗅《か》いだとき、ぼくは不意《ふい》に、ああ、これは孤児院にない匂いだ、これが家庭の匂いだったのだな、と思った。思ったときから、夕方以来《いらい》の妙《みょう》にいらついていた気分が消え失《う》せて、どこか知らないがおさまるべきところへ気持が無事《ぶじ》におさまったという感じがした。

前の川の河鹿《かじか》の啼《な》き声がふっと跡切《とぎ》れた。夜突《よづ》きに出ている子どもがいるらしい。*簎《やす》で眠《ねむ》っている魚を突いて獲《と》るのだ。河鹿《かじか》と申し合せでもしたように、すぐ後を引き継《つ》いでドドンコドンドコドンと太鼓《たいこ》の音が聞《きこ》えてきた。途中《とちゅう》のどこかで風の渡《わた》るところがあるのか、太鼓の音はときどき震《ふる》えたり弱くなったりしていた。

ぼくは座敷《ざしき》の隅《すみ》の机《つくえ》の前にどっかりと坐《すわ》ってトランクを縛《しば》っていた細紐《ほそひも》をほどいた。持ってきた本を机に並《なら》べて、座敷を自分の部屋らしくしようと思ったのだ。

「そのトランクは死んだ父さんのだろう」

祖母がトランクの横に坐った。

「よく憶《おぼ》えているんだなあ」

「わたしが買ってやったんだもの」

祖母はトランクを指で撫《な》でていた。

「死んだ父さんが東京の学校へ出かけて行ったときだから、三十年ぐらい前のことかしらね」

トランクを撫でていた指を、祖母はこんどは折《お》りはじめた。

「正しくは三十一年前だねえ」

「もうすぐお祭《まつり》だね」

ぼくは太鼓の聞えてくる方を指さした。

「あれは獅子舞《ししま》いの太鼓だな」

「そう、あと七日でお祭」

**流儀**
独特《どくとく》のやり方、しきたり。

**蚊帳**
蚊を防《ふせ》ぐために四隅を吊って寝床の上をおおうもの。

**ナフタリン**
独特《どくとく》の匂いの防臭防虫剤《ぼうしゅうぼうちゅうざい》。

**簎**
長い柄《え》の先に数本に分かれた鋭《するど》い鉄を付け、目的物を突き刺《さ》すための漁具。

「ぼくたち、祭《まつり》まで居《い》ていい？」

ほんの僅《わず》かの間だが祖母《そぼ》は返事をためらっていた。

「駄目《だめ》かな、やっぱり」

「いいよ」

返事をためらったことを恥《は》じているような強い口調だった。

「おまえたちはわたしの長男の子どもたちだもの、本当ならおまえがこの家を継《つ》ぐべきなのだよ。大威張《おおいば》りでいていいよ」

この祖母の言葉で勇気《ゆうき》がついて、当分言わないでおこうと思っていたあのことを口に出す決心が出た。

「ばっちゃ、お願《ねが》いがあります」

急にぼくが正坐《せいざ》したので祖母が愕《おどろ》いた眼《め》をした。

「母が立ち直ってぼくと弟を引き取ることが出来るようになるまで、ぼくたちをここへ置《お》いてください」

「……でも高校はどうするの」

「この町の農業高校でいいんだ。店の手伝《てつだ》いでもなんでもするから」

祖母はぼくと弟をかわるがわる眺《なが》め、やがて膝《ひざ》に腕《うで》を乗せて前屈《まえかが》みになった。

「孤児院《こじいん》はいやなのかね、やはり」

「あそこに居《い》るしかないと思えばちっともいやなところじゃないよ。先生もよくしてくれるし、学校へも行けるし、友だちもいるしね」

「そりゃそうだねぇ。文句《もんく》を言ったら罰《ばち》が当《あた》るものねぇ」

「で、でも、他に行くあてが少しでもあったら一秒でも我慢《がまん》できるようなところでもないんだ。ばっちゃ、考えといてください。お願いします」

店で戸締《とじま》りをする音がしはじめた。祖母はトランクの傍《かたわら》から腰《こし》を上げた。

「叔父《おじ》さんの食事の支度《したく》をしなくっちゃ。今のおまえの話はよく考えておくよ」

祖母が出て行った後、ぼくはしばらく机《つくえ》の前に、ぼんやり坐っていた。この話をいつ切り出そうかとじつはぼくは迷《まよ》っていたのに、それが思いがけなくすらすらと口から出たので自分でも驚《おどろ》いてしまったのだ。気が軽くなって、ひとりで笑《わら》い出したくなった。ぼくはその場に仰向《あおむ》けに寝転《ねころ》んで、ひょっとしたらぼくと弟が長い間寝起《ねお》きすることになるかもしれない部屋をぐるりと眺め廻《まわ》した。そして何日ぐらいで、弟の孤児院流の茶碗《ちゃわん》の持ち方が直るだろうかと考えた。弟は蚊帳《かや》の中で規則正《きそくただ》しい寝息《ねいき》を立てている……。ぼくは蚊帳の中に這《は》っていって、出来るだけ大きく手足を伸《の》ばして、あくびをした。

縁側《えんがわ》から小さな光がひとつ入ってきて、蚊帳の上に停《とま》った。それは蛍《ほたる》だった。

〽行手示《ゆくてしめ》す　明けの星
　船路示す　愛《あい》の星
　空の彼方《かなた》で　我等《われら》守る……

孤児院で習った聖歌《せいか》を呟《つぶや》いているうちに、光が暗くなって行き、ぼくは眠《ねむ》ってしまった。

どれくらい経《た》ってからかわからないが、叔父の声で目を覚《さま》した。蛍がまだ蚊帳の上で光っていたから、どっちにしてもそう長い間ではなかったことはたしかだった。

「……いいかい、母さん、おれは母さんが、親父が借金《しゃっきん》を残《のこ》して死んだから学資《がくし》が送れない、と言うから学校を中途《ちゅうと》で止してここへ戻《もど》ってきたんだ……」

叔父の声は震《ふる》えていた。

「店を継いでくれないと食べては行かれないと母さんが頼《たの》むから薬種《やくしゅ》業の試験《しけん》を受けて店も継いだ。借金をどうにかしておくれと母さんが泣《な》きつくから必死《ひっし》で働《はたら》いている。これだけ言うことをきけば充分《じゅうぶん》じゃないか。これ以上《いじょう》おれにどうしろというんだよ」

「大きな声を出さないでおくれ。あの子たちに聞えるよ」

「とにかく母さんの頼みはもう願《ねが》いさげだよ」

叔父の声がすこし低《ひく》まった。

「今年の暮《くれ》は裏《うら》の畑を手離《ばな》さなくちゃ年が越《こ》せそうもないっていうのに、どうしてあの二人を引き取る余裕《よゆう》なんかあるんだ」

祖父はだいぶ大きな借金を残したらしかった。それにしても裏の畑を手離すことになったら

05
暗示・象徴

祖母《そぼ》の冷《ひや》し汁《じる》の味もずいぶん落ちるにちがいないと思った。冷し汁に入れる野菜《やさい》はもぎたてでないと美味しくないからだ。

「子ども二人の喰《*く》い扶持《ぶち》ぐらいどうにかなると思うんだけどねぇ」

「そんなことを言うんなら母さんが店をやるんだな。薬九層倍《*くすりくそうばい》なんていうけど、この商売、どれだけ儲《もう》けが薄《うす》いか母さんだって知ってるはずだよ。とくにこんな田舎《いなか》じゃ売れるのは*マーキュロか正露丸《*せいろがん》だ。母さんと二人で喰《く》って行くのがかっつかつだぜ」

「でも、長い間とはいわない。あの子たちの母親が立ち直るまででいいんだから」

「それがじつは一番腹《はら》が立つんだ」

叔父《おじ》の声は前よりも高くなった。

「あの二人の母親は親父の、舅《しゅうと》の葬式《そうしき》にも顔を出さなかったような冷血《*れいけつ》じゃないか。そりゃあの二人の母親は親父や母さんに苛《いじ》められたかも知れない。でも相手がこの世から消えちまったんだ。それ以上恨《いじょううら》んでもはじまらないだろ。線香《せんこう》の一本もあげにくればいいじゃないか。向《む》こうが親父を許《ゆる》さないのなら、そのことを今度はおれが許さない。おれはいやだよ。あの女の子ども面倒《めんどう》など死んでも見ないよ」

「でもあの子たちはおまえの甥《おい》だろうが……」

箱膳《はこぜん》のひっくり返る音がした。

「そんなにいうんなら、なにもかも叩《たた》き売って借金《しゃっきん》を払《はら》い、余《あま》った金で母さんが養老院《*ようろういん》にでも入って、そこへあの二人を引き取ればいいんだ。おれはおれでひとりで勉強をやり直す」

叔父の廊下《ろうか》を蹴《け》る音が近づき、座敷《ざしき》の前を通ってその足音は店の二階へ消えた。叔父は赤松《あかまつ》が目の前に見える、店の二階の一番端《はし》の部屋で寝起《ねお》きしているのだろう。

いまの話を弟が聞いていなければいいな、と思いながら、弟の様子を窺《うかが》うと、彼《かれ》は大きく目を見開いて天井《てんじょう》を睨《にら》んでいた。

「……ぼくたちは孤児院に慣《な》れてるけど、ばっちゃは養老院は初《はじ》めてだよね」

弟はぼそぼそと口を動かした。

「そんなら慣れてる方が孤児院に戻《もど》ったほうがいいよ」

---

**食い扶持**
食費《しょくひ》。

**薬九層倍**
薬は原価に対して大変《たいへん》高い値段《ねだん》で売られており、儲《もう》けが大きいこと。

**マーキュロ**
消毒薬《しょうどくやく》。

**正露丸**
胃腸薬《いちょうやく》。

**冷血**
思いやりがなく冷たいこと。

**養老院**
老人《ろうじん》ホーム。

「そうだな」

とぼくも答えた。

「他に行くあてがないとわかれば、あそこはいいところなんだ」
②蚊帳《かや》に貼《は》りついていた蛍《ほたる》はいつの間にか見えなくなっていた。つい今し方の叔父の荒《あら》い足音に驚《おどろ》いて逃《に》げだしたのだろうとぼくは思った。
ぼくはそれから朝方まで天井を眺《なが》めて過《す》ごした。これからは祖母がきっと一番辛《つら》いだろう。「じつはそろそろ帰ってもらわなくちゃ……」というじゃな言葉をいつ口に出したらいいかとそればかり考えていなくてはならないからだ。店の大時計が五時を打つのをしおに起き上って、ぼくは祖母あてに書き置《お》きを記した。ごく簡単《かんたん》な文面だった。

「大事なことを忘《わす》れていました。今夜、ぼくら孤児院のハーモニカ・バンドは米軍《*べいぐん》キャンプで慰問演奏《*いもんえんそう》をしなくてはならないのです。そのために急いで出発することになりました。ばっちゃ、お元気で」

書き置きを机《つくえ》の上にのせてから、ぼくは弟を揺《ゆ》り起した。

（井上《いのうえ》ひさし「あくる朝の蝉《せみ》」『四十一番目の少年』〈文春文庫〉所収）

**米軍キャンプ**
米はアメリカのことで、日本にあるアメリカ軍の基地《きち》。

**慰問演奏**
病人や苦労《くろう》している人を見舞《みま》ってなぐさめるために、楽器《がっき》を使って音楽をかなでること。

## ゴールの問題

**問題1** 傍線《ぼうせん》①「弟がお櫃《ひつ》を横目で睨《にら》みながら」とありますが、なぜですか。50字以内《いない》で答えなさい。

（オリジナル問題）

**問題2** 傍線②「蚊帳《かや》に貼《は》りついていた蛍《ほたる》はいつの間にか見えなくなっていた」とありますが、どういうことを暗示《あんじ》していますか。解答欄《かいとうらん》に合うように20字以上《いじょう》25字以内で答えなさい。

ということ。

（早稲田《わせだ》中学校・２０１０年度・改題）

JUMP

# 先生と一緒《いっしょ》にもう一度問題を読んでみよう

● 次の文章を読んで、後の問いに答えなさい。

「孤児院《こじいん》」（児童養護施設《じどうようごしせつ》）で暮《く》らす高校一年生の「ぼく」と小学四年生の弟は、三年半ぶりに故郷《こきょう》の祖母《そぼ》の家に着いた。「ぼく」は故郷《こきょう》の匂《にお》いに懐《なつ》かしさを感じるが、町を出たときまだ幼《おさな》かった弟は、その匂いを全く覚《おぼ》えていないと言った。

「さあ、夕餉《ゆうげ》の支度《したく》が出来るまで縁側《えんがわ》ででも涼《すず》んでいなさい」

祖母に背中《せなか》を軽く叩《たた》かれて、ぼくと弟は縁側へ出た。

縁側に腰《こし》を下し、足をぶらぶらさせながらぼくと弟はいろんな音を聞いていた。表を通り過《す》ぎて行く馬の蹄《ひづめ》の音、その馬の曳《ひ》く荷車の鉄輪《かなわ》が小石をきしきしと砕《くだ》く音、道の向《む》こうの川で啼《な》く河鹿《かじか》の声、軒《のき》に揺《ゆ》れる風鈴《ふうりん》の可憐《かれん》な音色、ときおり通り抜《ぬ》けて行く夕風にさやさやと鳴る松《まつ》の枝《えだ》、台所で祖母の使う包丁《ほうちょう》の音、それから、赤松《あかまつ》の幹《みき》にしがみついてもの悲しく啼くカナカナ。

弟は庭下駄《げた》を突《つ》っかけて赤松《あかまつ》の方へそっと近づいて行く。彼《かれ》は昆虫《こんちゅう》を捕《つかま》えるのが好《す》きなのだ。

（……いまごろ孤児院ではなにをしているだろう）

ぼくは縁側の板の間の上に寝《ね》そべって肘枕《ひじまくら》をついた。

（……六時。お聖堂《みどう》で夕べの祈りをしているころだな。お祈りは六時二十五分まで、六時半から六時四十五分までが夕食。七時から一時間はハーモニカ・バンドの練習。八時から四十五分間は公教要理《ようり》。八時四十五分から十五分間は就寝《しゅうしん》のお祈り……）

孤児院の日課《にっか》を暗誦《あんしょう》しているうちに、ぼくはだんだん落ち着かなくなっていった。しみじみ

前書きが付《つ》いているね。

大事な事情《じじょう》を整理しなきゃ。

兄弟は孤児院に預《あず》けられているみたいだね。

げ。孤児院の話？ めっちゃ苦手。

自分には状況《じょうきょう》が想像《そうぞう》しにくい文章って難《むずか》しいよね。

頑張《がんば》って読み取る！

ここでは、いつもは孤児院に預《あず》けられている兄弟が祖母の家に来ていることをつかんでおこうね。

として優《やさ》しい田舎《いなか》のさまざまな音に囲《かこ》まれているのだからのんびりできそうなものなのに、かえっていらいらしてくるのだった。生れたときから檻《おり》の中で育ったライオンかなにかがいきなり外に放たれてかえってうろたえるように、ぼくも時間の檻の中から急に外へ連《つ》れ出され戸惑っていたのだ。

立ってみたり坐《すわ》ってみたり、表へ出たり裏《うら》へまわったりしながら、夕餉の出来あがるのを待った。

店の網戸《あみど》を引く音がして、それと同時に蚊《か》やりの匂いが家中に漂《ただよ》いだした。

「さあ、台所のお膳《ぜん》の前に坐って」

祖母がぼくらに声をかけながら店の方へ歩いて行った。叔父《おじ》にも食事を知らせに行ったのだろう。店と台所はぼくの歩幅《ほはば》にしてたっぷり三十歩は離《はな》れている。しかも店と台所との間には、茶の間に仏間《ぶつま》に座敷《ざしき》に納戸《なんど》といくつも部屋があって台所から店を見通すことはできない。だから叔父は食事のときは一旦《いったん》店を閉《し》めなければならなかった。

店を閉めるのに三分や四分はかかりそうだった。ぼくと弟は台所の囲炉裏《いろり》の横の板の間に並《なら》べられた箱膳《はこぜん》の前に坐って叔父のくるのを待っていた。蚊やりの匂いが強《きつ》くなった。見ると囲炉裏に蚊やりがくべてある。

すぐに祖母が戻《もど》ってきた。

「叔父さんを待たなくてもいいよ」

祖母が茶碗《ちゃわん》に御飯《ごはん》をよそいだした。

「叔父さんは後でたべるっていっているから」

「どうかしたの?」

「どうもしないよ。店をいちいち閉めたり開けたりするのが面倒《めんどう》なんだろうねえ。それにいまはあんまりたべたくないそうだよ」

お菜《さい》は冷《ひや》し汁《じる》だった。凍豆腐《こおりどうふ》や青豆や茄子《なす》などの澄《すま》し汁《じる》を常時《じょうじ》穴倉《あなぐら》に貯蔵《ちょぞう》してある氷で冷した食物で町の名物だった。

「おや、変《へん》な茶碗の持ち方だこと」

「ぼく」は落ち着かなくなってイライラしているね。

孤児院だとスケジュールがびっちり決まっているから、何かしないと落ち着かないのかな? 私《わたし》なんかぼーっとすんの大好きなのに。

いつもと違《ちが》うことに戸惑《とまど》っているんだね。

しばらく弟の手許《てもと》を見ていた祖母《そぼ》が言った。弟は茶碗《ちゃわん》を左手の親指、人さし指、中指の三本で摘《つま》むように持っていた。もっと詳《くわ》しくいうと、親指の先と中指の先で茶碗を挟《はさ》み、人さし指の先を茶碗の内側《うちがわ》に引っかけて、内と外から茶碗を支《ささ》えているわけである。

「それも孤児院流《こじいん》なんだ」

忙《いそが》しく口を動かしている弟に代ってぼくが説明《せつめい》した。

「孤児院では御飯《ごはん》茶碗もお汁《つゆ》茶碗も、それからお菜《さい》を盛《も》る皿も、とにかく食器《しょっき》はみんな金物なんだ。だから熱《あつ》い御飯やお汁を盛ると、食器も熱くなって持てなくなる。でも、弟のようにすればなんとか持てる。つまり生活の智恵《ちえ》……」

「どうして食器は金物なの？」

「瀬戸物《せともの》はこわれるからだよ」

祖母はしばらく箸《はし》を宙《ちゅう》に止めたまま、なにか考えていた。それから溜息《ためいき》をひとつついて、

「孤児院の先生方もご苦労《くろう》さまだけど、子どもたちも大変《たいへん》だねえ」

と漬物《つけもの》の小茄子《なす》を噛《か》んだ。

「……ごちそうさま」
①弟がお櫃《ひつ》を横目で睨《にら》みながら小声で箸《はし》を置《お》いた。
「もうおしまい？　お腹《なか》がいっぱいになったの」

弟は黙《だま》ったままである。ぼくは時間の箍《たが》が外れたので面喰《めんくら》ったが、弟は孤児院の箍を外せないで困《こま》っているようだった。ぼくは弟に手本を示《しめ》すつもりで大声で、おかわりと言い、茶碗を祖母に差《さ》し出した。弟は一度置いた箸をまた取って、小声で、ぼくもと言った。孤児院の飯は盛切《もりき》りだった。弟はその流儀《りゅうぎ》が祖母のところでも行われていると考えて一膳《ぜん》だけで箸を置いたのにちがいなかった。食事の後に西瓜《すいか》が出た。そのときも弟は孤児院流を使った。どの一切れが最《もっと》も容積《ようせき》のある一切れか、一瞬《いっしゅん》のうちに見較《みくら》べ判断《はんだん》しそれを手で摑《つか》むのがあそこでの流儀なのだ。

弟の素速《すばや》い手の動きを見ていた祖母が悲しそうな声で言った。

「ばっちゃのところは薬屋さんなんだよ。腹痛《はらいた》の薬は山ほどある。だからお腹の痛くなるほど

あ、お茶碗の持ち方注意された。

なかなか変わった持ち方だね。

孤児院流……金属《きんぞく》のお碗って熱くなっちゃうのかぁ。だからこんな持ち方なんだ。

「それも」って言っているから、ほかにもたくさんの孤児院流があるんだろうね。

おばあさんも、兄弟の大変さがわかってきたみたい。

弟はまだまだ孤児院流を引きずっているようだよ。

孤児院ではおかわりなんてできないってこと？

「盛切り」っていうことはそうだね。

ふだんの孤児院での暮《く》らしが身にしみ付いているんだね。

たべてごらん」

弟はその通りにした。そしてお腹が痛くなって仏間《ぶつま》の隣《とな》りの座敷《ざしき》に横になった。祖母は弟に蚊帳《かや》をかぶせ、吊手《つりて》を四隅《よすみ》の鉤《かぎ》に掛《か》けていった。ぼくは蚊帳をひろげるのを手伝《てつだ》った。蚊帳の、ナフタリンと線香《せんこう》と蚊やりの混《まじ》ったような匂《にお》いを嗅《か》いだとき、ぼくは不意《ふい》に、ああ、これは孤児院にない匂いだ、これが家庭の匂いだったのだな、と思った。思ったときから、夕方以来《いらい》の妙《みょう》にいらついていた気分が消え失せて、どこか知らないがおさまるべきところへ気持が無事におさまったという感じがした。


前の川の河鹿《かじか》の啼《な》き声がふっと跡切《とぎ》れた。夜突《よづ》きに出ている子どもがいるらしい。簎《やす》で眠《ねむ》っている魚を突いて獲《と》るのだ。河鹿《かじか》と申し合せでもしたように、すぐ後を引き継《つ》いでドドンコドンドコドンと太鼓《たいこ》の音が聞《きこ》えてきた。途中《とちゅう》のどこかで風の渡《わた》るところがあるのか、太鼓《たいこ》の音はときどき震《ふる》えたり弱くなったりしていた。

ぼくは座敷の隅《すみ》の机《つくえ》の前にどっかりと坐《すわ》ってトランクを縛《しば》っていた細紐《ほそひも》をほどいた。持ってきた本を机に並べて、座敷を自分の部屋らしくしようと思ったのだ。


「そのトランクは死んだ父さんのだろう」

祖母《そぼ》がトランクの横に坐った。

「よく憶《おぼ》えているんだなあ」

「わたしが買ってやったんだもの」

祖母はトランクを指で撫《な》でていた。

「死んだ父さんが東京の学校へ出かけて行ったときだから、三十年ぐらい前のことかしらね」

トランクを撫でていた指を、祖母はこんどは折《お》りはじめた。

「正しくは三十一年前だねえ」

「もうすぐお祭《まつり》だね」

ぼくは太鼓の聞えてくる方を指さした。

「あれは獅子舞《ししま》いの太鼓だな」

「そう、あと七日でお祭」

さっき、「ぼく」は暇《ひま》な時間を持て余《あま》していたよね？　弟は、ご飯の孤児院流がしみ付いているんだね。

おばあさんは弟が本当はもっとご飯を食べたいのに我慢《がまん》することに慣《な》れていることが悲しいんだね。

2人とも孤児院流に縛《しば》られているから、解放《かいほう》してあげたいのかな。

「ぼく」は、おばあさんの家での暮《く》らしに慣れてきたみたいだね。

05
暗示・象徴

「ぼくたち、祭《まつり》まで居《い》ていい？」

ほんの僅《わず》かの間だが祖母《そぼ》は返事をためらっていた。

「駄目《だめ》かな、やっぱり」

「いいよ」

返事をためらったことを恥《は》じているような強い口調だった。

「おまえたちはわたしの長男の子どもたちだもの、本当ならおまえがこの家を継《つ》ぐべきなのだよ。大威張《おおいば》りでいていいよ」

この祖母の言葉で勇気《ゆうき》がついて、当分言わないでおこうと思っていたあのことを口に出す決心が出た。

「ばっちゃ、お願《ねが》いがあります」

急にぼくが正坐《せいざ》したので祖母が愕《おど》いた眼をした。

「母が立ち直ってぼくと弟を引き取ることが出来るようになるまで、ぼくたちをここへ置《お》いてください」

「……でも高校はどうするの」

「この町の農業高校でいいんだ。店の手伝《てつだ》いでもなんでもするから」

祖母はぼくと弟をかわるがわる眺《なが》め、やがて膝《ひざ》に腕《うで》を乗せて前屈《まえかが》みになった。

「孤児院《こじいん》はいやなのかね、やはり」

「あそこに居《い》るしかないと思えばちっともいやなところじゃないよ。先生もよくしてくれるし、学校へも行けるし、友だちもいるしね」

「そりゃそうだねぇ。文句《もんく》を言ったら罰《ばち》が当《あた》るものねぇ」

「で、でも、他に行くあてが少しでもあったら一秒でも我慢《がまん》できるようなところでもないんだ。ばっちゃ、考えといてください。お願いします」

店で戸締《とじま》りをする音がしはじめた。祖母はトランクの傍《かたわら》から腰《こし》を上げた。

「叔父《おじ》さんの食事の支度《したく》をしなくっちゃ。今のおまえの話はよく考えておくよ」

祖母が出て行った後、ぼくはしばらく机《つくえ》の前に、ぼんやり坐っていた。この話をいつ切り出

「ぼく」は、できるだけおばあさんの家にいたいんだね。孤児院の暮らしはつらいんだろうなぁ。

おばあさんはちょっと迷っているね。

なんでだろう。あ、でも「いいよ」って言ってくれたよ。

おばあさんに家にいていい、長男の子なんだからって言われて「ぼく」は勇気《ゆうき》がついて、なにか決心したみたいだね。

祭までじゃなくて、お母さんが立ち直るまで家に置いて欲《ほ》しいっておばあさんにお願いしたよ。

これからずっとおばあさんの家で暮らしたいんだね。

おばあさんは、返事をすぐにはできないみたいだよ。

そうかとじつはぼくは迷《ま》っていたのに、それが思いがけなくすらすらと口から出たので自分でも驚《おどろ》いてしまったのだ。気が軽くなって、ひとりで笑《わら》い出したくなった。ぼくはその場に仰向《あおむ》けに寝転《ねころ》んで、ひょっとしたらぼくと弟が長い間寝起《ねお》きすることになるかもしれない部屋をぐるりと眺め廻《まわ》した。そして何日ぐらいで、弟の孤児院流の茶碗《ちゃわん》の持ち方が直るだろうかと考えた。弟は蚊帳《かや》の中で規則正《きそくただ》しい寝息《ねいき》を立てている……。ぼくは蚊帳の中に這《は》っていって、出来るだけ大きく手足を伸《の》ばして、あくびをした。

縁側《えんがわ》から小さな光がひとつ入ってきて、蚊帳の上に停《とま》った。それは蛍《ほたる》だった。

〽行手示《ゆくてしめ》す　明けの星
　船路示す　愛《あい》の星
　空の彼方《かなた》で　我等《われら》守る……

孤児院で習った聖歌《せいか》を呟《つぶや》いているうちに、光が暗くなって行き、ぼくは眠《ねむ》ってしまった。

どれくらい経《た》ってからかわからないが、叔父の声で目を覚《さま》した。蛍がまだ蚊帳の上で光っていたから、どっちにしてもそう長い間ではなかったことはたしかだった。

「……いいかい、母さん、おれは母さんが、親父が借金《しゃっきん》を残《のこ》して死んだから学資《がくし》が送れない、と言うから学校を中途《ちゅうと》で止してここへ戻《もど》ってきたんだ……」

叔父の声は震《ふる》えていた。

「店を継いでくれないと食べては行かれないと母さんが頼《たの》むから薬種《やくしゅ》業の試験《しけん》を受けて店も継いだ。借金をどうにかしておくれと母さんが泣《な》きつくから必死《ひっし》で働《はたら》いている。これだけ言うことをきけば充分《じゅうぶん》じゃないか。これ以上《いじょう》おれにどうしろというんだよ」

「大きな声を出さないでおくれ。あの子たちに聞えるよ」

「とにかく母さんの頼みはもう願《ねが》いさげだよ」

叔父の声がすこし低《ひく》まった。

「今年の暮《くれ》は裏《うら》の畑を手離《ばな》さなくちゃ年が越《こ》せそうもないっていうのに、どうしてあの二人を引き取る余裕《よゆう》なんかあるんだ」

祖父《そふ》はだいぶ大きな借金《しゃっきん》を残《のこ》したらしかった。それにしても裏《うら》の畑を手離《はな》すことになったら

いつ言おうか迷っていたことを言って、「ぼく」は気が軽くなっているね。

おばあさんの家で暮らせるかもしれないって未来《みらい》を想像《そうぞう》しているね。

ん？　蛍？　突然《とつぜん》？

蛍ってどんなイメージ？

ええと。光ってキレイ。

そうだね、でも、実は寿命《じゅみょう》がとっても短いんだよ。

そうなの？　じゃああんまりいいイメージじゃないってこと？　希望《きぼう》を表すのかと思った。

希望を表すんだけど、その希望がはかなく消えることも表すんだよ。

暗示《あんじ》・象徴《しょうちょう》ってやつか。

祖母《そぼ》の冷《ひや》し汁《じる》の味もずいぶん落ちるにちがいないと思った。冷し汁に入れる野菜《やさい》はもぎたてでないと美味しくないからだ。

「子ども二人の喰《く》い扶持《ぶち》ぐらいどうにかなると思うんだけどねぇ」

「そんなことを言うんなら母さんが店をやるんだな。この商売、どれだけ儲《もう》けが薄《うす》いか母さんだって知ってるはずだよ。薬九層倍《くすりくそうばい》なんていうけど、この商売、どキュロか正露丸《せいろがん》だ。母さんと二人で喰《く》って行くのがかっつかつだぜ」

「でも、長い間とはいわない。あの子たちの母親が立ち直るまででいいんだから」

「それがじつは一番腹《はら》が立つんだ」

叔父《おじ》の声は前よりも高くなった。

「あの二人の母親は親父の、舅《しゅうと》の葬式《そうしき》にも顔を出さなかったような冷血《れいけつ》じゃないか。そりゃあの二人の母親は親父や母さんに苛《いじ》められたかも知れない。でも相手がこの世から消えちまったんだ。それ以上《いじょう》恨《うら》んでもはじまらないだろ。線香《せんこう》の一本もあげにくればいいじゃないか。向《むこ》うが親父を許《ゆる》さないのなら、そのことを今度はおれが許さない。おれはいやだよ。あの女の子どもの面倒《めんどう》など死んでも見ないよ」

「でもあの子たちはおまえの甥《おい》だろうが……」

箱膳《はこぜん》のひっくり返る音がした。

「そんなにいうんなら、なにもかも叩《たた》き売って借金《しゃっきん》を払《はら》い、余《あま》った金で母さんが養老院《ようろういん》にでも入って、そこへあの二人を引き取ればいいんだ。おれはおれでひとりで勉強をやり直す」

叔父の廊下《ろうか》を蹴《け》る音が近づき、座敷《ざしき》の前を通ってその足音は店の二階へ消えた。叔父は赤松《あかまつ》が目の前に見える、店の二階の一番端《はし》の部屋で寝起《ねお》きしているのだろう。

いまの話を弟が聞いていなければいいな、と思いながら、弟の様子を窺《うかが》うと、彼《かれ》は大きく目を見開いて天井《てんじょう》を睨《にら》んでいた。

「……ぼくたちは孤児院に慣《な》れてるけど、ばっちゃは養老院は初《はじ》めてだよね」

弟はぼそぼそと口を動かした。

「そんなら慣《な》れてる方が孤児院に戻《もど》ったほうがいいよ」

あーあ。叔父さんは2人を家に置《お》くことに大反対。

叔父さんとおばあさんの暮らしもそんなに楽ではなさそうだね。

兄弟のお母さんも嫌《きら》われているみたい。

2人ともかわいそう。

弟も自分たちのことでおばあさんと叔父さんが口論《こうろん》しているのを聞いてしまったね。

「そうだな」

とぼくも答えた。

「他に行くあてがないとわかれば、あそこはいいところなんだ」

②蚊帳《かや》に貼《は》りついていた蛍《ほたる》はいつの間にか見えなくなっていた。つい今し方の叔父の荒《あら》い足音に驚《おどろ》いて逃《に》げだしたのだろうとぼくは思った。

ぼくはそれから朝方まで天井を眺《なが》めて過《す》ごした。これからは祖母がきっと一番辛《つら》いだろう。「じつはそろそろ帰ってもらわなくちゃ……」といういやな言葉をいつ口に出したらいいかとそればかり考えていなくてはならないからだ。店の大時計が五時を打つのをしおに起き上って、ぼくは祖母あてに書き置《お》きを記した。ごく簡単《かんたん》な文面だった。

「大事なことを忘《わす》れていました。今夜、ぼくら孤児院のハーモニカ・バンドは米軍《べいぐん》キャンプで慰問演奏《いもんえんそう》をしなくてはならないのです。そのために急いで出発することになりました。ばっちゃ、お元気で」

書き置きを机《つくえ》の上にのせてから、ぼくは弟を揺《ゆ》り起《お》こした。

（井上《いのうえ》ひさし「あくる朝の蝉《せみ》」『四十一番目の少年』〈文春文庫〉所収）

2人はおばあさんを困《こま》らせないために孤児院に戻るんだね。

いつの間にか蛍も消えているね。

蛍は、兄弟の希望《きぼう》がすぐに消えちゃったことを表しているのかなあ。

そうそう、なんの理由もなく突《とつ》然《ぜん》蛍なんか出てこないんだよ。

急に蛍が出てきたからおかしいなと思った。急に不自然《ふしぜん》なものが出てきたら注意しないとね。

そう。この文章では、蛍が2人の未来《みらい》を暗示《あんじ》していたもんね。

難《むずか》しいな……とりあえず、良《よ》いことが起こりそうか悪いことが起こりそうか考えることにする。

それだけでばっちりだよ！

## ゴールの問題

**問題1** 傍線《ぼうせん》①「弟がお櫃《ひつ》を横目で睨《にら》みながら」とありますが、なぜですか。50字以内《いない》で答えなさい。

（解答例《かいとうれい》）本当はもっと食べたいが、孤児院での暮らしに慣れ、おかわりしてはいけないと我慢しているから。

（オリジナル問題）

**問題2** 傍線②「蚊帳《かや》に貼《は》りついていた蛍《ほたる》はいつの間にか見えなくなっていた」とありますが、どういうことを暗示《あんじ》していますか。解答欄《らん》に合うように20字以上《いじょう》25字以内で答えなさい。

（解答例）祖母の家で一緒に暮らす希望がなくなってしまったということ。

（早稲田《わせだ》中学校・2010年度・改題）

うぅっ。問題1はムズカシイ……。でも、なんの理由もないのにお櫃を睨んだりしないよね。

そう。弟はどんな環境《かんきょう》で暮《く》らしていたんだっけ？

あ、そっか。それが理由になるんだね。読み取れば答えられそうだよ。

孤児院《こじいん》でどんなことが起きていたのか、できごととそれによってどんな気持ちになっているのかを書くといいよ。

急に蛍が出てきて、不自然《ふしぜん》だったよね。

そうだね。この文章では蛍が2人の未来《みらい》を暗示《あんじ》していたね。

うんうん。蛍は兄弟の希望《きぼう》がすぐに消えちゃったことを表していたよ。

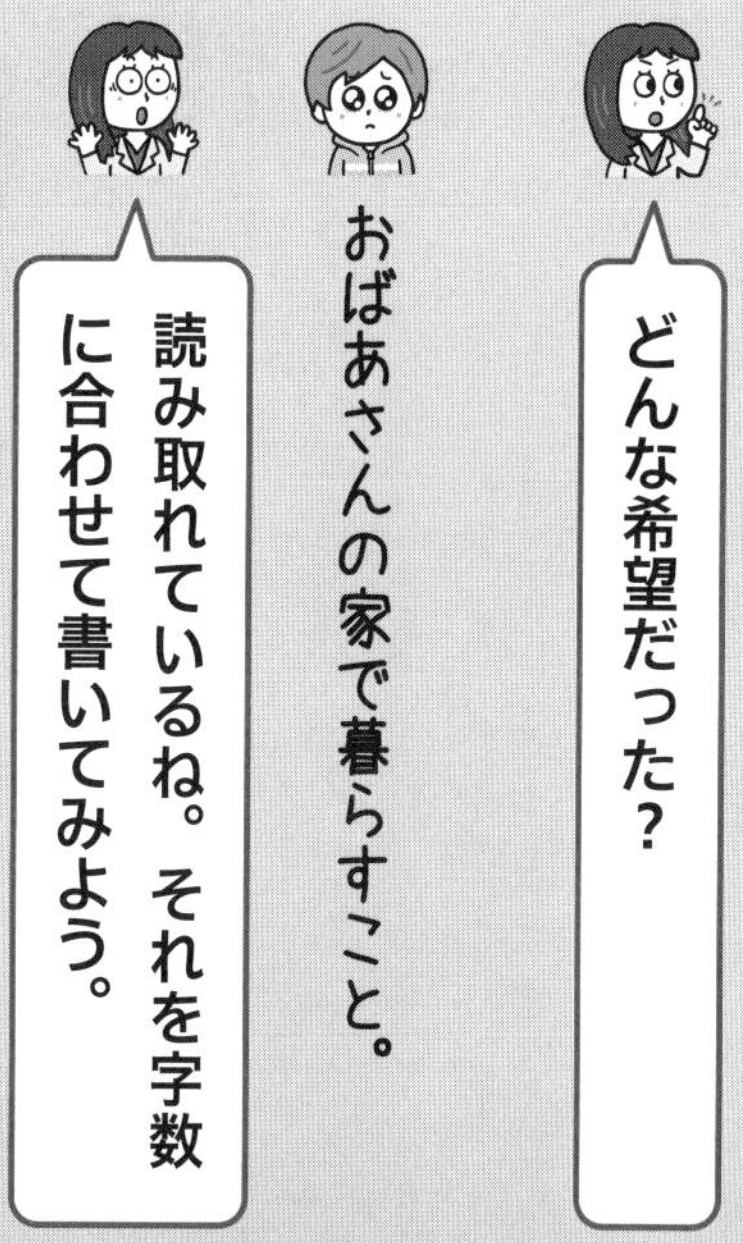
どんな希望だった？
おばあさんの家で暮らすこと。
読み取れているね。それを字数に合わせて書いてみよう。

# 06 主題

**今回のポイント**

物語にも伝《つた》えたい「何か」があるんだよ。「作者はこのお話で何を伝《つた》えたいんだろう？」って考えたことある？ これ、難関校《なんかんこう》が読み取らせたい主題ってヤツ！

**Hop!**

**主題は、**
**・登場人物の心情《しんじょう》の変化《へんか》やその原因《げんいん》**
**・人物の会話の中身や心の中で思っていること**
**・話の結末《けつまつ》に対する登場人物の考え方・態度《たいど》・心情**
**・暗示《あんじ》・象徴《しょうちょう》**
**から読み取る！**

宿題ちゃんとやった？

あっれ～？ やったのにどこかにいっちゃってなーい。

そうかあ。ところでキミは、オオカミ少年のイソップ寓話《ぐうわ》を知っている？

読んだことあるよ。ヒツジ番の少年がオオカミが来ていないのにオオカミが来た！ と何度も嘘《うそ》をついて、助けに来た村人を怒《おこ》らせてしまうお話でしょ。

よく知っているね。それで、本当にオオカミが来たときには、村人は、だれも助けに来てくれなくて、結局《けっきょく》ヒツジたちはオオカミに食べられてしまうんだよね。

嘘をついていると信頼《しんらい》をなくすね。

それぞれ。それが「主題」ってやつ。

主題？

お話のどこにもはっきり書かれていないけど、作者が物語を通じて最《もっと》も伝えたいことを主題というんだよ。「桃太郎《ももたろう》劇場《げきじょう》」を読んでごらん。

ワハハ、桃太郎ったら、結局《けっきょく》鬼《おに》にやられてる〜。

キミは、このマンガからどういうことを読み取った？

油断大敵《ゆだんたいてき》だってこと！

すっかり主題が理解《りかい》できているじゃないか。マンガのどこにも油断大敵なんて書いていないのにね。

へ〜。言葉で書いていないことを読み取れるようになったらカッコイイね。

---

ふふ。超《ちょう》カッコイイよ。物語を読む時に、作者は、このお話を通していったい何を伝えようとしているんだろう？　って考えながら読むと理解が深まるんだよ。

オッケー！　まかせて。

さあ、主題を理解したところで、そろそろ宿題を探《さが》してくれない？

……実は宿題やってない。

嘘をついていると、どうなるんだっけ？

は、はい。オオカミ少年にならないようにします！

## 桃太郎劇場《ももたろうげきじょう》⑪

わかったら チェック！

- 主題を考えながら読む！暗示・象徴は大ヒント。
- 主題は、心情変化やその原因に着目。
- 登場人物の会話、態度、考え方を追う。

06
主題

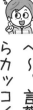

## STEP！ 物語文攻略《こうりゃく》の「3つのミッション」に取り組みながら問題を解《と》こう！

● 次の文章を読んで、後の問いに答えなさい。

今ではもう、だいぶ昔のこと。みごとな金色のたてがみを持つライオンがいた。風にふかれて丘《おか》の上から顔を出す時、まるで太陽がのぼり来るようだと、街《まち》の者たちはうわさした。

ほこらしげに胸《むね》をはるライオン。

「金のたてがみで生まれた私《わたし》こそ、天に選《えら》ばれし者なのだ」

ライオンはたいへんお金持ちだったので、知り合いを集めては＊盛大《せいだい》なパーティを開き、たてがみを見せびらかした。

――ああ、実に気分が良《よ》い。私の美しさにかなう者などいない。他の動物たちは、茶色や灰《はい》色《いろ》ばかり。なんと地味なことか。――

やがて、ライオンは、たてがみと同じ金色の服に身を包《つつ》み、身体《からだ》じゅうを輝《かがや》かせて街を歩くようになった。

この国の王様はたいそう年老《としお》いていた。ある日、自分の死が近いことを悟《さと》ると、次の王様を国民《こくみん》で決めるようにとおふれを出した。

ライオンはすぐに思った。

「私こそが、王になる資格《しかく》を持っている」

だが、そのころ街の広場では、別《べつ》のライオンが候補《こうほ》に上がっていた。

「ねえ、知っている？　街外れにとっても心のやさしいライオンが住んでいるみたいよ」

「ええ？　本当？」

「やさしいだけじゃなくて、すごく強いらしいの」

---

### 3つのミッション

物語文を攻略するためにやってみよう。

①場面分けのチェック。場面が分かれるところに T 字を入れる。

②初めに出てくる主要《しゅよう》な登場人物に ○ 印《じるし》を付ける。

③特《とく》に心情《しんじょう》が読み取れる言動・ふるまいに 〰 を引く。

上の文章に、鉛筆《えんぴつ》で書き込《こ》んでみてね。

**盛大**
立派《りっぱ》で大規模《きぼ》なこと。

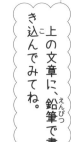

「そのライオンの話、どこかで聞いたことがあるわ」

「まさに次の王様にぴったりじゃない」

梢《こずえ》の中でも鳥たちがささやき合っている。

「そうだよね、あのお方こそふさわしい」

金のライオンはこのうわさ話が気になって仕方ない。すぐにでもたしかめずにはいられなくなって、さっそく街外れまで出かけて行った。

楽しそうな笑《わら》い声が風に乗って流れてくる。木立のかげからそっと様子をうかがうと、フクロウおばさんの家を修理《しゅうり》しているライオンを見つけた。

「あれがうわさのライオンか!? なんだ、あのうすよごれたモップのようなたてがみは！」

土にまみれ、ほこりをかぶって作業するライオン。

折《おり》から降《ふ》り出した雨などものともせずに、せっせと働《はたら》き続《つづ》けている。

通り雨が去って、森にふたたび光がさしこんできた。雨に洗《あら》われたライオンのたてがみが輝いている。フクロウおばさんは、ほうほうと微笑《ほほえ》んだ。

「まあなんて美しい銀のたてがみだこと。見ちがえちゃったわ」

銀のライオンは片時《かたとき》も休もうとはしない。病気がちな仲間《なかま》に食べ物を分けてやったかと思えば、お年寄《としよ》りの肩《かた》をもんでやり、木の下に落ちた小鳥のヒナを巣《す》にもどしてやる。

「ありがとうね、おかげで助かったよ」

「やあ、いつもすまないねえ」

うれしそうな声が木々《きぎ》の間をこだまする。

「こんなライオンがいたなんて」

金のライオンは、歯ぎしりしてくやしがった。放っておけば、銀のライオンが次の王様に選ばれてしまうのでは、そう思うと気が気ではない。

「王にふさわしいのは、この私だというのに。何とかしなければ……」

ある日、街の広場で金のライオンは、おおげさに頬《ほお》をおさえながら聞こえよがしに言った。

「ああ、痛《いた》いよ。痛くてたまらない」

「どうかしたのかい？」

通りかかったヒョウがたずねると、

「人は見かけによらないっていうけど、本当だなぁ。まさかあのやさしい銀のライオンがねぇ……。すれちがいざまに、ちょっと肩《かた》がぶつかっただけなのに、いきなりなぐられたよ」

さも痛《いた》そうにしかめっ面《つら》をした。本当は、銀のライオンを偵察《ていさつ》*した帰り道で、うっかり木に顔をぶつけてしまったのだ。

「えっ？　あのおとなしいライオンにかぎってそんな乱暴《らんぼう》なことをするはずがないよ」

金のライオンは、渋《しぶ》い顔のまま続《つづ》けた。

「信《しん》じられないかもしれないけど、意外と暴《あば》れ者だったりしてさ。クマと取っ組み合っているのを見たっていう話も聞いたしね……」

実のところは、崖道《がけみち》から足をすべらせて谷に落ちそうになっていたクマを、銀のライオンが助けてやったのである。

しかし金のライオンにとって、白を黒にぬりかえるなど、たやすいことだった。

来る日も来る日も、金のライオンは悪いうわさを広めて歩いた。

「おなかをすかせた仲間《なかま》から食べ物を取り上げるところを、見た者がいるらしい。気をつけて下さい」

「なんですって？　そいつは初耳《はつみみ》ですねぇ」

「かなり気性《きしょう》が荒《あら》いとか。でも最初《さいしょ》はいい顔をして相手をすっかり信用《しんよう》させてしまうっていう話です。用心して下さい」

「そんな話、聞いたことないけどなあ……」

金のライオンが何を言っても、誰《だれ》も信《しん》じようとはしない。

それなのに、どうしたことか、ぽつりぽつりと話題に上り、静《しず》かにうわさされ始め、やがてじわじわ広まった。

「あの街《まち》外れに住むやさしい銀のライオンが、仲間をなぐって食べ物を奪《うば》ったって聞いたけど、そんなこと、あるわけないよね」

**偵察**
敵《てき》などの情報《じょうほう》を集めること。

「銀のライオンが実は乱暴だって話も出ているの？」

「なんでも、投げ飛《と》ばされた相手がケガして入院したとかしないとか……」

「そういえばこの間、森の広場に救急車《きゅうきゅうしゃ》が止まっていたよ。もしかすると、あれがそうだったのかなあ」

「ねえねえ、聞いた？　昨日《きのう》は、あの暴れ者のトラとなぐり合っていたらしいわよ」

「うそでしょ？」

「しかもいきなり飛《と》びかかっていったみたい」

「え、ほんと!?」

「僕《ぼく》も銀のライオンがトラに襲《おそ》いかかるのを見たって聞いたよ」

「私《わたし》も友達《ともだち》から聞いたわ。はでにもみ合っていたって」

「君も聞いたのかい、そのこと」

おかしなものである。周《まわ》りが同じうわさを知っているだけで、銀のライオンをうたがう者があらわれ始めた。

「まさかって思っていたけどさ、乱暴者だっていうのは、ひょっとすると本当かもしれないね」

「たしかにね、みんなそう言っているし……。*火のないところに煙《けむり》は立たないっていうからね」

「近寄《ちかよ》らないほうがいいかも」

「関《かか》わらないほうがよさそうだ」

ちょうどそのころ、金のライオンが書いたメールがシカに届《とど》き、すぐにリスに転送されていた。

「シカくん、銀のライオンには気をつけて下さいね」

「リスくん、銀のライオンに用心してね」

メールは丘《おか》を越《こ》え、森を越え、渡《わた》り鳥のむれを越え、またたく間に広がった。遠くの島に住むペンギンまでもが、怖《こわ》がるようになった。

転がる雪玉のようないきおいで、うわさはたちまち膨《ふく》れ上がった。そしてうわさは、いつの間にか*尾《お》ひれをつけて、一人歩きし始めたのである。

**火のないところに煙は立たない**
うわさ・評判《ひょうばん》がたつには、何かのよりどころがあるはずだということ。

**尾ひれをつける**
事実以上《いじょう》に大げさに言う。

今では、銀のライオンがフクロウの家をたたきこわしたという嘘《うそ》が、「本当のこと」として知れ渡《わた》っている。

小鳥のヒナを巣《す》から落として握《にぎ》りつぶそうとしたという偽《いつわ》りが、「真実」としてまかり通っている。

街《まち》の広場は、銀のライオンの①悪いうわさでもちきりである。

「ちょっと待って下さいよ、皆《みな》さん！」

フクロウおばさんがさけんだ。

「銀のライオンは、それはそれは親切でりっぱな方です。台風でこわれた私《わたし》の家を泥《どろ》まみれになって直してくれたんです」

「そうだとも！」

小鳥もさけんだ。

「ヒナだった僕《ぼく》が巣《す》から落っこちた時だって、汗《あせ》びっしょりになって巣《す》に戻《もど》してくれたんだ。悪い評判《ひょうばん》なんて、何かのまちがいさ」

「そう言っているのはあんたたちだけだ」

「街中のみんなが知っているのに、何もないとはとても思えない」

「我々《われわれ》だって、ついこの間までは、やさしいライオンだと信《しん》じこんでいたんだがねぇ」

*根も葉もないうわさの広がりに銀のライオンは、ただ苦笑《にがわら》いしただけで何も言わなかった。誤解《ごかい》はいつか必《かなら》ずとけると思っていたからだ。

*一部始終を見ていたのは、空にうかぶ真っ白い雲だけ。

「嘘は、向こうから*巧妙《こうみょう》にやってくるが、真実は、自らさがし求《もと》めなければ見つけられない」

雲は呟《つぶや》き流れていった。しかし、その声は誰《だれ》にも届《とど》かなかった。

黄金の稲穂《いなほ》の輝《かがや》きが地平線をおおうころ、新しい王様が誕生《たんじょう》した。自ら手を挙《あ》げた金のライオンが、仲間《なかま》に推薦《すいせん》された銀のライオンをおさえたのだ。

「金のたてがみを持つこの私にふさわしい金の城《しろ》を建《た》てよ！」

「まわりを金の城壁《じょうへき》で囲《かこ》め！」

---

**根も葉もない**
なんの根拠《こんきょ》もない。でたらめ。

**一部始終**
始めから終わりまで。

**巧妙**
きわめて上手なこと。

「正門には、世界一大きな金のライオン像《ぞう》を！」
「城のすみからすみまで金を敷《し》きつめ、金で埋《う》めつくせ！」
「私にかかわるすべてを黄金に輝《かがや》かせよ！」

新しい王様は好《す》き勝手に国を治《おさ》めた。世界中から黄金を買い集め、たくさんの借金《しゃっきん》をかかえこんだ。*庶民《しょみん》の貧《まず》しさになど目もくれず、自分だけは贅沢三昧《ぜいたくざんまい》。

「私の金のたてがみこそが世界一。この世にある黄金は全て私のものだ。他の国には砂金《さきん》ひとつぶたりとも持たせるな」

そのうち、よその国が金の塔《とう》を建《た》てたと聞くと、生意気だと戦《たたか》いまで始めてしまった。田畑が焼《や》かれると、少ない農作物をひとりじめ。

民衆《みんしゅう》は、仕事も家も土地も、生きる希望《きぼう》もなくした。

国はたちまち、荒《あ》れ果《は》ててしまった。

焼《や》け焦《こ》げて煙《けむ》る大地を前に、皆《みな》ぼうぜんと立ちつくした。

「ああ、なんということだ」

「何もかも失《うしな》ってしまった。もうおしまいだ」

「なんてひどい王様だろう」

「もし銀のライオンが王様だったら、こんなことにはならなかったのよ」
「そうさ、彼《かれ》こそがふさわしかったのに」
「僕はただ、銀のライオンに気をつけてって聞いたから、仲間《なかま》に教えただけだよ」
「私だって、なんとなく心配だったから、家族に知らせただけだわ」
「おいらだってちょっと気になって、メールを転送しただけさ」

金のライオンの他には悪意のある者など誰一人としていなかった。

あの時、うわさを広めてしまった者たち――森ではシカやリスが、島ではペンギンが、空ではヒバリが、われた石畳《いしだたみ》の上ではウサギが、こわれたベンチの陽だまりではネコが、止まった噴水《ふんすい》のかたわらではキツネが、くずれた屋根のてっぺんではハトが――、国じゅうで誰《だれ》もが同じようになげいていた。

**庶民**
一般《いっぱん》の国民。

「どうしてこの国は、こんなことになってしまったんだろう」

野原のすみで、野ネズミが静《しず》かに口を開いた。

「僕は聞いた話を、友達《ともだち》に教えてあげただけなんだよな。でも、自分の目で何か一つでもたしかめたっけ……？」

丘《おか》の向こうから時折《ときおり》、ゆらめく炎《ほのお》が上がる。
②「ほんとうに、金のライオンだけが悪かったのか……？」
はるか頭上を過《す》ぎ行く雲は、今日も呟《つぶや》く。

「誰かにとって都合のよい嘘が世界を変《か》えてしまうことさえある。だからこそ、なんどでもたしかめよう。あの高くそびえる山は、本当に山なのか。この川は、まちがった方向へ流れていないか。皆《みな》が歩いて行く道の果《は》てには、何が待っているのか」

雲の切れ間から、澄《す》んだ光が地上を照《て》らした。

しかし荒《あ》れ果《は》てた大地には、もう誰《だれ》の姿《すがた》もなかった。

（林木林《はやしきりん》『二番目の悪者』〈小さい書房《しょぼう》〉より。作問の都合上、一部表現《ひょうげん》を改《あらた》めています。）

## ゴールの問題

**問1**　――線部①〈悪いうわさ〉とは、どのようなものですか。それを20字以内《いない》で説明《せつめい》しなさい。

**問2**　――線部②〈ほんとうに、金のライオンだけが悪かったのか……?〉とありますが、作者はどうすべきだと考えていますか。それを〈二番目の悪者〉というタイトルの意味を含《ふく》めて、50字以上《いじょう》70字以内で説明しなさい。

（芝《しば》中学校・2016年度）

06
主題

## JUMP 先生と一緒《いっしょ》にもう一度問題を読んでみよう。

● 次の文章を読んで、後の問いに答えなさい。

今ではもう、だいぶ昔のこと。みごとな金色のたてがみを持つライオンがいた。風にふかれて丘《おか》の上から顔を出す時、まるで太陽がのぼり来るようだと、街《まち》の者たちはうわさした。

ほこらしげに胸《むね》をはるライオン。

「金のたてがみで生まれた私《わたし》こそ、天に選《えら》ばれし者なのだ」

ライオンはたいへんお金持ちだったので、知り合いを集めては盛大《せいだい》なパーティを開き、たてがみを見せびらかした。

——ああ、実に気分が良い。私の美しさにかなう者などいない。他の動物たちは、茶色や灰《はい》色《いろ》ばかり。なんと地味なことか。——

やがて、ライオンは、たてがみと同じ金色の服に身を包《つつ》み、身体《からだ》じゅうを輝《かがや》かせて街を歩くようになった。

この国の王様はたいそう年老《としお》いていた。ある日、自分の死が近いことを悟《さと》ると、次の王様を国民《こくみん》で決めるようにとおふれを出した。

ライオンはすぐに思った。

「私こそが、王になる資格《しかく》を持っている」

だが、そのころ街の広場では、別のライオンが候補《こうほ》に上がっていた。

「ねえ、知っている？　街外れにとっても心のやさしいライオンが住んでいるみたいよ」

「ええ？　本当？」

「やさしいだけじゃなくて、すごく強いらしいの」

ライオンの情報《じょうほう》がいっぱい！

どんなライオンなの？

ライオンは、お金持ち。しかも自分のことを一番美しいと思ってて、金ぴか！

たてがみを見せびらかしたりして、おごっているね。

「そのライオンの話、どこかで聞いたことがあるわ」

「まさに次の王様にぴったりじゃない」

梢《こずえ》の中でも鳥たちがささやき合っている。

「そうだよね、あのお方こそふさわしい」

金のライオンはこのうわさ話《ばなし》が気になって仕方ない。すぐにでもたしかめずにはいられなくなって、さっそく街《まち》外れまで出かけて行った。

楽しそうな笑《わら》い声が風に乗って流れてくる。木立のかげからそっと様子をうかがうと、フクロウおばさんの家を修理《しゅうり》しているライオンを見つけた。

「あれがうわさのライオンか!? なんだ、あのうすよごれたモップのようなたてがみは！」

土にまみれ、ほこりをかぶって作業するライオン。

折《おり》から降《ふ》り出した雨などものともせずに、せっせと働《はたら》き続《つづ》けている。

通り雨が去って、森にふたたび光がさしこんできた。雨に洗《あら》われたライオンのたてがみが輝いている。フクロウおばさんは、ほうほうと微笑《ほほえ》んだ。

「まあなんて美しい銀のたてがみだこと。見ちがえちゃったわ」

銀のライオンは片時《かたとき》も休もうとはしない。病気がちな仲間《なかま》に食べ物を分けてやったかと思えば、お年寄《としよ》りの肩《かた》をもんでやり、木の下に落ちた小鳥のヒナを巣《す》にもどしてやる。

「ありがとうね、おかげで助かったよ」

「やあ、いつもすまないねえ」

うれしそうな声が木々《きぎ》の間をこだまする。

「こんなライオンがいたなんて」

金のライオンは、歯ぎしりしてくやしがった。放っておけば、銀のライオンが次の王様に選《えら》ばれてしまうのでは、そう思うと気が気ではない。

「王にふさわしいのは、この私だというのに。何とかしなければ……」

ある日、街の広場で金のライオンは、おおげさに頬《ほお》をおさえながら聞こえよがしに言った。

「ああ、痛《いた》いよ。痛くてたまらない」

銀のライオンは、周《まわ》りの人に親切だね。働《はたら》きものでもあり立派《りっぱ》だね。

一方、金のライオンは？

金のライオンは自分のことしか考えていない。

銀のライオンと金のライオンは、まったく違《ちが》うね。こんなふうにまったく違う人物を比《くら》べることを人物像《じんぶつぞう》の対比《たいひ》と言います！

人じゃなくて、ライオンだけどー。

「どうかしたのかい？」

通りかかったヒョウがたずねると、

「人は見かけによらないっていうけど、本当だなぁ。まさかあのやさしい銀のライオンがねぇ……。すれちがいざまに、ちょっと肩《かた》がぶつかっただけなのに、いきなりなぐられたよ」

さも痛《いた》そうにしかめっ面《つら》をした。本当は、銀のライオンを偵察《ていさつ》した帰り道で、うっかり木に顔をぶつけてしまったのだ。

「えっ？　あのおとなしいライオンにかぎってそんな乱暴《らんぼう》なことをするはずがないよ」

金のライオンは、渋《しぶ》い顔のまま続《つづ》けた。

「信《しん》じられないかもしれないけど、意外と暴《あば》れ者だったりしてさ。クマと取っ組み合っているのを見たっていう話も聞いたしね……」

実のところは、崖道《がけみち》から足をすべらせて谷に落ちそうになっていたクマを、銀のライオンが助けてやったのである。

しかし金のライオンにとって、白を黒にぬりかえるなど、たやすいことだった。

来る日も来る日も、金のライオンは悪いうわさを広めて歩いた。

「おなかをすかせた仲間《なかま》から食べ物を取り上げるところを、見た者がいるらしい。気をつけて下さい」

「なんですって？　そいつは初耳《はつみみ》ですねぇ」

「かなり気性《きしょう》が荒《あら》いとか。でも最初《さいしょ》はいい顔をして相手をすっかり信用《しんよう》させてしまうっていう話です。用心して下さい」

「そんな話、聞いたことないけどなあ……」

金のライオンが何を言っても、誰《だれ》も信《しん》じようとはしない。

それなのに、どうしたことか、ぽつりぽつりと話題に上り、静《しず》かにうわささされ始め、やがてじわじわ広まった。

「あの街《まち》外れに住むやさしい銀のライオンが、仲間をなぐって食べ物を奪《うば》ったって聞いたけど、そんなこと、あるわけないよね」

今回、登場《とうじょう》する動物が多いなぁ。全員〇印《じるし》をつけるの？

主要《しゅよう》な動物だけ〇印を付ければいいよ。

じゃあ、会話に出てきただけのクマは省《はぶ》くね。

実際《じっさい》に出てきていないもんね。

「銀のライオンが実は乱暴だって話も出ているの？」

「なんでも、投げ飛《と》ばされた相手がケガして入院したとかしないとか……」

「そういえばこの間、森の広場に救急車《きゅうきゅうしゃ》が止まっていたよ。もしかすると、あれがそうだったのかなあ」

「ねえねえ、聞いた？　昨日《きのう》は、あの暴れ者のトラとなぐり合っていたらしいわよ」

「うそでしょ？」

「しかもいきなり飛《と》びかかっていったみたい」

「え、ほんと!?」

「僕《ぼく》も銀のライオンがトラに襲《おそ》いかかるのを見たって聞いたよ」

「私《わたし》も友達《ともだち》から聞いたわ。はでにもみ合っていたって」

「君も聞いたのかい、そのこと」

おかしなものである。周《まわ》りが同じうわさを知っているだけで、銀のライオンをうたがう者があらわれ始めた。

「まさかって思っていたけどさ、乱暴者だっていうのは、ひょっとすると本当かもしれないね」

「たしかにね、みんなそう言っているし……、火のないところに煙《けむり》は立たないっていうからね」

「近寄《ちかよ》らないほうがいいかも」

「関《かか》わらないほうがよさそうだ」

ちょうどそのころ、金のライオンが書いたメールがシカに届《とど》き、すぐにリスに転送されていた。

「シカくん、銀のライオンには気をつけて下さいね」

「リスくん、銀のライオンに用心してね」

メールは丘《おか》を越《こ》え、森を越え、渡《わた》り鳥のむれを越《こ》え、またたく間に広がった。遠くの島に住むペンギンまでもが、怖《こわ》がるようになった。

転がる雪玉のようないきおいで、うわさはたちまち膨《ふく》れ上がった。そしてうわさは、いつの間にか尾《お》ひれをつけて、一人歩きし始めたのである。


銀のライオンが乱暴者だといううわさがじわじわ広まってるよ。

動物たちも信じ始めているね。

銀のライオンの悪いうわさがふくれ上がってるね。うわさって怖《こわ》い……。

メールは、拡散《かくさん》できるスピードも数もすごいもんね。

メールを使えるなんて、いまどきな動物たちだなぁ。

今では、銀のライオンがフクロウの家をたたきこわしたという嘘《うそ》が、「本当のこと」として知れ渡《わた》っている。

小鳥のヒナを巣《す》から落として握《にぎ》りつぶそうとしたという偽《いつわ》りが、「真実」としてまかり通っている。

街《まち》の広場は、銀のライオンの①悪いうわさでもちきりである。

「ちょっと待って下さいよ、皆《みな》さん！」

フクロウおばさんがさけんだ。

「銀のライオンは、それはそれは親切でりっぱな方です。台風でこわれた私《わたし》の家を泥《どろ》まみれになって直してくれたんです」

「そうだとも！」

小鳥もさけんだ。

「ヒナだった僕《ぼく》が巣《す》から落っこちた時だって、汗《あせ》びっしょりになって巣《す》に戻《もど》してくれたんだ。悪い評判《ひょうばん》なんて、何かのまちがいさ」

「そう言っているのはあんたたちだけだ」

「街中のみんなが知っているのに、何もないとはとても思えない」

「我々《われわれ》だって、ついこの間までは、やさしいライオンだと信《しん》じこんでいたんだがねぇ」

根も葉もない噂《うわさ》の広がりに銀のライオンは、ただ苦笑《にがわら》いしただけで何も言わなかった。誤解《ごかい》はいつか必《かなら》ずとけると思っていたからだ。

一部始終を見ていたのは、空にうかぶ真っ白い雲だけ。

「嘘は、向こうから巧妙《こうみょう》にやってくるが、真実は、自らさがし求《もと》めなければ見つけられない」

雲は呟《つぶや》き流れていった。しかし、その声は誰《だれ》にも届《とど》かなかった。

黄金の稲穂《いなほ》の輝《かがや》きが地平線をおおうころ、新しい王様が誕生《たんじょう》した。自ら手を挙《あ》げた金のライオンが、仲間《なかま》に推薦《すいせん》された銀のライオンをおさえたのだ。

「金のたてがみを持つこの私《わたし》にふさわしい金の城《しろ》を建《た》てよ！」

「まわりを金の城壁《じょうへき》で囲《かこ》め！」

雲がいいこと言っているよ。

うわさを信じる前に、自分でそれが本当かどうか考えなきゃいけないってことだね。

あ、わかった！　「主題」は、人物の会話の中身に気を付けろって、こういうところだったんだね。作者は自分の言いたいことを雲にたくしたんだ！

おお〜！　よく気が付いたね。

「正門には、世界一大きな金のライオン像《ぞう》を！」

「城のすみからすみまで金を敷《し》きつめ、金で埋《う》めつくせ！」

「私にかかわるすべてを黄金に輝《かがや》かせよ！」

新しい王様は好《す》き勝手に国を治《おさ》めた。世界中から黄金を買い集め、たくさんの借金《しゃっきん》をかかえこんだ。庶民《しょみん》の貧《まず》しさになど目もくれず、自分だけは贅沢三昧《ぜいたくざんまい》。

「私の金のたてがみこそが世界一。この世にある黄金は全て私のものだ。他の国には砂金《さきん》ひとつぶたりとも持たせるな」

そのうち、よその国が金の塔《とう》を建《た》てたと聞くと、生意気だと戦《たたか》いまで始めてしまった。田畑が焼《や》かれると、少ない農作物をひとりじめ。

民衆《みんしゅう》は、仕事も家も土地も、生きる希望《きぼう》もなくした。

国はたちまち、荒《あ》れ果《は》ててしまった。

焼《や》け焦《こ》げて煙《けむ》る大地を前に、皆《みな》ぼうぜんと立ちつくした。

「ああ、なんということだ」

「何もかも失《うしな》ってしまった。もうおしまいだ」

「なんてひどい王様だろう」

「もし銀のライオンが王様だったら、こんなことにはならなかったのよ」

「そうさ、彼《かれ》こそがふさわしかったのに」

「僕はただ、銀のライオンに気をつけてって聞いたから、仲間《なかま》に教えただけだよ」

「私だって、なんとなく心配だったから、家族に知らせただけだわ」

「おいらだってちょっと気になって、メールを転送しただけさ」

金のライオンの他には悪意のある者など誰一人としていなかった。

あの時、うわさを広めてしまった者たち——森ではシカやリスが、島ではペンギンが、空ではヒバリが、われた石畳《いしだたみ》の上ではウサギが、こわれたベンチの陽だまりではネコが、止まった噴水《ふんすい》のかたわらではキツネが、くずれた屋根のてっぺんではハトが——、国じゅうで誰もが同じようになげいていた。

あちゃあ、金のライオンが新しい王様になって、国は荒れ果ててしまって、民衆は生きる希望も無くしてる！ みんなぼうぜん！

なんでこんなことになっちゃったんだろうね？

みんな、悪意はなかったのにね。ああ、考えさせられるなあ～。

何を？

何が大切かってことだよ。

すごくいい視点《してん》だね。作者の伝《つた》えたいことが見えてきそうだよ。

「どうしてこの国は、こんなことになってしまったんだろう」

野原のすみで、野ネズミが静《しず》かに口を開いた。

「僕《ぼく》は聞いた話を、友達《ともだち》に教えてあげただけなんだよな。でも、自分の目で何か一つでもたしかめたっけ……？」

丘《おか》の向こうから時折《ときおり》、ゆらめく炎《ほのお》が上がる。

「②ほんとうに、金のライオンだけが悪かったのか……？」

はるか頭上を過《す》ぎ行く雲は、今日も呟《つぶや》く。

「誰《だれ》かにとって都合のよい嘘《うそ》が世界を変《か》えてしまうことさえある。だからこそ、なんどでもたしかめよう。あの高くそびえる山は、本当に山なのか。この川は、まちがった方向へ流れていないか。皆《みな》が歩いて行く道の果《は》てには、何が待っているのか」

雲の切れ間から、澄《す》んだ光が地上を照《て》らした。

しかし荒《あ》れ果てた大地には、もう誰の姿《すがた》もなかった。

（林木林《はやしきりん》『二番目の悪者』〈小さい書房《しょぼう》〉より。作問の都合上、一部表現《ひょうげん》を改《あらた》めています。）

**さて、話の結末《けつまつ》に対する登場人物の考え方や会話の中身から、作者の伝《つた》えたいことはつかめたかな？**

**わかったよ。金のライオンはもちろん悪いけど、真実を確《たし》かめないで、うわさを広めた民衆《みんしゅう》も悪い。**

**うんうん、いいね。だったらどうしたらよかったのかな？**

**自分の目でうわさが真実かどうか確《たし》かめるべき！**

**すばらしい！　主題が読み取れたね。**

## ゴールの問題

**問1** ――線部①〈悪いうわさ〉とは、どのようなものですか。それを20字以内《いない》で説明《せつめい》しなさい。

（解答例《かいとうれい》）銀のライオンは実は乱暴者だというもの。

**問2** ――線部②〈ほんとうに、金のライオンだけが悪かったのか……？〉とありますが、作者はどうすべきだと考えていますか。それを〈二番目の悪者〉というタイトルの意味を含《ふく》めて、50字以上《いじょう》70字以内で説明しなさい。

（解答例）一番悪いのは、悪いうわさを広めた金のライオンだが、二番目に悪いのは、確かめずにうわさを広めた民衆であり、真実を自分の目で確かめるべき。

（芝《しば》中学校・2016年度）

「ある日」の金のライオンが、でたらめなできごとを聞こえよがしに言う場面が手がかり。キーワードになる「気性《きしょう》が荒《あら》い」、「乱暴者《らんぼうもの》」などを使って、解答をまとめよう。

文章全体と文章の終わりにある野ネズミと雲のセリフを手がかりにまとめてみよう。作者は伝えたいことを登場人物に言わせることがあるんだよ。「〈二番目の悪者〉というタイトルの意味を含めて」と設問《せつもん》にあるので、一番目・二番目の内容《ないよう》をくわしく説明するといいよ！

# 第3章

# 総合演習

01 椙山女学園中学校（2016年度）

02 智辯学園和歌山中学校（2021年度）

03 淳心学院中学校（2021年度）

04 西大和学園中学校（2018年度）

第２章までの授業は
理解できたかな？
次は実際の入試問題に挑戦して、
力試ししてみよう！
答案用紙は
ダウンロード
できるよ！
↓

# 01 総合演習《そうごうえんしゅう》

椙山女学園《すぎやまじょがくえん》中学校（2016年度）

**目標時間《もくひょうじかん》**

4年生……30分
5年生……25分
6年生……20分

**文章の文字数**

3714字

● 次の文章を読み、後の問いに答えなさい。

〈これまでのあらまし〉

「神様の島」と呼《よ》ばれる天徳島《てんとくじま》に住む幼《おさな》なじみの孝俊《たかとし》、保生《やすお》、征《ゆき》人《と》。三人の通う中学校に、東京から、民俗学者《みんぞくがくしゃ》の父を持つタオが転校してきた。島のしきたりを重んじる家で生まれ育った孝俊は、よそもののタオのことが気に入らない。ある日、崖《がけ》で飛《と》び込《こ》みをして遊んでいた三人のところにタオがやってくる。孝俊は、制止《せいし》する保生や征人の声を無視《むし》し、崖の下を興味深《きょうみぶか》そうにのぞいているタオを海に突《つ》き落とした。

翌々日《よくよくじつ》、三人でタオのお見舞《みま》いに行った。タオはすっかり体調がよくなったのか、いつも通りの様子で、本を読んでいた。

「タオ、ごめんな」

「本当にごめん」

おれと保生は頭を下げた。孝俊は口をつぐんで、一緒《いっしょ》に頭を下げただけだった。タオは首を振《ふ》って①「いい経験《けいけん》させてもらったよ」と、唇《くちびる》の端《はし》を持ち上げた。笑《わら》ったのだと思う。タオんちのおじさんも、男の子は仕方ないよなあ、とにこにこ笑っていた。

タオの家は本だらけだった。本棚《ほんだな》に入りきらない本が、そこらじゅうに㋐ムゾウサに積《つ》み重ねてあった。ここだけ別《べっ》世界のようで、おれはちょっと興奮《こうふん》した。夢中《むちゅう》で眺《なが》めていたら、おじさんが、「読みたいものがあったら持っていっていいよ」と声をかけてくれたけど、そもそもどれが読みたい本なのかすらわからなかった。

帰り際《ぎわ》、おじさんが、

「タオとまた遊んでやってください」

と急にかしこまって言い、おれたちはへどもどして頭を下げて、タオの家をあとにしたのだった。

「孝俊、ちゃんとタオに謝《あやま》るまでおれは許《ゆる》さん。命にかかわることだ」

タオの家からの帰り道、保生が厳《きび》しい口調で孝俊に詰《つ》め寄《よ》った。こんな保生を見るのははじめてだった。これまでも孝俊はどこか、おれと保生を子分のように扱《あつか》っていたし、②のある孝俊の言うことは、おれたちも自然《しぜん》と受け入れる態勢《たいせい》になっていた。孝俊に面と向かって歯向かうなんて、これまで一度もなかったことだ。

「……冗談《じょうだん》のつもりだったんだけどよ」

父ちゃんに殴《なぐ》られて目の下を紫色《むらさきいろ》にした孝俊が、ぼそりと言う。

「冗談ですむか。③わかってただろ」

保生の言葉に孝俊は黙《だま》っていたが、保生はかまわず続《つづ》けた。

「そもそもお前の考え方におれはついていけん。新しく来た人がなんで悪い。ここに住むんだよ。天徳の人間は[あ]減《へ》ってる。感謝《かんしゃ》するんじゃなくて、いじめるんか。おかしいだろ、※内地人《ないちゃー》も、本島の人間も、ここの人間もみんな同じ。差別《さべつ》するな」

しばらくの沈黙《ちんもく》のあと、孝俊が口を開いた。

「……天徳を勝手に荒《あ》らされてもいいんか。これまでの神事がなくなってもいいんか」

「荒らされていいって言ってない。内地人が間違《まちが》いするのは、決まりを知らないからさ。立ち入り禁止《きんし》の場所とか、ここの決まりをちゃんと教えればいいだけさ。④それもしないで文句《もんく》だけ言うのはおかしい」

「おばあたちが許《ゆる》さんからしょうがないだろ。①カンバンひとつ立てるのも、神様がいいって言わんし」

「神様の答えを何年も待っている間に、なにも知らん内地人が来て問題になってるわけだろ。神様も大事だけど、生きてる人間がなにかするほうが大事っておれは思う」

「保生はここの神様とか、おばあたちをばかにしてる」

「してない！　逆《ぎゃく》、大事にしてる」

⑤今まで見たことのない、おれの知らない保生だった。保生はいつでも穏《おだ》やかに笑っていて、争《あらそ》いごとを好《この》まないし、小さい子や女子にだってやさしい。学校で先生に指されても、ぼけっとしていてしばらく気が付《つ》かないこともあるくらいののんびりした男だ。

「征人はどう思う」

孝俊に急に振《ふ》られて、どう言おうかと一瞬悩《いっしゅんなや》んだ。孝俊の気持ちもわかる。孝俊は天徳島が大好《す》きで、とても大事に思っているということはちゃんとわかっている。でも、それでも、今回の件《けん》は見過《みす》ごせなかった。

「……保生に賛成《さんせい》」

孝俊の目つきが鋭《するど》くなる。

「そうか。確《たし》かに、タオのことはおれが悪かった。だけど、天徳のこととは話がべつ！」

「べつじゃない！」

保生が⑥間髪《かんはつ》を容《い》れずに返す。

「もういい。おれが嫌なら、一緒に遊ばんくていい」

孝俊が背《せ》を向けて歩き出した。

「待って。まだ話終わってない」

保生の声を無視して、孝俊は自転車に乗って行ってしまった。⑦保生と顔を見合わせる。

「なんでよ！」

⑧保生は怒《おこ》っているのではなく、悲しんでいるのだ。

保生と二人で[い]と天浜《てんはま》まで自転車をこいでいった。最近《さいきん》は飛び込みばかりで、この浜で泳ぐことも少なくなった。朽《く》ちたサバニが一艘《そう》、打ち捨《す》てられている。三メートルほどの、杉材《すぎざい》でできた小さな船だ。かつて、大海原《おおうなばら》で活躍《かつやく》したサバニ。ずいぶん昔からここにある。

ザーン　ザザーン。

夕焼《ゆうや》けに染《そ》まった穏《おだ》やかな波が、浜に寄っては海に帰ってゆく。

おれたちは岩場に腰《こし》を下ろした。

「孝俊はなんであんなにタオのことか、天徳のことが気になるんかな」

おれは、そう切り出した。タオのことを嫌《きら》いなら放っておけばいいのに、いちいち突っかかるし、島の問題なんて大人たちが考えればいいことだ。

「征人《ゆきと》」

「ん？」

保生《やすお》が真剣《しんけん》な顔つきで、こっちを見る。

「……なあ、征人は、※孝俊《たかとし》のひいおばあの写真が(ウ)ザッシに載《の》って、問題になったのは知ってるよな」

「ああ、うん」

「タオのことがあったからだと思うけど、昨日《きのう》父ちゃんが話しよったさー」

そう言っておれから視線《しせん》を外し、夕暮《ゆうぐ》れの水平線に目をやった。

「ひいおばあの写真が出てから、孝俊のおばあは、大変《たいへん》だったって。頭がおかしくなって、毎日わけのわからん言葉をわめーて、家のなかめちゃくちゃだったみたいよ。※神人《かみんちゅ》のおばあたちが毎日孝俊の家に来て、［う］やったけど無理《むり》だったって。最後《さいご》は、夜中に一人でユーガンの崖《がけ》に行って、飛《と》び降《お》りて死んだって……」

おれはびっくりして、保生の顔を眺《なが》めた。［⑨］だった。ユーガンというのは、先祖代々《せんぞだいだい》の島人たちのお墓《はか》がある西側《にしがわ》の一帯《いったい》のことだ。

「孝俊はまだ小さかったけど、記憶《きおく》がしみついているじゃないか。だから、あそこまで外の人間嫌《いや》がるんじゃないか」

「……そうか」

孝俊のおばあは、ただ体調を崩《くず》して病気で亡《な》くなったのだとばかり思っていた。

「だからさ、孝俊の気持ちもわかるさ。でもさ、タオは関係《かんけい》ないさー。タオはちょっとへんだけど、おもしろいさー」

「うん。おれもそう思う」

⑩いろんな感情《かんじょう》がぐるぐると渦巻《うずま》いていた。今ここで言葉にするのは難《むずか》しかった。
「あ、あのさ、さっきの保生、かっこよかったよー。見直した。(エ)ソンケイする」

「どこがよー。なに言ってる」

「ここのことちゃんと考えてるんだなって思ったさ。おれは保生の言う通りだと思うけど、孝俊も、あれはあれで天徳《てんとく》のこと考えてるんだよな。どっちもすごいさー」

おれだけだ。⑪おれだけ、なにも考えていない。早くこの島から出て、新しい景色《けしき》を見てみたいと思っている。

「おれはただ、みんな仲《なか》よくしたいだけ。天徳のことなんて正直興味《きょうみ》ないよー。でもさー、そのために、内地から来たタオがいじめられるんだったら、ここの問題を解決《かいけつ》しないと」

保生の言葉に、⑫自分でもわからないなにかが喉元《のどもと》をせり上がってきて、鼻の奥《おく》がつんとした。とっさに鼻が詰《つ》まったふりをしてごまかした。

「保生は大きくなっても、ずっとここに住むんか？」

「わからんけど、おれはここが好《す》きやっさー。ずっと住みたいさー。だけどとりあえずは、高校行って、それから大学かな。父ちゃんは、絶対《ぜったい》大学行けって言ってるし。うちのにいにいがいる大阪《おおさか》もおもしろそうだし、東京もかっこいいし、北海道も行ってみたい。そのときになって考えるさー」

「そっかあ」

「征人は東京行きたいんだろ？」

東京に行きたいなんて、誰《だれ》にも言ったことはなかった。言葉に出したら、魔法《まほう》がとけて夢《ゆめ》が消えてしまいそうな気がしていた。

「東京、いいよなあ」

なにも言ってないのに保生が続《つづ》ける。

「……おれは、ここ出たい。父ちゃんと母ちゃんが、大学行かすかわからんけど、一生懸命《いっしょうけんめい》勉強して、どんなやってても東京の大学行きたい」

おれの口からは、※堰《せき》を切ったように言葉があふれ出ていた。

「そうかー。征人は頭いいし、大丈夫《だいじょうぶ》やさ。応援《おうえん》するよ」

また鼻の奥がつんとした。ごまかそうと、立ち上がって後ろを向いて石を蹴《け》ったら、アダンの木にぶつかった。夕暮《ゆうぐ》れの空と同じ色をした熟《な》れたアダンの実が、悠然《ゆうぜん》とこっちを見つめていた。

（椰月美智子《やづきみちこ》「14歳《さい》の水平線」より）

※内地人…沖縄《おきなわ》やその近辺《きんぺん》の島からみて、本州に住む人を指す言葉。

※孝俊のひいおばあの写真…以前《いぜん》に、風葬《ふうそう》（死体を放置《ほうち》し風化させる方法《ほうほう》で葬《ほうむ》ること）された孝俊の曽祖母《そうそぼ》の写真が、無断《むだん》で使用されたという事件《じけん》があった。

※神人…沖縄やその近辺の島で、神事を取りしきる女性《じょせい》のこと。

※堰を切ったように…今までこらえていたことが、一度に起こるさま。

**問1** 〰〰㋐〜㋓について、カタカナを漢字に直しなさい。

㋐ ムゾウサ　㋑ カンバン
㋒ ザッシ　㋓ ソンケイ

**問2** [あ]、[い]、[う]に入る適切《てきせつ》な言葉を次の中から選《えら》び、それぞれ記号で答えなさい。（同じ記号は二度使わないこと。）

**ア** いろいろ　**イ** じろじろ　**ウ** わざわざ
**エ** どんどん　**オ** ぶらぶら

**問3** ——①「いい経験《けいけん》させてもらったよ」と言った時の「タオ」の気持ちとして適切なものを次の中から一つ選び、記号で答えなさい。

**ア** 腹《はら》を立てており、孝俊を強く非難《ひなん》しようとしている。
**イ** 三人にはもうこれ以上関《いじょうかか》わりたくないと思っている。
**ウ** 飛《と》び込みの楽しさを教えてくれた三人に感謝《かんしゃ》している。
**エ** 今回のことは謝《あやま》ってもらうことではないと思っている。

**問4** [②]に入る語として適切なものを次の中から一つ選び、記号で答えなさい。

**ア** プライド　**イ** リーダーシップ
**ウ** モチベーション　**エ** スキル

**問5** ——③「わかってただろ」とあるが、「保生」は「孝俊」が何を「わかってた」と思っているのか。次の文の（　）に合うように本文中から十字以内《いない》でぬき出して答えなさい。

孝俊がタオにしたことは、（　）だということ。

**問6** ——④「それ」とはどのようなことを指していますか。本文中の言葉を使って二十五字以内で具体的《てき》に答えなさい。

**問7** ——⑤とあるが、「保生」のどんな行動を見て「おれ」はそう感じたのですか。「〜こと」に続《つづ》くように本文中から十五字以内でぬき出して答えなさい。

**問8** ——⑥「間髪《かんはつ》を容《い》れずに」の意味として適切なものを次の中から一つ選び、記号で答えなさい。

**ア** すぐに　**イ** ゆっくりと　**ウ** 強く　**エ** 優《やさ》しく

**問9** ——⑦「保生と顔を見合わせる」とあるが、この時二人が共有《きょうゆう》している気持ちとして適切なものを次の中から一つ選び、記号で答えなさい。

ア　面白がっている。　イ　腹《はら》を立てている。

ウ　とまどっている。　エ　あきれ果《は》てている。

**問10**　――⑧について説明《せつめい》した次の文の（　）に合うように、本文中からそれぞれ適切《てきせつ》な語句《ごく》をぬき出して答えなさい。

保生も孝俊も、（あ　二十字）ということは同じだが、（い　六字以《い》内《ない》）に対する考え方が大きく違《ちが》い、話してもなかなかわかり合えないから。

**問11**　［⑨］に入る、「はじめて聞くこと」という意味の二字の熟《じゅく》語《ご》を答えなさい。

**問12**　――⑩「いろんな感情《かんじょう》がぐるぐると渦巻《うずま》いていた」とあるが、この時の「おれ」の気持ちとしてふさわしくないものを次の中から一つ選《えら》び、記号で答えなさい。

ア　天徳島《てんとくじま》の問題について、保生が自分なりの思いや考えを持っていることに気づいておどろいている。

イ　孝俊がタオにしたことは許《ゆる》せないことだが、孝俊の思いを知り、やりきれない気持ちになっている。

ウ　保生はタオに好感《こうかん》を持っており、自分と同じような考えを持っていることを知ってほっとしている。

エ　孝俊のおばあの話を初《はじ》めて聞き、なぜもっと早く教えてくれなかったのだろうかと腹《はら》を立てている。

**問13**　――⑪「おれだけ、なにも考えていない」とあるが、「おれ」は「天徳島」の問題についてどのように思っていますか。本文中から二十字程度《ていど》でぬき出し、はじめの四字を答えなさい。

**問14**　――⑫とあるが、これはどのような状態《じょうたい》になることを示《しめ》す表現《ひょうげん》ですか。簡潔《かんけつ》に説明《せつめい》しなさい。

## 解答

問1 ㋐ 無造作 ㋑ 看板 ㋒ 雑誌 ㋓ 尊敬

問2 [あ] エ [い] オ [う] ア

問3 エ

問4 イ

問5 命にかかわること

問6 内地人に天徳島の決まりをちゃんと教えること。

問7 厳しい口調で孝俊に詰め寄った

問8 ア

問9 ウ

問10 ㋐ 天徳島が大好きで、とても大事に思っている ㋑ 新しく来た人

問11 初耳

問12 エ

問13 島の問題

問14 泣きだしそうになること。

---

## 解説

**問2** [あ] 天徳の人間がどんなふうに減《へ》っているか。「どんどん」しかあてはまらないね。

[い] 保生《やすお》と二人で目的《もくてき》なく浜《はま》まで自転車をこいでいるから、「ぶらぶら」があてはまるね。

[う] 神人《かみんちゅ》のおばあたちがやったこと。「いろいろ」だね。

**問3** 「いい経験《けいけん》させてもらったよ」と言った時のタオの様子が手がかり。タオは唇《くちびる》の端《はし》を持ち上げて笑《わら》っているよ。海に突《つ》き落とされたことを怒《おこ》ってはいないんだね。

**問4** [②]の前後に孝俊はおれ（征人《ゆきと》）と保生を子分のように扱《あつか》っていたし、二人も孝俊の言うことを自然《しぜん》と受け入れる態勢《たいせい》になっていたと書かれているね。これは、孝俊がリーダーであることを表しているんだよ。一読したときに人物像《じんぶつぞう》をつかんでおくことが大事！

**問5** 26行目でタオの家をあとにしているね。27行目からは帰り道の場面だよ。27行目の保生のセリフに注目しよう。すぐに孝俊に詰《つ》め寄《よ》っているね。命にかかわるとても大事なことだからだよね。場面分けが役に立ったね。

**問6** 指示語《しじご》の問題。「それ」を含《ふく》む一文を確認《かくにん》すると「それもしないで文句《もんく》だけ言うのはおかしい」とあるね。何をしないといけないのか、直前を確認してみよう。内地人《ないちゃー》は天徳島の決まりを知らないから間違《まちが》うんだって書いてあるね。ということは、島のみんながしないといけないことは、内地人に島の決まりを教えることだね。

**問7** 問5と同じで、帰り道の場面。保生はどんな行動をとっていたのかな。すぐに保生は孝俊に詰《つ》め寄《よ》っていたね。場面に分けて整理していればすぐに見つかったはず。

**問8** 「話がべつ」「べつじゃない！」とすぐに否定《ひてい》しているね。「間髪《かんはつ》を容《い》れず」は、「すぐに」っていう意味だよ。覚《おぼ》えておこう。

**問9** 「顔を見合わせる」という行動・様子の理由を聞かれているね。直前のできごとに注目！ 話が終わっていないのに、孝俊が自転車に乗って行ってしまったね。取り残《のこ》された二人の気持ちはとまどいだったとわかるね。

**問10** 難しかったね。帰り道の保生と孝俊の二人の口論《こうろん》に注目。保生の考えが38行目以降《いこう》に書いてあるけど、孝俊の考えが見つけづらいよね。でも61行目を見ると、征人が孝俊の考えをまとめているよ。

**問11** 初めて聞くことを「初耳《はつみみ》」っていうんだよ。覚《おぼ》えておこうね。

**問12** 「ふさわしくないもの」を選べたかな？ ふさわしいものを選んでひっかからないようにね！ おばあの話を聞いたあと、104行目で「おれはびっくりして」と書いてあるね。征人は腹を立てたとは書いていないね。

**問13** 77行目から浜へ向かい岩場の場面になっているね。「おれ（征人）」の考えは、85～89行目が手がかり。おれ（征人）が保生に切り出したあとの部分が手がかりだよ。

**問14** 「鼻の奥《おく》がつんとした」ってことは、泣《な》き出しそうってことだよ。

## 02

# 総合演習《そうごうえんしゅう》

智辯《ちべん》学園和歌山中学校（2021年度）

目標時間《もくひょうじかん》
4年生……30分
5年生……25分
6年生……20分

文章の文字数
4221字

●次の文章を読んで後の問いに答えなさい。

【ここまでのあらすじ】

「千春《ちはる》」は小学校五年生。ふとしたことで知り合った修理屋《しゅうりや》の「おじさん」と親しくなる。二人は会話の中で、楽しいことがあった日を「はちみつ」、悲しいことがあった日を「たまねぎ」と表現《ひょうげん》している。本文は「千春」が学校でのできごとを「おじさん」に相談する場面から始まる。

五月の終わり、千春がお店へ入るなり、おじさんのほうから聞かれた。

「今日はたまねぎか？」

よっぽどゆううつそうな顔をしていたらしい。

発端《ほったん》は、週末《しゅうまつ》に開かれた、サナエちゃんのお誕生日会《たんじょうかい》だった。千春と紗希《さき》もふくめ、クラスの女子の半分以上《いじょう》が招待《しょうたい》されていた。

サナエちゃんから日程《にってい》を知らされるなり、紗希は悔《くや》しそうに断《ことわ》った。

「ごめん。あたし、行けない。塾《じゅく》の全国テストなんだ」

「そっか。じゃあ、しょうがないね」

サナエちゃんも残念《ざんねん》そうに答えた。怒《おこ》っているふうには見えなかった。

①でも、本音はそうじゃなかったらしい。お誕生日会の当日、集まったみんなの前で、サナエちゃんはおおげさにため息をついてみせたのだ。

「ガリ勉ってやだよね。友だちより勉強のほうが大事って、どうなの？」

サナエちゃんちの広々《ひろびろ》としたリビングが、しんと静《しず》まり返った。

お誕生日会の主役だから、反論《はんろん》しづらいというだけではない。クラス委員をつとめ、先生からも頼《たよ》りにされているサナエちゃんは、しっかり者で気が強い。堂々《どうどう》と反対意見をぶつけられるのは、同じくらい気の強い、当の紗希くらいなのだった。

それでも勇気《ゆうき》を振《ふ》りしぼって、千春は言い返した。

「だけど、紗希も来たがってたよ」

本当のことだった。パーティーには参加《さんか》できないかわりに、サナエちゃんのためにプレゼントを買って、休み明けに学校で渡《わた》すつもりだと聞いていた。

サナエちゃんがあわれむような目で千春を見た。

「前から思ってたけど、千春ちゃんも大変《たいへん》だよね？　あの子、最近《さいきん》塾ばっかりで、学校なんかどうでもいいって思ってるっぽくない？」

今度は、なにも言い返せなかった。②それは千春もうすうす感じていることだったから。

紗希が塾通《がよ》いで忙《いそが》しくなってから、いっしょに帰ったり、遊んだりする機会《きかい》はめっきり減《へ》っている。最近はたまに、宿題を写させてほしいと頼《たの》まれるようにもなった。写させてあげること自体は、別《べつ》にかまわない。これまで千春も、何度となく紗希に勉強を教えてもらってきた。ただ、こんな宿題なんか意味あるのかな、とこぼされても、なんとも答えられない。

紗希に悪気がないのは、千春にもわかっている。悪気なく、学校の授業《じゅぎょう》はたいくつだとけなし、塾の先生や友だちの話ばかりする。悪気がないとわかっていても、千春はなんだかすっきりしない。

お誕生日会の翌日《よくじつ》、紗希になにをどう伝《つた》えるべきかと千春は悩《なや》んだが、その必要《ひつよう》はなかった。

サナエちゃんの文句《もんく》は、すでに本人の耳にも入ってしまっていたのだ。お誕生日会に出席《しゅっせき》した誰《だれ》かが、こっそり告《つ》げ口したようだった。

「こそこそ悪口言うなんて最低《さいてい》」

紗希はa息巻《いきま》いていた。

「あたし、別にガリ勉じゃないし。将来《しょうらい》のために必要《ひつよう》なことをしてるだけだよ。いい学校を出て、いい会社に入って、いい人生を送りたいんだもん」

以来《いらい》、紗希とサナエちゃんはひとことも口をきいていない。

紗希の味方につく女子もいて、③教室の中には冷《つめ》たい風が吹《ふ》き荒《あ》れている。どういうわけか、担任《たんにん》の先生と男子たちは、まったく気づいているそぶりがないけれども。

千春の話を聞き終えたおじさんは、低《ひく》くうなった。

「ややこしいことになっちまってるなあ」

そのとおりだ。ものすごく、ややこしいことになっている。

「いわゆる価値観《かちかん》の相違《そうい》ってやつだ。小五でもあるんだなあ。そりゃ、あるか」

「カチカンノソーイ？」

またしても、千春にとってははじめて聞く言葉だった。

「生きてくうえで大事にしたいものが、ちがうってこと」

おじさんが補《おぎな》った。それなら、千春にもなんとなくわかる。

「有名な学校や大きな会社に入るのが、すごく重要《じゅうよう》だって考えるひともいる。そうじゃないひともいる」

正直なところ、紗希の主張《しゅちょう》を、千春も完全《かんぜん》に理解《りかい》できているわけではない。もちろん、「悪い学校」よりも「いい学校」で学び、「悪い会社」よりも「いい会社」で働《はたら》くに越《こ》したことはないだろう。でも、「いい人生」と言われても、それが具体的《てき》にどんなものなのか、どうもぴんとこない。

「価値観の相違っていうのは、おとなの世界でもよくあるんだ。それが原因《げんいん》でいろんな争《あらそ》いが起きてる。今も昔も、世界中でね」

おじさんは、うんざりした顔でため息をついている。

「友だちどうしのけんかだけじゃない。夫婦《ふうふ》が離婚《りこん》したり、国どうしが戦争《せんそう》をおっぱじめたり」

「せ、戦争？」

「うん。極端《きょくたん》な例《れい》だけどな」

千春にも、ため息が伝染《でんせん》した。そんなにむずかしい話だったのか。

「じゃあ、どうすれば仲直《なかなお》りできるの？」

「きみはどう思う？」

聞き返されて、頭を整理してみる。紗希とサナエちゃんの価値観《かちかん》とやらが食いちがってしまっているのが、問題らしい。ということは、

「どっちかに考えを合わせればいいの？」

「それは無理《むり》だろうな」

おじさんが首を振《ふ》った。

「え？ でもさっき、価値観がちがうのが問題だって……」

「原因《げんいん》だって言ったんだ。問題じゃない。問題は、そのちがいを受け入れられない人間がいるってこと」

きっぱりと言う。

「別《べつ》に、同じにしなくたっていい。いや、すべきじゃない。みんな同じじゃ、つまらんからな。ほら、カレーだってそうだろ？」

「へ？ カレー？」

「いろんな種類《しゅるい》のスパイスを入れるから、味に深みが出ておいしくなる。カレー、作ったことないか？」

「あるけど」

去年、調理実習で作った。いろんな種類のスパイスなんか使わなかった。板チョコみたいなかたちのルウを砕《くだ》いて、鍋《なべ》に放りこんだだけだ。おじさんのたとえ話は、たまにわかりにくい。

だけど今は、カレーの作りかたはどうでもいい。とにかく一番知りたいことを、千春はたずねた。
④「だったら、仲直《なかなお》りはできないの？」
「いいや、そうとは限《かぎ》らない。たとえばさっきの話だけど、きみはいい学校やいい会社に入りたい？」

急に話が飛《と》んで戸惑《とまど》いつつ、千春は正直に答えた。


「よくわかんない」

「ほら。きみの価値観と、その友だちの価値観も、ぴったり同じってわけじゃない」

「あ」

「だからって、その子も受験《じゅけん》なんかやめちまえとは思わないよな？」

千春はこくりとうなずいて、でも、とつけ足した。

「ちょっとさびしい」

「そうか、そうだよな」

おじさんがつぶやいた。

「じゃあ、その子の受験がうまくいかなきゃいいと思う？」

「まさか」

そんなことは、思わない。クラスが上がったと報告《ほうこく》してきた紗希のうれしそうな顔が、千春の頭に浮《う》かんだ。

「そういうことなんだよ。価値観がちがったって、友だちでいられる」

おじさんが千春の顔をのぞきこんだ。

「認《みと》めればいい。自分とはちがう考えかたも存在《そんざい》するってことを。そのふたりも、おたがいを認められれば、仲直りできる」

「うん」

でも、どうやって？

「きみが手助けしてあげれば？」

千春の疑問《ぎもん》を読みとったかのように、おじさんがにっこり笑《わら》った。

翌日《よくじつ》、千春はさっそく紗希に持ちかけてみた。

「サナエちゃんと仲直りしたら？」

「なにそれ、あたしからあやまるってこと？」

紗希はあからさまに顔をこわばらせた。もともと大きな目をさらに見開いて、千春をきっとにらみつける。

［1］賛成《さんせい》してはくれないだろうと、千春も覚悟《かくご》はしていた。紗希はがんこなのだ。一度こうと決めたら、かんたんにはゆずらない。

「あやまるっていうか、とりあえず話をしてみるとか……」

「絶対《ぜったい》いや」

紗希がぶるんと激《はげ》しく首を振《ふ》った。

「だって、あたしは悪くないもん」

「わたしもそう思うよ」

紗希は悪くない。そしてサナエちゃんも。ただ、ちがうだけなのだ。おじさんに言わせれば、「価値観の相違《そうい》」をめぐるもめごとは、［2］そうらしい。片方《かたほう》がよくてもう片方が悪い、あるいは片方が正しくてもう片方がまちがっている、ということは、ほとんどない。

大丈夫《だいじょうぶ》、本人たちも仲直りしたいと思ってるはずだから、とおじさんは自信《じしん》たっぷりに請《う》けあってもいた。ふたりとも意地張《いじば》って、きっかけをつかみそこねてるだけだ。誰《だれ》かが背中《せなか》を押《お》してあげれば、きっとまるくおさまる。

「でも、早く仲直りしたほうがいいよ」

千春は思いきって続《つづ》けた。紗希が不服《ふふく》そうに［3］をとがらせ、⑤けわしい声でまくしたてる。

「なんでそんなふうに言うの？　千春もサナエちゃんの味方なわけ？　がんばって勉強するのが、どうしていけないの？」


千春は紗希から目をそらさずに、ただ聞いていた。いつもおじさんが千春の話を聞いてくれているときに、そうするように。

「がんばらなきゃ、ついてけないんだもん」

ほんの少しずつ、紗希の声が小さくなった。

「あたしだって、千春やみんなと遊びたいんだよ……でも、どうしても時間が足りなくて……クラスもまた落ちちゃったし……」

［4］をつぐみ、目をふせる。

「わたしも紗希と遊べなくて、さびしいよ」

千春は注意深く［5］をはさんだ。

「サナエちゃんも、みんなもそうだと思う」

紗希がはじかれたように顔を上げた。怒《おこ》ったかな、と千春は反射《はんしゃ》的《てき》に身がまえた。

あらためて紗希とむきあって、はっとする。紗希の目はうっすらと潤《うる》んでいた。ほっぺたと鼻の頭は、真っ赤に染《そ》まっている。

おじさんの問いかけを、千春は唐突《とうとつ》に思い出した。その子の受験がうまくいかなきゃいいと思う？

「さびしいよ。さびしいけど、紗希を応援《おうえん》したいと思ってる」

伝われ、伝われ、と念《ねん》じながら、つけ加《くわ》えた。紗希がぱちぱちとまばたきをして、千春の顔をじっと見つめた。

紗希がサナエちゃんにプレゼントを渡《わた》したのは、その次の日のことだった。

「遅《おそ》くなったけど、おめでとう」

よく通る声で言って、リボンのかかった包《つつ》みをサナエちゃんに差《さ》し出した。紗希はがんこだけれど、いったん納得《なっとく》したら行動は早いのだ。

「お誕生《たんじょう》日会、行けなくてごめん」
朝の会がはじまる直前で、教室にいるほぼ全員がふたりに注目していた。
「……ほんとは、行きたかった」
ためらうような間を置《お》いて、紗希《さき》は言いそえた。サナエちゃんは探《さぐ》るような目で紗希をしばらく眺《なが》めてから、ぷいと目をそらした。
⑥「ありがとう」
そっぽをむいたまま、小声で答えた。紗希が本気で言っていると、ちゃんとわかったようだった。
放課後《ほうかご》、千春はもちろんおじさんの店に寄《よ》った。引き戸を開けると、おじさんがにやりと笑《わら》った。
「はちみつ？」
「はちみつ！」
千春は叫び返して、お店の中へと駆《か》けこんだ。

（瀧羽麻子《たきわあさこ》「たまねぎとはちみつ」より）

**問1** 〰〰部a「息巻《いきま》いていた」・b「あからさまに」の意味として最《もっと》も適切《てきせつ》なものをそれぞれ次の中から選《えら》び、記号で答えなさい。

a「息巻いていた」
ア 過去《かこ》の失敗《しっぱい》を悔《く》やんでいた。
イ 怒《いか》りをあらわにしていた。
ウ 自分の不幸《ふこう》をなげいていた。
エ あまりのことにあきれていた。

b「あからさまに」
ア 見るからに。　イ 苦しまぎれに。
ウ 遠慮《えんりょ》がちに。　エ いつものように。

**問2** □部1・2にはどんなことばが入るか、最《もっと》も適切《てきせつ》なものをそれぞれ次の中から選び、記号で答えなさい。ただし、同じ記号をくり返して使ってはいけません。
ア ひたすら　イ たいてい　ウ すっかり　エ すんなり

**問3** □部3～5に共通《きょうつう》して入ることばを漢字一字で答えなさい。

**問4** ――部①「でも、本音はそうじゃなかったらしい」とあるが、このときの「サナエちゃん」の気持ちの説明《せつめい》として最も適切なものを次の中から選び、記号で答えなさい。
ア 友達《ともだち》のお誕生日会よりも塾《じゅく》のテストの方が大切だと言う紗希に対して不満《ふまん》に思っていたが、そういう考え方もあると半ばあきらめている。
イ 紗希がお誕生日会に出席《しゅっせき》できないことに対して非常《ひじょう》に残念《ざんねん》がっているように見えたが、よく対立している紗希の欠席《けっせき》を本当は喜《よろこ》んでいる。
ウ お誕生日会に参加《さんか》できない紗希の悔《くや》しい気持ちを分かっているふりをしたが、実は塾のテストを受けられる紗希をうらやましく思っている。
エ お誕生日会に参加できない紗希に対して仕方がないことだと理《り》解《かい》を示《しめ》したように見えたが、勉強を優先《ゆうせん》する様子が本当は気に入らないでいる。

**問5** ――部②「それは千春もうすうす感じていることだった」とあるが、「千春」がそのように感じたのはなぜか、説明しなさい。

**問6** ――部③「教室の中には冷《つめ》たい風が吹《ふ》き荒《あ》れている」とあ

るが、このときの状況《じょうきょう》の説明として最も適切なものを次の中から選び、記号で答えなさい。

ア　紗希にサナエちゃんの文句《もんく》が伝《つた》わったのをきっかけに、クラス全員がお互《たが》いのことを信《しん》じられなくなっている。

イ　紗希がサナエちゃんのお誕生日会に欠席したのをきっかけに、クラス全体が二手に分かれていがみ合っている。

ウ　サナエちゃんの悪口が紗希の耳に入ったのをきっかけに、二人を中心に女子たちの間で険悪《けんあく》な雰囲気《ふんいき》が漂《ただよ》っている。

エ　サナエちゃんが紗希の考え方を否定《ひてい》したのをきっかけに、女子たちの間で激《はげ》しく批判《ひはん》し合う言葉が飛《と》びかっている。

**問7**　——部④「だったら、仲直《なかなお》りはできないの？」とあるが、この「千春」の言葉に対する「おじさん」の答えとして最も適切なものを次の中から選び、記号で答えなさい。

ア　紗希とサナエちゃんのように、全く違《ちが》う価値観《かちかん》をもっている二人であっても、どちらかの意見に合わせて行動すれば、お互《たが》いのことが理解でき、仲直りができるはずだ。

イ　千春と紗希のように、お互《たが》いの気持ちを理解できないこともあるが、気持ちをきちんと相手に伝えることで、同じ価値観を持つようになって、仲直りができるはずだ。

ウ　紗希とサナエちゃんのように、今は仲が悪くなっている二人でも、大人が二人の価値観をそれぞれ説明してあげれば、相手のことを理解し、仲直りができるはずだ。

エ　千春と紗希のように、人々《ひとびと》がもっている価値観は同じとは限《かぎ》らないが、それぞれの考え方の違《ちが》いを理解し、お互いのことを認《みと》め合うことで、仲直りができるはずだ。

**問8**　——部⑤「けわしい声でましくたてる」とあるが、このときの「紗希」の気持ちはどのようなものか、説明しなさい。

**問9**　——部⑥「『ありがとう』そっぽをむいたまま、小声で答えた」とあるが、このときの「サナエちゃん」の気持ちとして最も適切なものを次の中から選び、記号で答えなさい。

ア　がんこものの紗希の方から謝《あやま》ってきたので、自分の意見が正しかったとわかり勝ちほこっている。

イ　紗希が本心から言っている言葉だとは思えないので、まだうそをついているのではないかと疑《うたが》っている。

ウ　紗希の言葉が本心からのものだとわかり、素直《すなお》にはなれないけれどもその気持ちを受け入れようとしている。

エ　仕方なく声をかけているといった態度《たいど》の紗希を見て、仲直りをしたいと思っているものの意地を張《は》っている。

**解答《かいとう》**

問1　a イ　b ア
問2　1 エ　2 イ
問3　ロ
問4　エ
問5　（解答例《かいとうれい》）紗希が塾通いで忙しくなったことで、自分と一緒に過ごす機会がめっきり減っているうえに、学校の宿題をいいかげんにしたり授業をけなしたり塾の話ばかりするから。
問6　ウ
問7　エ
問8　（解答例）味方だと思っていた千春にサナエちゃんと仲直りするように言われ、友達と遊ぶことを我慢してまで塾に通い、勉強をがんばっている自分を否定されたと思ったので、強く反発する気持ち。
問9　ウ

**解説《かいせつ》**

問1　わからない言葉の意味を問われたときは、前後の文脈《ぶんみゃく》を頼《たよ》りに考えよう。
a　直前を見ると「こそこそ悪口言うなんて最低《さいてい》」って紗希《さき》ちゃんは怒《おこ》っているね。
b　次の文に「もともと大きな目をさらに見開いて、千春をきっとにらみつける」と書いてあるね。見るからに怒っていることがよくわかるよ。

問2　1　サナエちゃんと仲直《なかなお》りしたらという提案《ていあん》を、紗希ちゃんは最初断《さいしょことわ》ろうとしているよね。「すんなり」ってすぐにうまくいくときに使うんだよ。今回はすんなり賛成《さんせい》してくれなかったね。
2　[2]の次の文から、「(価値観《かちかん》の相違《そうい》の問題は)片方《かたほう》がよくてもう片方が悪い、あるいは片方が正しくてもう片方がまちがっている、ということは、ほとんどない」って書いてあるね。だいたいはどっちも悪くないんだね。「たいてい」を入れよう。

問3　[3]の前後のことばが手がかり。不服《ふふく》そうにとがらせるのは、ロ。[4]・[5]はどちらも話すことに関係《かんけい》するよね。やっぱりロがぴったりだね。

問4　サナエちゃんの気持ちを答える問題。——部①の直後の登場人物の気持ちはセリフに着目！　紗希ちゃんがお誕生日会《たんじょうびかい》に来られないってわかったとき、サナエちゃんは残念《ざんねん》そうにして怒《おこ》っているわけではなかったよね。でも、お誕生日会当日、紗希ちゃんがお誕生日会よりも塾《じゅく》を優先《ゆうせん》したことをみんなの前で非難《ひなん》したね。

問5　——部を含《ふく》む一文に「それ」「これ」などの指示語《しじご》が入っていたら、大ヒント！　「それ」の中身は何か考えてみよう。「それ」は紗希ちゃんが最近塾ばっかりで、学校なんてどうでもいいって思っていることだね。千春がそう感じた理由は直後の41〜49行目が手がかり。

問6　「教室の中には冷《つめ》たい風が吹《ふ》き荒《あ》れている」というのは、紗希ちゃんとサナエちゃんがひとことも口をきかずにいる教室の状況《じょうきょう》をたとえた比喩《ひゆ》なんだよ。比喩に気づけたかな。ウにある「険悪《けんあく》」とは、よくないことが起こりそうな、危《あぶ》ない様子をいうよ。

**問7**

おじさんの気持ちや考え方は、おじさんのセリフが手がかりだったよ。——部④の後に続《つづ》く、千春とおじさんの会話の中で、おじさんは「価値観がちがったって、友だちでいられる（128行目）」「自分とはちがう考えかたも存在《そんざい》するってこと（131行目）」「おたがいを認《みと》められれば、仲直《なかなお》りできる（132行目）」って言っているね。

**問8**

なぜ紗希は、けわしい声でまくしたてるのか。直前のできごととつなげて気持ちを考えよう。自分の味方だと思っていた千春に仲直りをすすめられて、反発したんだよね。登場人物の気持ちは、「できごと（〜ので）＋心情《しんじょう》（〜気持ち）の型《かた》」で答えるのがポイントだよ。

**問9**

今まで口もきかなかったのに「ありがとう」って言ったのはなぜかな。直前のできごとがヒントだったね。紗希ちゃんがお誕生日会に行けなかったことを謝《あやま》ってくれて、本当は行きたかったという本音を素直《すなお》に伝《つた》えたからだね。

# 03 総合演習《そうごうえんしゅう》

淳心《じゅんしん》学院中学校
（2021年度）

目標時間《もくひょうじかん》
4年生……30分
5年生……25分
6年生……20分

文章の文字数
3970字

●次の文章を読んで、後の問いに答えなさい。

須貝《すがい》はるよ。三十八歳《さい》。主婦《しゅふ》。
同　直太郎《なおたろう》。十五歳（今春中学卒業《そつぎょう》）。

宿泊《しゅくはく》カードには痩《や》せた女文字でそう書いてあった。住所は、青森県三戸郡《さんのへぐん》下の村。番地の下に、光林寺内とある。

近くに景勝地《けいしょうち》を控《ひか》えた北陸《ほくりく》の城下町《じょうかまち》でも、裏通《うらどお》りにある目立たない和風の宿だから、こういう遠来の客は珍《めずら》しい。

日が暮《く》れて間もなく、女中が二人連《づ》れの客だというので、どうせ素《す》泊《ど》まりの若《わか》い男女だろうと思いながら出てみると、案《あん》に相違《そうい》して地味な和装《わそう》の四十年配の女が一人、戸口にひっそり立っている。連れの姿《すがた》は見えない。

女は、空きがあれば二泊《はく》したいのだが、といった。言葉に、日頃《ひごろ》聞き馴《な》れない訛《なま》りがあった。

「お一人様で？」

「いえ、二人ですけんど。」

女は振《ふ》り返って、半分開けたままの戸の外へ鋭《するど》く声をかけた。ちゃんづけで名を呼《よ》んだのか、なおちゃ、ときこえた。青白い顔の、［1］とした、ひよわそうな少年が戸の蔭《かげ》からあらわれて、はにかみ笑《わら》いを浮《う》かべながらぺこりと頭を下げた。両手に膨《ふく》らんだボストンバッグを提《さ》げている。もう三月も下旬《げじゅん》だというのに、まだ重そうな(注1)冬外套《がいとう》のままで、襟元《えりもと》から黒い学生服が覗《のぞ》いている。そういえば、女の方も厚《あつ》ぼったい防寒《ぼうかん》コートで、首にスカーフまで巻いていた。

「これ、息子《むすこ》でやんして……。」

女もはにかむように笑いながら、ひっつめ髪《かみ》のほつれ毛を耳の後ろへ掻《か》き上げた。

初《はじ》めは、近在《きんざい》から市内の高校へ受験《じゅけん》に出てきた親子かと思ったが、女中によれば、高校の入学試験《しけん》は半月も前に済《す》んだという。それなら、進学準備《じゅんび》の買い物だろうか。下宿探《さが》しだろうか。それとも、卒業記念《きねん》の観光《かんこう》旅行だろうか――いずれにしても、二泊三日とは豪勢《ごうせい》な、と思っていたが、書いて貰《もら》った宿泊カードを見ると、なんと北のはずれから来た人たちである。

これは、ただのA物見遊山《ものみゆさん》の旅ではあるまい。宿泊カードの職業欄《しょくぎょうらん》に、主婦、とか、今春中学卒業、などと書き入れるところを見ると、あまり旅馴れている人とも思えないが、どうしたのだろう。

「まさか、厄介《やっかい》なお客じゃないでしょうね。」

と女中が声をひそめていった。

「厄介な、というと？」

「たとえば、親子心中しにきたなんて……。」

「阿呆《あほ》らしい。」

「だけど、あの二人、なんだか陰気《いんき》で、湿《しめ》っぽいじゃありませんか。めったに笑顔《えがお》を見せないし、口数も妙《みょう》にすくないし……。」

「それは田舎《いなか》の人たちで、こんなところに泊《と》まるのに馴れてないから。第一、心中なんかするつもりなら、なんでわざわざこんなとこまで遠出してくるのよ。」

「ここなら、近くに東尋坊《とうじんぼう》もあるし、越前岬《えちぜんみさき》も……。」

「景色《けしき》のいい死に場所なら、東北にだっていくらもあるわ。それに、心中する人たちが二晩《ばん》も道草食う？」

「案外《あんがい》、道草じゃないかも、奥《おく》さん。まず、明日は一日、死に場所を探《さが》して、明後日はいよいよ……。」

「よしてよ、薄気味悪《うすきみわる》い。」

勿論冗談《もちろんじょうだん》のつもりだったが、翌朝《よくあさ》、親子が、食事を済《す》ませると間もなく外出の支度《したく》をして降《お》りてきたときは、［2］とした。母親は手ぶらで、息子の方がしぼんだボストンバッグを一つだけ手に提《さ》げている。

「お出かけですか。」

「はい……。」

この親子は、何を話すときでも、きまってはにかむような笑いを浮かべる。客のことで余計《よけい》な穿鑿《せんさく》(注2)はしないのがならわしなのだが、つい、さりげなく、

「今日は朝から穏《おだ》やかな日和《ひより》で……どちらまで？」

と①尋《たず》ねないではいられなかった。

「え……あちこち、いろいろと……。」

母親はそう答えただけであった。あやうく、東尋坊、と口に出かかったが、

「もし、郊外《こうがい》の方へお出かけでしたら、私鉄《してつ》やバスの時間を調べてさし上げますが。」

といって顔色を窺《うかが》うと、

「いえ、結構《けっこう》で……交通の便《べん》は発《た》つ前にだいたい聞いてきましたすけに。日暮《ひぐ》れまでには戻《もど》ります。」

母親は、別段《べつだん》動じたふうもなくそう言うと、んだら、行って参《まい》ります、と丁寧《ていねい》に頭を下げた。

親子は、約束《やくそく》通り日暮れ前に帰ってきたが、それを玄関《げんかん》に出迎《でむか》えて、思わず、あ、と驚《おどろ》きの声を洩《も》らしてしまった。母親は出かけたときのままだったが、息子の方は、髪《かみ》を短く伸《の》ばしていたが頭がすっかり丸められて、雲水《うんすい》のように青々《あおあお》としていたからである。

あまりの思いがけなさに、ただ目を瞠《みは》っていると、

「まんず、こういうことになりゃんして……やっぱし風が滲《し》みると見えて、くしゃみを、はや三度もしました。」

母親は、仕方なさそうに笑って息子をかえりみた。息子の方は、［3］ともせずにうつむいて、これまた仕方がないというふうに青い頭をゆるく左右に振《ふ》っている。どうやら、どちらも納得《なっとく》ずくの剃《てい》髪《はつ》らしく、

「なんとまあ、涼《すず》しげな頭におなりで。」

とようやく声を上げてから、ふと、宿泊カードに光林寺内とあったのを思い出した。

「それじゃ、こちらがお坊《ぼう》さんに……？」

「へぇ、雲水になりますんで。明日から、ここの大本山《だいほんざん》に入門する

んでやんす。」

母親は目をしばたたきながらそういった。

それで、この親子にまつわる謎《なぞ》がいちどに解《と》けた。大本山、というのはここからバスで半時間ほどの山中にある曹洞宗《そうとうしゅう》の名高い（注3）古刹《こさつ》で、毎年春先になると、そこへ入門を志《こころざ》す雲水《うんすい》たちが墨染《すみぞ》めの衣装《いしょう》で集まってくる。この少年もそのひとりで、北のはずれから母親につき添《そ》われてはるばる修行《しゅぎょう》にきたのである。

それにしても、頭を丸めた少年は、前にも増《ま》して何か痛々《いたいた》しいほど可憐《かれん》に見えた。さっき青々《あおあお》とした頭に気づいたとき、まるで雲水のような、とは思ったものの、本物の雲水になるための剃髪《ていはつ》だとは思いも及《およ》ばなかったのは、そのせいだが、母親によると、（注4）得度《とくど》さえ済《す》ませていれば中学卒《ちゅうがくそつ》で入門が許《ゆる》されるという。

けれども、ここの大本山での修行は（注5）峻烈《しゅんれつ》を極《きわ》めると聞いている。果《は》たしてこの幼《おさな》い少年に耐《た》えられるだろうかと、他人事ながらはらはらして、

「でも……お母さんとしては何かと御心配《ごしんぱい》でしょうねぇ。」

というと、

「なに、こう見えても芯《しん》の強い子ですからに、なんとか堪《こら》えてくれましょう。父親も見守ってくれてます。」

②母親は珍《めずら》しく力んだ口調で、息子《むすこ》にも、自分にも言い聞かせるようにそういった。

——息子が湯を使っている間、帳場で母親に茶を出すと、B問わず語りにこんなことを話してくれた。自分は寺の（注6）梵妻《ぼんさい》だが、おととしの暮《く》れ近くに、夫《おっと》の住職《じゅうしょく》が交通事故で亡《な》くなった。夫は、四、五年前から、（注7）遠い檀家《だんか》の法事《ほうじ》に出かけるときは自転車を使っていたが、町のセールスマンの口車に乗せられてスクーターに乗り換《か》えたのがまずかった。凍《い》てついた峠道《とうげみち》でスリップしたところを、大型《おおがた》トラックにはねられてしまった。

跡継《あとつ》ぎの息子はすでに得度を済ませていたが、まだ中学二年生である。仕方なく、町にある同じ宗派《しゅうは》の寺に応援《おうえん》を仰《あお》いでなんとか急場を凌《しの》いできたが、出費《しゅっぴ》も嵩《かさ》むし、いつまでも住職のいない寺では困《こま》るという檀家の声も高まって、一刻《いっこく》も早く息子を住職に仕立てないわけにはいかなくなった。住職になるには、大本山で三年以上《いじょう》、ほかに本科一年間の修行を積《つ》まねばならない。ゆくゆくは高校からしかるべき大学へ進学させるつもりだったが、もはやそんな悠長《ゆうちょう》なことはいっていられない。十五で修行に出すのはかわいそうだが、仕方がなかった。

自分は明日、息子が入門するのを見届《みとど》けたら、すぐ帰郷《ききょう》する。入門後は百日面会はできないというが、里心《さとごころ》がつくといけないから面会などせずに、郷里《きょうり》で寺を守りながら、息子がおよそ五年間の修行を終えて帰ってくるのを待つつもりでいる……。

「それじゃ、息子さんは今夜で（注8）娑婆《しゃば》とは当分のお別《わか》れですね。お夕食はうんとご馳走《ちそう》しましょう。何がお好《す》きかしら。」

そうきくと、母親は即座《そくざ》に、

「んだら、とんかつにしていただきゃんす。」

といった。

「とんかつ……そんなものでよろしいんですか？」

「へえ。あの子は、寺育ちのくせに、どういうものかとんかつが大好物《こうぶつ》でやんして……。」

母親は、[※]ように笑《わら》いながらそういった。

だから、夕食には、これまでいちばん厚《あつ》いとんかつを[4]と揚《あ》げて出した。しばらくすると、給仕《きゅうじ》の女中が降《お》りてきて、

「お二人は、しんみり食べてますよ。いま覗《のぞ》いてみたら、③お母さんの皿はもう空っぽで、お子さんのほうはまだ食べてます。お母さんは箸《はし》を置《お》いて、お子さんがせっせと食べるのを黙《だま》って見てるんです。」

といった。


それから一年近く経《た》った翌年《よくとし》の二月、母親だけが一人で[5]訪《たず》ねてきた。面会などしないと強気でいても、やはり、いちど顔を見ずにはいられなくなったのだろうと思ったが、そうではなかった。修行中の息子が、雪作務《さむ》のとき僧坊《そうぼう》の屋根から雪と一緒《いっしょ》に転落し、右脚《みぎあし》を骨《こっ》折《せっ》して、今は市内の病院に入院しているのだという。

「もう歩けるふうでやんすが、どういうことになっているやらと思いましてなあ。」

相変《あいか》わらず地味な和装《わそう》の、(注9)小鬢《こびん》に白いものが目につくようになった母親は、決して面会ではなく、ただちょっと見舞《みま》いにきただけだと言った。

息子の手紙には、病院にきてはいけない、夕方六時に去年の宿で待っているようにとあったというから、

「じゃ、お夕食は御一緒《ごいっしょ》ですね。でも、昨年《さくねん》とは違《ちが》いますから、何をお出しすればいいのかしら。」

「さあ……修行中の身ですからになあ。したが、やっぱし……。」

「④わかりました。お任《まか》せください。」

と引き下がって、女中にとんかつの用意をいいつけた。


夕方六時きっかりに、衣姿《ころもすがた》の雲水が玄関《げんかん》に立った。びっくりした。わずか一年足らずの間に、顔からも躯《からだ》つきからも可憐《かれん》さがすっかり消えて、見違《みちが》えるような凛《りん》とした僧《そう》になっている。昨年《さくねん》、人前では口を噤《つぐ》んだままだった彼《かれ》は、思いがけなく練れた太い声で、

「おひさしぶりです。その節《せつ》はお世話になりました。」

といった。それから、調理場から漂《ただよ》ってくる好物の匂《にお》いに気づいたらしく、ふと目を和《なご》ませて、こちらを見た。

「……よろしかったでしょうか。」

彼は無言《むごん》で合掌《がっしょう》の礼をすると、右脚《みぎあし》を少し引きずるようにしながら、母親の待つ二階へゆっくり階段《かいだん》を昇《のぼ》っていった。

(三浦哲郎《みうらてつお》「とんかつ」より)

(注)
1 外套《がいとう》―コート。
2 穿鑿《せんさく》―細かいことまでたずねること。
3 古刹―歴史《れきし》のある寺。
4 得度―お坊さんになる準備《じゅんび》。
5 峻烈―きびしいこと。
6 梵妻―お坊さんの奥《おく》さん。
7 檀家―信者《しんじゃ》。
8 娑婆―ふつうの生活。
9 小鬢―耳の側《そば》の髪《かみ》。

**問1** [1]～[5]に入れるのにふさわしいものを、次のア～オの中から一つずつ選《えら》び、記号で答えなさい。同じものは一度しか使えません。

**ア** ひょっこり　**イ** にこり　**ウ** ひょろり

エ　ぎくり　　オ　じっくり

**問2**　※ に入れるのにふさわしいことばを、本文からぬき出しなさい。

**問3**　～～～部A・Bの意味としてふさわしいものを次のア～オの中から一つずつ選《えら》び、記号で答えなさい。

A　物見遊山《ものみゆさん》

**ア**　見物して歩き回る　**イ**　遊ぶ場所をさがす

**ウ**　神社にお参《まい》りする　**エ**　有名な山に登る

**オ**　長い間旅に出る

B　問わず語り

**ア**　質問《しつもん》が出ないように言葉を選びながらしゃべる

**イ**　自分の話したいことだけを自分の調子で話し続《つづ》ける

**ウ**　わかりやすく誰《だれ》もが納得《なっとく》できるような説明《せつめい》をする

**エ**　聞かれていないことを自分からすすんで話し出す

**オ**　相手に興味《きょうみ》や関心《かんしん》を持たせるような話し方をする

**問4**　――部①「尋《たず》ねないではいられなかった」とありますが、このときの気持ちを説明しなさい。

**問5**　――部②「母親は珍《めずら》しく力んだ口調で」とありますが、このときの母親の気持ちを説明したものとして最《もっと》もふさわしいものを、次のア～オの中から一つ選び、記号で答えなさい。

**ア**　この春中学校を卒業《そつぎょう》したばかりの息子《むすこ》と離《はな》ればなれになるさびしさを、なんとか我慢《がまん》しようと思う気持ち。

**イ**　息子が修行《しゅぎょう》を乗り越《こ》えてくれることを信《しん》じ、自分が感じている将来《しょうらい》への不安《ふあん》もかき消したいという気持ち。

**ウ**　息子を心配していることを目の前ではっきりと指摘《してき》され、あわてて否定《ひてい》しなければならないと思う気持ち。

**エ**　明日から始まる大本山での厳《きび》しい修行を経《へ》て、立派《りっぱ》な雲水《うんすい》に成《せい》長《ちょう》して欲《ほ》しいと息子に期待を寄《よ》せる気持ち。

**オ**　自分たち親子が生活していくためにはこうするしかなかったと、自分を無理《むり》やり納得《なっとく》させようとする気持ち。

**問6**　――部③「お母さんの皿はもう空っぽで、お子さんのほうはまだ食べてます」とありますが、それはなぜですか。説明しなさい。

**問7**　――部④「わかりました。お任《まか》せください」とありますが、この発言をした人（奥《おく》さん）の気持ちを説明しなさい。

## 解答《かいとう》

問1 1 ウ　2 エ　3 イ　4 オ　5 ア

問2 はにかむ

問3 A ア　B エ

問4 （解答例《かいとうれい》）親子の宿泊の目的や今日の予定がわからず、昨夜女中が親子の心中を想像したこともあり、荷物の少ない親子のことを心配する気持ち。

問5 イ

問6 （解答例）母親が、息子の大好物を自分の分も分けて食べさせているから。

問7 （解答例）母親の思いを察し、修行中の身で本来食べてはいけないが、息子の大好物を出してやろうという気持ち。

## 解説《かいせつ》

問1 1 [1]の直後。「ひよわそうな少年」が手がかりだよ。

2 文頭の「冗談《じょうだん》のつもりだったが」が手がかり。「冗談のつもりだった前日の話に対して、実際《じっさい》に荷物少なに出かけようとしている親子に直面したときの様子に合うものを考えてね。心中するんじゃないかって心配しているね。

3 [3]の直後が手がかりになるよ。「うつむいて、これまた仕方がないというふうに」からどんなふうにうつむいていたか、ふさわしい語を考えてね。

4 [4]の直前「これまででいちばん厚《あつ》いとんかつ」が手がかり。厚いとんかつは、火が中まで通るのに時間がかかるよね。

5 [5]のある段落《だんらく》を読むと、計画的《てき》に訪《たず》ねてきたのではないことがわかるね。

問2 18〜19行目に「はにかみ笑《わら》い」、24行目にも「はにかむ」とあるね。さらに宿泊《しゅくはく》した翌朝《よくあさ》の場面に注目すると、57〜58行目に「この親子は、何を話すときでも、きまってはにかむような笑いを浮《う》かべる。」とあるよ。はにかむ親子だね。

問4 前日に冗談のつもりだけど、親子の心中を疑《うたが》い、翌朝《よくあさ》の親子の荷物の少なさから、心配で行き先を尋《たず》ねずにはいられなくなっているんだね。

問5 ――部②の直後が手がかり。「自分にも言い聞かせるようにそういった」とあるので、修行に出る息子への不安《ふあん》をかき消そうとしているんだね。

問6 修行に入る息子に、息子の大好物《こうぶつ》を食べさせようとしている母親の立場になって考えてみてね。お母さんが早食いなんじゃないよ。

問7 ――部④の直前「修行中の身ですからになあ。したが、やっぱし……。」という母親のセリフが手がかり。修行中の身ゆえ、好《す》き勝手なものを食べさせるのは気がひけるが、息子に大好物を食べさせてあげたいと思っていることがわかるね。それを奥《おく》さんが察《さっ》したことを読み取ろう。

# 04 総合演習《そうごうえんしゅう》

西大和《にしやまと》学園中学校（2018年度）

目標時間《もくひょう》

4年生……30分
5年生……25分
6年生……20分

文章の文字数

2882字

● 次の文章を読んで、あとの問いに答えなさい。

先生の仕事を手伝《てつだ》い、少しおくれて学校を出ると、一番大きな桜《さくら》の木の下で、同級生が十人ほどかたまって何かひそひそと話しあっていた。信夫《のぶお》が近づくと、みんなはちょっと顔を見合《あわ》せてから、信夫のために場所をひらいた。

「何かあったの」

「知らないのか？　高等科（注1）の便所《べんじょ》に女の髪《かみ》の毛があったんだって。そして血がいっぱい落ちているんだって」

重大そうに答えたのはクラス一のガキ大将《だいしょう》松井《まつい》である。

「知らないな」

「そしてな、夜、女の泣《な》き声がきこえるんだとよ。おばけが出るんじゃないかな」

副《ふく》級長の大竹《おおたけ》が（　a　）つけくわえた。

「いったいだれがその泣き声をきいたのさ」

信夫はおちついていった。

「知らん。知らんけれどほんとうらしいよ。なあ」

松井がみんなの顔をみた。みんな一斉《いっせい》にまじめな顔でうなずいた。

信夫は（　b　）笑《わら》った。

「うそだよ、そんなこと」

「うそだって、どうして永野《ながの》にわかるんだ？　みんなはほんとうにおばけが出るっていってるんだぞ」

松井の言葉に、そうだ、そうだというように、生徒《せいと》たちはうなずいた。信夫は少し困《こま》ったが、いい返した。

「だって、おばけなんかいないって、おとうさまがいっていたもの」

「うちのとうさんは、おばけをみたことがあるって」

「うん、うちでも、おばけはほんとうにいるって、いつでもいうよ」

みんな、いるいると口々《くちぐち》にいった。たしかにおとなも幽霊《ゆうれい》やおばけの存在《そんざい》を信《しん》じる者が多かった。

「そんなものはいないよ」

信夫は1ダンコとしていった。

「そうかい。じゃ、ほんとうにおばけが出るかどうか、今夜八時にこの木の下に集まることにしないか」

松井がいった。みんなおしだまってしまった。そっとどこかに行くふりをして離《はな》れた者もいた。

「どうする？　集まらないのか？」

松井が返事をうながした。風が吹《ふ》いて、うつむいている男の子供《こども》たちの上に、桜の花びらが降《ふ》りしきった。

「みんなで集まるんだから、こわくはないぜ」

「そうだ。みんなで夜集まるのはおもしろいぞ」

副級長の大竹が、ガキ大将の言葉に2サンセイした。

「永野はくるだろうな」

松井は逃《に》がさないぞという顔をした。

「くるよ。今夜八時にここに集まるのだな」

信夫は級長らしい落ちつきをみせてうなずいた。

「よし。じゃ、みんなもくるだろうな。どんなことがあってもな」

松井はそういって一同をみまわした。みんな口々に「うん」といった。

夕食の時になって、雨がぽつぽつ降りだしていたが、七時をすぎたころには、雨に風をまじえていた。

①「おかあさま、ぼくこれから学校に行ってもいい？」

さっきから、暗い外をながめていた信夫がいった。

「まあ、これから学校にどんな用事がありますの」

菊《きく》はおどろいて、信夫をみた。

「つまらないことなんだけれど……。そうだ。行ってもつまらないことだから、やめようかな」

信夫はふたたび外をみた。雨の音が3ハゲしかった。

「何かあるのか」

新聞を見ていた貞行《さだゆき》が顔をあげた。

「高等科の便所に夜になると女の泣き声がするんだって。みんなで今夜集まって、それがおばけかどうかみるんだって」

「まあ、おばけなんて、この世にいるわけがありませんよ。そんなことで、こんな雨ふりに出かけることはありませんよ。ねえ、あなた」

菊はおかしそうに笑った。貞行は腕《うで》を組んだまま、少しむずかしい顔をしていた。

「ええ、ぼく、いかないよ。こんなに雨が降ってきたらだれも集まらないのに決《きま》っているから」

「そうか。やめるのはいいが、信夫はいったい、みんなとどんな約《やく》束《そく》をしたんだね」

「今夜、八時に桜の木の下に集まるって」

「そう約束したんだね。約束したが、やめるのかね」

貞行は（ c ）信夫をみつめた。

「約束したことはしたけれど、行かなくてもいいんです。おばけがいるかどうかなんて、つまらないから」

こんな雨の中を出ていかなければならないほど、大事なことではないと信夫は考えた。

「信夫、行っておいで」

貞行が（ d ）いった。

「はい。……でも、こんなに雨が降っているんだもの」

「そうか。雨が降ったら行かなくてもいいという約束だったのか」

②貞行の声がきびしかった。

「いいえ。雨が降った時はどうするか決めていなかったの」

信夫はAおずおずと貞行をみた。

「約束を破《やぶ》るのは、犬猫《いぬねこ》に劣《おと》るものだよ。犬や猫は約束などしないから、破りようもない。人間よりかしこいようなものだ」

（だけど、大した約束でもないのに）

信夫は不満《ふまん》そうに口をとがらせた。

「信夫。守らなくてもいい約束なら、はじめからしないことだな」

信夫の心を見通すように貞行はいった。

「はい」

しぶしぶと信夫《のぶお》は立ちあがった。

「わたくしもいっしょにまいります」

菊《きく》も立ちあがった。

「菊。信夫は四年生の男子だ。ひとりで行けないことはあるまい」

学校までは四、五丁(注2)ある。菊は（　ｅ　）貞行《さだゆき》をみた。

外に出て、何歩も歩かぬうちに、信夫はたちまち雨でずぶ濡《ぬ》れになってしまった。まっくらな道を、信夫は爪先《つまさき》でさぐるように歩いていった。思ったほど風はひどくはないが、それでも雨に濡れた、まっくらな道は歩きづらい。四年間歩きなれた道ではあっても、ひるの道とは全く4カッテがちがった。

（つまらない約束《やくそく》をするんじゃなかった）

信夫はいくども後悔《こうかい》していた。

（どうせだれもきているわけはないのに）

信夫は貞行の仕打ちが不満《ふまん》だった。ぬかるみに足をとられて、信夫はなかなか歩けないでいた。春の雨とはいいながら、ずぶ濡れになった体が冷《ひ》えてきた。

（約束というものは、こんなにまでして守らなければならないものだろうか）

わずか四、五丁の道が、何十丁もの道のりに思われて、③信夫は泣《な》きたくなった。

やっと校庭にたどりついたころは、さいわい雨が小降りになっていた。暗い校庭はしんとしずまりかえって、何の音もしない。だれかきているかと耳をすましたが話し声はなかった。ほんとうにどこからか女のすすり泣く声がきこえてくるような5ブキミなしずけさだった。集合場所である桜《さくら》の木の下に近づくと、

「誰《だれ》だ」

と、（　ｆ　）声がかかった。信夫はぎくりとした。

「永野だ」

「何だ、信夫か」

信夫の前の席《せき》に並《なら》んでいる吉川修《よしかわおさむ》の声だった。吉川はふだん目だたないが、落ちついて学力のある生徒《せいと》だった。

「ああ、吉川か。ひどい雨なのによくきたな」

だれもくるはずがないと決めていただけに、信夫はおどろいた。

「だって約束だからな」

B淡々《たんたん》とした吉川の言葉が大人っぽくひびいた。

（約束だからな）

信夫は吉川の言葉を心の中でつぶやいてみた。するとふしぎなことに、「約束」という言葉の持つ、ずしりとした重さが、信夫にもわかったような気がした。

（ぼくはおとうさまに行けといわれたから、仕方なくきたのだ。約束だからきたのではない）

信夫は急にはずかしくなった。吉川修が一段《いちだん》えらい人間に思われた。日ごろ、□としての誇《ほこ》りを持っていたことが、ひどくつまらなく思われた。

「みんな、こないじゃないか」

信夫はいった。

「うん」

「どんなことがあっても集まるって約束したのにな」

信夫はもう、自分は約束を守ってここにきたような気になっていた。

「雨降りだから、仕方がないよ」
吉川がいった。その声に俺《おれ》は約束を守ったぞというひびきがなかった。
④信夫は吉川をほんとうにえらいと思った。
（三浦綾子《みうらあやこ》「塩狩峠《しおかりとうげ》」より・一部改変《かいへん》）

（注1）高等科…現在《げんざい》の中学校に相当する。
（注2）丁…一丁は約《やく》一〇九メートル。

**問1** ＝＝部1～5のカタカナを、それぞれ漢字に直しなさい。
（丁寧《ていねい》に書くこと）

**問2** ～～部A・Bの語句の意味として最《もっと》もふさわしいものを次の中からそれぞれ一つずつ選《えら》び、記号で答えなさい。

A「おずおずと」
**ア** ためらう様子　**イ** まじめな様子　**ウ** ひかえめな様子
**エ** あきれる様子　**オ** つまらない様子

B「淡々《たんたん》とした」
**ア** ずっしりとした　**イ** しっかりとした
**ウ** すっきりとした　**エ** おっとりとした
**オ** さっぱりとした

**問3**（ａ）～（ｆ）に当てはまる最もふさわしい言葉を次の中からそれぞれ一つずつ選び、記号で答えなさい。ただし、同じ記号を二回以上《いじょう》用いてはいけません。
**ア** ふいに　**イ** おだやかに　**ウ** ばかばかしそうに
**エ** 困《こま》ったように　**オ** 恐《おそ》ろしそうに　**カ** じっと

**問4** ――部①「さっきから、暗い外をながめていた信夫がいった」とありますが、この時の「信夫」の気持ちとして最もふさわしいものを次の中から一つ選び、記号で答えなさい。
**ア** 悪天候《てんこう》の中、学校へ行く約束を守る者はだれもいないと予想できるので、一人で学校へ行くことが不安《ふあん》な気持ち。
**イ** 雨が降った場合どういう手段《しゅだん》で学校に行くかということを話し合わず、約束してしまったことを後悔する気持ち。
**ウ** 大雨の中、わざわざ学校へ行くほど重要《じゅうよう》な約束ではないので、行く必要《ひつよう》はないと菊が言うことを期待する気持ち。
**エ** おばけにはもともと興味《きょうみ》があったが、おばけだけのために同級生たちと学校に行くことが面倒《めんどう》になっている気持ち。
**オ** 同級生たちと一緒《いっしょ》に楽しみにしていたおばけを探《さが》しに学校へ行きたいので、早く天気が良《よ》くなることを願《ねが》う気持ち。

**問5** ――部②「貞行の声がきびしかった」とありますが、この時の「貞行」の気持ちをわかりやすく五十字以内《いない》で説明《せつめい》しなさい。

**問6** ――部③「信夫は泣《な》きたくなった」とありますが、それはなぜだと考えられますか。その理由として最もふさわしいものを次の中から一つ選び、記号で答えなさい。
**ア** 同級生たちと夜に集まる約束をした信夫に対して、菊は強い雨が降っているので一緒《いっしょ》に行くと言ってくれたのに、貞行の反対で一人で行くことになり腹《はら》が立ったから。
**イ** 強い雨が降っている中、同級生たちと夜に集まる約束を守るために家を出ると、目的地《もくてきち》に行くまでにずぶ濡れになってしまい、体が冷え体調が悪くなったから。
**ウ** 大雨が降ってきて、同級生たちと夜に集まる約束を守らなくても良《よ》いという考えになったのに、貞行の反対にあい自分の思い通りにならなくなり悔《くや》しくなったから。

エ　同級生たちと夜に集まる約束《やくそく》を守ることを貞行《さだゆき》に強いられ、しかも大雨の中ずぶ濡《ぬ》れで体が冷えてしまったことで、約束を守ることの意味が納得《なっとく》できなかったから。

オ　同級生たちと夜に集まる約束を守るように貞行に言われ家を出たが、大雨の降《ふ》る中ずぶ濡れで体が冷《ひ》え、しかも目的地《もくてきち》までが遠く感じられやるせなくなったから。

**問7**　□に当てはまる最《もっと》もふさわしい語を、本文中より抜《ぬ》き出しなさい。

**問8**　――部④「信夫《のぶお》は吉川《よしかわ》をほんとうにえらいと思った」とありますが、それはなぜだと考えられますか。わかりやすく七十字以内《いない》で説明《せつめい》しなさい。

**問9**　本文の内容《ないよう》に当てはまるものを次の中から一つ選《えら》び、記号で答えなさい。

ア　はじめは高等科の便所《べんじょ》におばけが出るという話に興味《きょうみ》がなかった同級生たちは、おばけにくわしいガキ大将《だいしょう》の松井の話によって、だんだんおばけに興味を持ち始め、夜に学校で集まる約束をしてしまった。

イ　いつも信夫の味方をしてきた菊《きく》は、強い雨の中でも同級生たちとの約束を守るため一人で学校へ行けと貞行に言われた信夫のことがかわいそうに思ったので、信夫と一緒《いっしょ》に約束の場所まで行こうと決心した。

ウ　同級生たちとの約束のことで貞行と言い合いになり家を飛《と》び出した信夫は、家族から離《はな》れ一人で夜道を歩くことによって、冷静《れいせい》さを取り戻《もど》し、親である貞行の意見に反発したことを心から反省《はんせい》した。

エ　強い雨の中、同級生たちとの約束の場所まで一人で行った信夫は、そこに吉川がすでに一人でいたことに感心すると同時に、他のみんなが来ていないことを知り、約束を守った自分を立派《りっぱ》だと思った。

オ　信夫は約束という言葉の重みを、家の中で貞行と会話をしている時は理解《りかい》できなかったが、同級生たちとの約束を守り強い雨の中でも学校に来た吉川と会話をしている時にようやく理解することができた。

## 解答《かいとう》

問1　1 断固　2 賛成　3 激(し)　4 勝手　5 不気味(無気味)

問2　A ア　B オ

問3　a オ　b ウ　c カ　d イ　e エ　f ア

問4　ウ

問5　(解答例《かいとうれい》)貞行は約束を重要視しているため、降雨を理由に約束を破ろうとする信夫の考えが気にくわない気持ち。

問6　オ

問7　級長

問8　(解答例)信夫は、父親に言われて約束を果たしただけなのに来なかった級友を責めたが、吉川は、自分の意思で約束を守ったうえ偉そうにせず、級友を認めたから。

問9　オ

## 解説《かいせつ》

問2　A　79行目の「貞行の声がきびしかった」が手がかり。きびしく言われたその後で、信夫は言いわけのようなことを言っているね。貞行のきびしい声におののいて、顔色をうかがいながら言う様子にふさわしい語を考えてみてね。

B　直前で信夫が「ひどい雨なのによくきたな」と言っているね。信夫は貞行に言われてやっとの思いで来たのに、吉川はさらりと「だって約束だからな」と言っています。ここを手がかりに考えてみてね。

問3　a　直前の大竹のセリフが手がかり。恐《こわ》い話をつけ加《くわ》えているよ。

b　直後の信夫のセリフが手がかり。おばけが出る話を笑《わら》っているね。

c　直前の貞行のセリフが手がかり。貞行は約束を破るのか守るのか、信夫の気持ちと向き合い、確《たし》かめようとしているよ。そういうときは、どんなふうに見つめるかな?

d　直前の貞行のセリフが手がかり。どんな口調かな?

e　3行前からの菊と貞行のセリフに注目。菊は信夫について行きたいのに、貞行に止められているね。そういうときの菊は、どんな表情《ひょうじょう》になるかな?

f　校庭はしんとしずまりかえり、ブキミな静《しず》けさの中で、「誰《だれ》だ」と声がかかったときの様子にふさわしい語を選んでね。

問4　直前と直後の信夫のセリフが手がかり。直前で「行ってもいい?」と判断《はんだん》を母親にたくしたり、直後で「そうだ。行ってもつまらないことだから、やめようかな」と行きたくないことをそれとなく伝《つた》えているね。本当は行きたくないんだね。

問5　貞行は約束に対してどのような考えをもっているのかな。——部②の前後の貞行のセリフを手がかりに考えてみよう。貞行の考えに反して、信夫がとろうとしている行動もあわせて考えてみてね。

問6　不満《ふまん》や後悔《こうかい》を持ちながら雨の中を出かけた信夫。94行目から外に出た場面になるね。ぬかるみに足をとられたり、体が冷《ひ》えたりしているよ。そこから――部③の直前までを手がかりに考えてみてね。

**問7**

空欄《くうらん》補充《ほじゅう》問題は、□の前後に注目！　空欄の直後に「誇《ほこ》りを持っていたこと」とあります。信夫が自分を誇りに思うような立場とは？　日ごろ信夫は学校でどんな立場なのかを考えてみよう。学校の場面は1～46行目。抜き出し問題は場面分けをしておくと見つけやすいよ。

**問8**

信夫は自分と吉川《よしかわ》がどのように違《ちが》うと感じているのかな。信夫と吉川を比《くら》べて考えてみよう。人物像《じんぶつぞう》の対比《たいひ》だね。信夫は、父親に言われて仕方なく来たのに、吉川は自分の意思で来ているね。また、信夫は、級友に対して非難《ひなん》するようなことを言っているけど、吉川は級友を認《みと》めているね。これらのことをまとめてみよう。対比《たいひ》の記述《きじゅつ》は、「Aは～だが、Bは～だ」という形でまとめるとうまくいくよ。

**問9**

雨の中校庭にたどり着いた１０９行目からの場面が手がかり。約束を当然のように守り、雨の中を先に来ていた吉川から、信夫は約束の重みを知ったね。１２５～１２７行目に注目しよう。アは、「はじめは…興味がなかった」が誤り。2行目「ひそひそと話しあっていた」から、はじめから興味があったことがわかるよ。イは、「いつも」が誤り。いつもかどうかはわからないよ。ウは、「家を飛び出した」が誤り。エは、「一人でいたことに感心する」が誤り。１２１行目に「信夫はおどろいた」とあり、この時点ではまだ感心はしていないよ。全部正解に見えるような難しい選択肢だったね。こういうときは、こんなふうに間違い探しをするといいよ。

[監修]

**安浪京子（やすなみきょうこ）**

株式会社アートオブエデュケーション代表取締役、算数教育家、中学受験カウンセラー。プロ家庭教師歴20年超。
神戸大学発達科学部にて教育について学ぶ。関西、関東の中学受験専門大手進学塾にて算数講師を担当、生徒アンケートでは100％の支持率を誇る。
様々な教育・ビジネス媒体において中学受験や算数に関するセミナー、著書、連載、コラムなど多数。「きょうこ先生」として受験算数の全分野授業動画を無料公開している。

[著者]

**青山麻美（あおやまあさみ）**

株式会社アートオブエデュケーション関西指導部長。プロ家庭教師・受験カウンセラーとして1000人以上の生徒を担当。教科指導のみならず、メンタルサポートにも定評がある。受験を通して人生を生き抜く力をつけてもらうことが目標。現在は金子香代子とともにオンライン集団授業 ZOOM メイトにて全国の受験生に国語を指導している。『中学受験にチャレンジするきみへ』（大和書房）『中学受験 必勝ノート術』（ダイヤモンド社）などの著書がある。

**金子香代子（かねこかよこ）**

株式会社アートオブエデュケーション中学受験国語カウンセラー。元中学受験専門大手進学塾にて国語を担当。「子どもの目線に下りる」をモットーに、得点につながる「読み方」「解き方」を楽しく指導する。子どもに響く「声かけ」メソッドは、多くの親子に好評を得ている。著書に『中学受験 金子式「声かけ」メソッド 最速の国語読解力』、『中学受験にチャレンジするきみへ』（ともに大和書房）他、連載・取材多数。

**●本書の内容に関するお問合せについて**

本書の内容に誤りと思われるところがありましたら，まずは小社ブックスサイト（jitsumu.hondana.jp）中の本書ページ内にある正誤表・訂正表をご確認ください。正誤表・訂正表がない場合や訂正表に該当箇所が掲載されていない場合は，書名，発行年月日，お客様の名前・連絡先，該当箇所のページ番号と具体的な誤りの内容・理由等をご記入のうえ，郵便，FAX，メールにてお問合せください。

〒163-8671 東京都新宿区新宿 1-1-12 実務教育出版 第二編集部問合せ窓口
FAX：03-5369-2237　E-mail：jitsumu_2hen@jitsumu.co.jp

**【ご注意】**
※電話でのお問合せは，一切受け付けておりません。
※内容の正誤以外のお問合せ（詳しい解説・受験指導のご要望等）には対応できません。

◎装丁・本文デザイン／ホリウチミホ（株式会社 nixinc）
◎イラスト／森のくじら
◎ DTP 組版／株式会社明昌堂

**中学受験**
**となりにカテキョ　つきっきり国語**
**[物語文編]**

2023 年 5 月31日　初版第 1 刷発行
2024 年 5 月 5 日　初版第 2 刷発行

| | |
|---|---|
| 監　修 | 安浪京子 |
| 著　者 | 青山麻美　金子香代子 |
| 発行者 | 淺井亨 |
| 発行所 | 株式会社 実務教育出版 |
| | 163-8671　東京都新宿区新宿1-1-12 |
| | 電話　03-3355-1812（編集）　03-3355-1951（販売） |
| 振　替 | 00160-0-78270 |
| 印刷／製本 | 図書印刷 |

ISBN978-4-7889-0967-0　C6081